LE COMBAT DE LA PURETE

LE COMBAT DE LA PURETE

Un Guide Biblique Pour Vivre dans un Monde Immoral

Avec Guide d'Etude

et

Programme d'Etre Redevable Personnellement

James M. Cecy

La intraduction française de 2017.

ISBN 978-0-9969556-4-5 PAPERBACK
ISBN 978-0-9969556-5-2 ebook

À moins d'une note contraire, les translittérations de tous les mots Grecs et hébreux ont été prises de La Concordance Exhaustive de la Bible: Montrant Chaque Mot du Texte de English Version of Canonical Books, et Chaque Événement de Chaque Mot en Ordre Régulier par James Strong. éd. électronique, Ontario: Woodside Bible Fellowship, 1996.

Pour information sur les autres matériels par Dr. James M. Cecy contactez JARON Ministries International, Inc., 4710 North Maple Ave., Fresno, Californie 93726. www.jaron.org.

Dessin de couverture et Dessin de disposition du Livre par Sarah O'Neal www.evecustomartwork.com. Image de fond de la toile de iStockphoto et artiste Ranplett
Traducteurs: Eugene Massa Olonkow I Ibee & Nzadh U. Lumeya

www.puritywar.com

QU'EST-CE QUE LES AUTRES DISENT

"*Le Combat de la Pureté* du Dr. Cecy est phénoménale! admirablement écrit, et remarquablement persuasif. Ce livre est plein d'illustrations franches et irrésistibles, et aperçus uniques dans les Saintes Ecritures. Plus qu'un guide à la pureté morale dans un monde immoral; c'est une invitation directe du cœur à une obéissance chrétienne radicale qui transformera la vie à chaque niveau. C'est un livre que nous aurons derrière, en circule autour du globe."

> —**DR. DAVIS W. DORRIES**, Doyen Académique et Professeur d'Etudes Historique et Théologique, Oslo International Bible College, Oslo, Norvège,

"Excellent d'une couverture à l'autre . . . Je peux en faire une lecture exigée pour tous les hommes dans notre église. Profondément biblique. Profondément perspicace. Profondément convaincant. Profondément pratique. Et Profondément rédempteur. Ce livre est un doit être lu"

> —**PASTEUR GEORGE POSTHUMUS**, Pasteur-Enseignant Principal, Riverpark Bible Church, Fresno, Californie

"*Le Combat de la Pureté* fournit un fondement biblique pour comprendre et vaincre le Combat de l'âme dans les questions sexuelles. Profond, pratique, et encourageant, Dr. Cecy offre une stratégie claire pour la sainteté. S'il y a un livre à lire sur ce sujet, vous le tenez dans vos mains."

> —**PASTEUR GREGG CANTELMO**, Bridgeway Communauté Church, Phoenix, Arizona,

"De son cœur au nôtre, le Pasteur Jim Cecy a versé son message de vie dans ce livre. C'est écrit avec passion et conviction débordant de l'objectif central de son ministère de plus de deux dernières décennies. Pendant qu'un si grand nombre de Chrétiens se sont éloignés du standard de Dieu, ce livre est un appel de clairon à l'intégrité—comme la voix d'un prophète, nous appelant à retourner à Dieu."

> —**DR. KEN ROYER**, Directeur de Conseil Pastoral, Link Care, Fresno, Californie

"Pasteur Jim Cecy va loin au-delà d'équiper et enseigner au sujet de la pureté personnelle; il va au véritable cœur même de la question. Depuis plusieurs années j'ai témoigné comment de nombreuses vies ont été influencées par les principes bibliques enseignés à travers ses séminaires. Chaque Chrétien peut avoir ces solides et pratiques lignes de conduite comme un manuel personnel . . ."

> —**PASTEUR JOBY SORIANO**, Christ's Commission Fellowship, Manilla, Philippines

"Dr. James Cecy a présenté un plan biblique sur la pureté sexuelle qui va grandement bénéficier aux hommes aussi bien qu'aux femmes dans le corps de Christ. Dr. Cecy a régulièrement enseigné sur ce sujet dans des séminaires autour du monde. Je crois qu'il est la principale autorité chrétienne sur cette question. Il a expérimenté cette vérité dans sa propre vie et a été une inspiration pour moi et d'autres dirigeants chrétiens, pour être des ambassadeurs de pureté dans nos propres vies et ministères. J'ai eu le privilège d'enseigner cette matière aux dirigeants d'église en Inde centrale où la réponse positive fut accablante, même parmi les femmes. Puisse Dieu être glorifié à travers la distribution et la lecture de ce livre. Qu'il provoque la repentance, le renouvellement, et le rafraîchissement du zèle pour la sainteté de Dieu dans l'Église."

—**Dr. Randall L. Brannon**, Pasteur Principal, Grace Community Church, Madera, Californie et Missionnaire Adjoint, JARON Ministries International

"Parcourir *Le Combat de la Pureté* est un rappel frais de ce que nous avons appris dans les séminaires vivants. J'apprécie surtout le rapport entre exactitude théologique et application pratique. La préoccupation personnelle du Dr. Jim Cecy pour ceux qui luttent est apparente. J'attends vraiment avec impatience l'existence de livre traduit en Tchèque, car je sais que beaucoup sont en train de lutter avec les questions qu'il aborde."

—**Peter Lupton**, Implanteur d'Église, Svitavy, République Tchèque

"Ce livre est différent! le monde de la publication chrétienne a produit récemment des tas de livres sur la sexualité et la pureté. Plusieurs de ces volumes échangent la perspective scripturale pour les témoignages personnels et les descriptions des combats pour la pureté qui frôlent le voyeurisme. La description biblique de la cause de l'échec moral et le plan pratique d'attaque mis en page, de la Troisième à la Cinquième Partie, fera de ce livre un outil précieux dans la bibliothèque du croyant."

—**Pasteur Justin Green**, Pasteur Principal, Salem Heights Church, Salem, Oregon

"Ceci est un traité rafraîchissant sur l'appel Biblique à la pureté personnelle. Il est bien connu que Dieu utilisera ceux qui ressemblent à Son Fils dans le ministère de l'œuvre du Royaume. Comme notre Seigneur Jésus était pur pour nous, ainsi sommes-nous appelés à être pour Lui comme Ses Fidèles Serviteurs."

—**Dr. Darryl Delhousaye**, Président, Phoenix Seminary, Phoenix, Arizona

"Votre livre sur pureté était très lisible et j'ai aimé la manière par laquelle il a coulé et m'a défié lorsque je l'ai lu. À cause de l'équilibre entre contenu biblique et illustrations pertinentes, le livre était clair et personnel. A plusieurs endroits c'était académique, cependant il eu besoin de se faire expliqué complètement le texte. Le livre entier a retenu mon intérêt et les feuilles de travail à la fin du livre étaient très utiles et pertinentes. Il devrait être bien traduit dans toute autre langue. Ce livre est un "doit être lu" pour tous les âges. Pasteur Jim Cecy a enseigné ces principes durant beaucoup d'années, mais ce qui est plus important, a vécu ces principes dans sa propre vie personnelle. L'équilibrent entre vérité biblique et application pratique est extrêmement utile. Ceci est l'un des livres les plus fiables et pertinents écrits sur le sujet de la pureté."

—**Pasteur Ron Schafer**, Directeur Exécutif de S.T.E.P.S., Monument, Oregon

"*Le Combat de la Pureté* nous équipe pour marcher ensemble avec nos compagnons soldats chrétiens et gagner cette bataille avec une connaissance du combat selon la Parole de Dieu."

— **PASTEUR GIL HARDER**, Missionnaire à Afrique, Ministères JARON International

"*Le Combat de la Pureté: Un Guide Biblique pour Vivre dans un Monde Immoral* est guide très pratique pour vivre avec pureté dans le monde d'aujourd'hui. Dr. Cecy écrit avec une honnêteté centralité des Ecritures rafraichissante, donnant des exemples personnels de succès et d'échec, les entrelaçant autour de la centralité des Ecriture sainte pour notre concentration centrale, notre référence, et notre engagement. *Avec Guide d'Etude et Programme d'Etre Redevable Personnellement* inclus, il y a une richesse de ressources pour une application immédiate. Ce livre devrait faire partie de chacune de nos bibliothèques personnelles, pour notre propre parcours de pureté, aussi bien qu'une référence pour ceux avec qui nous travaillons, que ce soit à l'église, l'école ou le cadre de conseil."

— **DR. BRENT LINDQUIST**, Psychologue Clinique et Président, Link Care Center, Fresno, Californie

"Ce livre vient manifestement d'une personne qui se préoccupe profondément du bien-être des gens. Il est éminemment opportun depuis que notre société s'est plongée vers son déclin, en grande partie à cause du mépris des chemins de notre Créateur. Il est peut être "Un petit peu trop tard» pour la société dans son ensemble, mais il peut certainement aider beaucoup d'individus à éviter, et d'autres à trouver une guérison importante des violations de moralité sexuelle de base."

— **DR. GARY TUCK**, Professeur de Littérature Biblique et Coordinateur Académique, Western Seminary, San Jose, Californie

"Ouvert. Direct. Hautement utile. *Le Combat de la Pureté* est un texte vivant, rempli d'exemples riches provenant des Ecriture sainte et de témoignages personnels. C'est un livre hautement utile et d'un grand besoin, surtout en Europe De l'est d'où la révolution sexuelle est venu dans notre partie du monde qui devient un centre majeur pour le commerce de l'industrie du sexe et 65% de toutes les grossesses qui se termine par l'avortement."

— **JAROSLAW LUKASIK**, Directeur du Forum du Leadership Est Européen

"Le livre de James Cecy *Le Combat de la Pureté* aborde avec force un des sujets les plus importants dans l'église de ce monde - pureté et sainteté. J'ai lu chapitre après chapitre la richesse biblique et la perspicacité, et j'ai été convaincu totalement. Ceci est un livre merveilleux qui m'a poussé à me tourner vers le Seigneur et sa Parole. Je suis convaincu que chaque Leader Chrétien devrait lire ce livre pour sa propre marche avec le Seigneur et ensuite le lire encore pour apprendre comment aider les autres. Jim a enseigné ce contenu à travers l'Europe et été puissamment utilisé par le Seigneur pour inspirer et enseigner des milliers de personnes à une marche plus proche du Seigneur!"

— **DR. GREG PRITCHARD**, Directeur, Forum du Leadership Européen et Institut de la communication, Lisle, Illinois

Le Combat de la Pureté s' inscrit dans le cadre de la théologie pastorale qui se veut une re – lecture biblique de la vie chrétienne. Ce précis biblique sur l'intimité médite méditation. James M. Cecy offre à l' Eglise un outil de grand prix qui peint un tableau divin harmonieux concernant notre engagement dans un monde immoral. Les références scripturaires de l'Ancien et Nouveau Testament se manient avec aisance et élégance. L'auteur de ce livre croit à l'inspiration et l'autorité de Saintes Ecritures. Son écoute à la Parole de Dieu sur le thème de combat de la pureté vaut la peine d'être suivi. Avec urgence, nous recommandons cet ouvrage combien louable.

—**Nzash Lumeya**, Presidente, Fresno School of Mission

"Je n'ai pas de diplômes avancés. Aucun titre spécial. Cependant, je suis mariée à l'homme qui écrit ce livre. J'ai vu ces directives bibliques saines et le travail des principes pratiques dans sa vie durant quarante années de mariage. Je peux penser à aucune plus haute confirmation."

—**KARON CECY**, la femme de Jim

CONTENU

PREMIERE PARTIE: LE BESOIN

DEUXIEME PARTIE: LE DESSIN DE DIEU

TROISIEME PARTIE: LES ABUS DE L'HOMME

GUIDE D'ETUDE

APPENDICES

DEDICACE

L'héroïsme est un exploit extraordinaire de la chair; la sainteté est un acte ordinaire de l'esprit. L'un peut amener une gloire personnelle, l'autre donne toujours à Dieu la gloire.
-Chuck Colson-

Entant que Vétéran de Guerre Vietnamien, j'ai été honoré de visiter Washington, D.C. et la liste commémorative de plus de 58,000 compagnons soldats, marins, et aviateurs qui ont payé le prix ultime.

Semper fidelis–Toujours Fidèle.

Pendant que je m'y tenais avec attention, incapable de contrôler les larmes, je pouvais voir ma propre réflexion derrière les noms gravés sur le granite noir poli. Je me suis posé à moi-même la question très commune que beaucoup de vétérans de guerre se posent:

Pourquoi pas moi, Seigneur?

Quelques années plus tard, je suis revenu. Cette fois-ci, cependant, j'étais au milieu de mes recherches liées à pourquoi les leaders chrétiens tombent moralement. Pendant que je me tenais encore devant le monument commémoratif, j'ai imaginé les noms d'un grand nombre de mes compagnons Soldats de la Croix qui sont tombés à la bataille avec l'immoralité sexuelle. Lorsque j'ai réfléchi sur les conséquences, je pensais:

Quel prix horrible à payer pour quelques minutes de plaisir coupable.

Ainsi, dans ce moment solennel d'attachement et souvenir de tout ce que Christ a fait pour moi, je me suis tenu en attention et réfléchi sur les paroles de l'apôtre Paul:

Car vous avez été rachetés à un grand prix. Glorifiez donc Dieu dans votre corps (1 Corinthiens 6 :20).

Ce livre est dédié aux dizaines de milliers d'hommes et de femmes sur les 5 continents qui ont participé à une des formes de nos séminaires de la pureté. Avec des cœurs humbles, ils se sont consacrés eux-mêmes pour devenir des champions de pureté personnelle dans leurs maisons, dans leurs églises, et dans leurs communautés. Leurs noms sont gravés sur le coeur du Christ, le Saint qui a appelé ses disciples à être Soldats de la Croix et Ambassadeurs de la Pureté. Ensemble, que nos vies s'écrient.

Gloria in excelsis Deo—Gloire à Dieu au plus haut des cieux.

Dr. Jim Cecy
Fresno, Californie

UN MOT AUX PARENTS, PASTEURS, & AUTRES GENS NATURELLEMENT SENSIBLES

TABOU?

Lorsque j'ai enseigné pour la première fois des séminaires Bâtir une Pureté Personnelle à l'étranger, j'étais prévenu par des missionnaires bien intentionnés que parler de matières sexuelles était complètement au -delà des limites—un sujet hautement tabou. Je me souviens spécialement de ma première fois aux Philippines où j'ai enseigné aux pasteurs au "Word of Life Camp" juste au sud de Manille. J'ai été surpris par la bonne réaction des pasteurs Philippins à l'instruction scripturale sur lapureté sexuelle. J'ai senti la liberté de partagez ma préoccupation, "je pensais que c'était un sujet tabou que les missionnaires m'avait demandé d'éviter de parlor". Leur réponse m'a encouragé, "C'est exactement ce que nous avons besoin d'entendre!"

Je suis Pasteur-Enseignant, profondément engagé dans mon appel de nourrir et équiper le peuple de Dieu, spécialement en enseignant laParole inspirée de Dieu (2 Timothée 3:16-17; Ephésiens 4:11-16). Je crois que c'est approprié pour moi de communiquer ce que la Bible enseigne au sujet des doctrines de sainteté et pureté morale comme il l'est de prêcher au sujet du ciel et de l'enfer. Je prends ma conduite du témoignage personnel de l'apôtre Paul quand il a écrit, "Car je ne me suis pas rétracté (c.-à-d. "reculez par peur," Grec: hupostello) en vous déclarant la totalité du but (c.-à-d. "conseil, volonté," Grec: boule) de Dieu (Actes 20:27).

Cependant, je suis aussi complètement conscient de ma responsabilité d'être sensible au sensible. Je me suis efforcé de présenter ce sujet bibliquement et pastoralement sans être inutilement spécifique. Ma profonde préoccupation sur quelques matériels courants sur le marché c'est qu'ils frôlent le voyeurisme conversationnel ou littéraire.

Peut-être involontairement, les auteurs sont trop graphiques et stimulent ainsi les vrais pensées et comportements qu'ils essaient d'enseigner aux gens d'évitez. Soyez assuré, ce livre est écrit à partir du cœur d'un berger aux esprits du précieux troupeau de Dieu. Tout de même, ma recommandation pastorale pour les parents, professeurs, conseillers, et bergers est d'être comme ces croyant noble d'esprit attentifs à l'époque de Paul qui "avait reçu la parole avec empressement" mais aussi examinaient les Saintes Ecritures "pour voir si ces choses étaient ainsi" (Actes 17:11).

UN MOT DE L'AUTEUR

BIEN, ARRETEZ-LE!

Dans les premières années des Ministères JARON, je ma suis déplacé à Fresno, Californie. Je souhaite pouvoir dire que c'était facile pour ce garçon de longue vie de ville de se déplacer vers San Joaquin Vallée bénie au plan agricole. J'ai depuis, appris à aimer profondément les gens ainsi que cette ville. Je suis particulièrement reconnaissant à Dieu pour l'unité des églises dans cette communauté. C'est vraiment une grande place pour vivre, élevez une famille, et exercer le ministre.

En réalité, mon dramatique changement de cœur a commencé un matin au local Salvation Army Thift Store. Je me trouvais à la porte, attendant que ma femme et mes filles termine de regarder rangée après rangée apparemment sans fin d'habits usagés. Elles passaient un bon moment; mais pas moi. Mon visage avait dû révéler ma misère.

Une petite fille qui semblait avoir sept ans, m'a approché à la porte. Elle m'a regardé fixement avec ses beaux yeux bruns et sans aucune timidité a proclamé, "Jésus est mort pour vos péchés!" Franchement, je n'étais pas d'humeur à recevoir ce témoignage de petite fille. J'ai marmonné avec dédain, "je sais." Intrépide, elle a continué, "Bien, vous êtes un pécheur!" Mon visage aigre se tourna en un sourire et j'ai répondu, "je sais cela, aussi!" Alors à mon étonnement, elle mit ses mains sur ses hanches et haussé sa voix, "Bien, arrêtez cela!" Elle tourna sur ses talons et alla flâner ailleurs. J'ai décidé ce jour que je voulais habiter dans une ville où un enfant de sept ans est utilisé par Dieu pour confronter un Pasteur-Pécheur comme moi.

Dans ce même esprit, je demande que vous receviez ces mots, de la part d'une personne qui se préoccupe assez de vous, pour se tenir orteil -à-orteil et communiquer cœur à cœur avec des compagnons pécheurs au sujet de l'immoralité dans toutes nos vies. En fait, comme ce petit messager économe de magasin venant de Dieu, je veux examiner les yeux de votre cœur et juste crier aussi hardiment, "Alors, arrêtez ela!" Ma prière fervente est que le reste de ce livre vous montre clairement et bibliquement pourquoi et comment.

INTRODUCTION

APPELER TOUS LES AMBASSADEURS DE PURETE

Quand j'avais trente ans, j'ai eu mon premier voyage de ministère à l'étranger, en Inde. Je n'oublierai jamais les vues et les sons (et même les odeurs) de ce qui était pour moi un pays incroyablement étranger. Vers la fin de notre long mois de voyage, nous sommes allés à l'Ambassade américaine à New Delhi, la capitale de l'Indienne. Là, mes sens étaient remplis de souvenirs de la maison: Drapeau Américain, Marines Américain, musique Américaine, et art Américain. Bien que cela ait pu être mon imagination affamée, je pourrais sentir même des hamburgers américains et des frites! Tous les trente compagnons pasteurs chantèrent "God Bless America" (Dieu Bénisse l'Amérique) dans la rotonde avec écho du beau, bâtiment de style Américain. Quelle expérience mémorable! J'ai souvent pensé au sujet de ce goût de bienvenue à la maison dans une terre étrangère.

Entant qu'un personne ayant eu confiance en Jésus Christ seul pour son salut, je ne considère pas ce monde comme ma maison. La Bible est claire que, comme Chrétiens nés de nouveau, nous sommes extra-terrestres et étrangers dans cette terre étrangère. Notre vrai citoyenneté est au ciel (Ephésiens 2:19; Philippiens 3:20-21). Par conséquent, notre allégeance fondamentale est au Roi des Rois sous l'autorité de qui nous servons comme émissaires. L'apôtre Paul nous rappelle notre appel unique: "Par conséquent, nous sommes des ambassadeurs pour Christ, comme si Dieu faisait un appel à travers nous" (2 Corinthiens 5:20).

UN GOUT DE CIEL DANS UNE TERRE ETRANGERE

Entant qu'ambassadeur de Jésus Christ, notre description du travail est de vivre dans cette terre étrangère, le Monde, comme représentants de notre pays natal, le Ciel. Bien que notre citoyenneté céleste vienne avec des privilèges formidables, elle vient aussi avec des responsabilités substantielles de vivre d'une telle manière qui reflète les valeurs du Roi que nous représentons. En outre, chaque famille chrétienne et église locale se doit d'être une Ambassade du Ciel où ces vertus célestes existent et sont vu avec vivacité par tout les hommes, de façon qu'ils glorifieront notre Père dans le Ciel Matthieu 5 :16. Dit simplement: ma vie se doit d'être une ambassade, un goût du Ciel sur la terre.

Je me hâte d'admettre qu'être ambassadeur et représenter les valeurs éternelles n'est certainement pas facile. Dans sa lettre aux Ephésiens, l'apôtre Paul parle au jet d'être un "ambassadeur dans les chaînes" (Ephésiens 6:20). Il était, selon mon opinion, entrain de parler des chaînes physiques qui l'ont lié durant son emprisonnement à Rome. Il y a, cependant, beaucoup de Chrétiens qui sont des ambassadeurs qui vivent dans les chaînes provoquées par leurs propres choix coupables—chaînes de convoitise, fornication, adultère, pornographie, et autres péchés sexuels d'esprit et de corps. Ils sont encore ambassadeurs du Christ mais, néanmoins, ambassadeurs dans les chaînes.

Beaucoup de ces matériels ont été présentés dans les sessions vivantes à des milliers de personnes dans beaucoup de pays. Ce livre est maintenant écrit pour rendre capable et équiper même plus des compagnons ambassadeurs être libéré des liens de l'immoralité sexuelle. C'est aussi un appel pour chaque Ambassadeur de Jésus Christ de devenir Ambassadeur de la Pureté, un diplomate qui représente la sainteté de Dieu dans un monde immoral. Pour changer la métaphore, cela veut dire aussi servir comme un Soldat de la Croix (2 Timothée 2:3-4), livrant une guerre de tranchée contre cette bataille interminable avec l'impiété.

Notre formation ne va pas être facile. Demandez à quiconque qui a servi dans un Service Etranger ou dans l'armée. Au-delà de l'éducation initiale exigée, cela prend des années de formation sur le travail pour représenter correctement un pays et combattre un ennemi. Nos directives sur comment être un Ambassadeurs de Pureté efficace, et Soldats de la Croix sont aussi proches que notre Bible. Le plus gros de notre formation, cependant, sera dans les tranchées quand nous vivons les principes bibliques comme étrangers résidants sur un sol étranger. Nos ordres sont clairs: "Bien-aimé, je vous encourage comme étrangers et voyageurs de vous abstenir des désirs de la chair, lesquels font la guerre à l'âme" (1 Pierre 2:11).

PREMIERE PARTIE:

LE BESOIN

Chapitre 1

LA TERRE
EST PLEINE D'ADULTERES

Cela peut résonner comme une question pour un examen Biblique pour de niveau séminaire: "Qu'est ce que les filles de Lot, Ruben, Juda, Samson, David, Amnon, Absalom, Hophni, Phinée, et Abner avaient en commun?" La réponse simple est qu'ils étaient tous des personnages bibliques de l'Ancien Testament. La réponse triste est qu'ils sont tous tombés victimes de tentation sexuelle. Leurs noms sont inscrits à jamais sur la liste des "Échecs moraux dans le Bible"—une véritable Salle de la Honte:

- Les filles de Lot, qui ont commis l'inceste avec leur père (Genèse 19:30-38)
- Ruben, le fils de Jacob, avec Bila, la concubine de son père (Genèse 35:22)
- Juda, le fils de Jacob, avec sa belle-fille qui avait prétendu être prostituée (genèse 38:15-23)
- Samson, le Juge d'Israël, avec la prostituée (Juge 16:1-2)
- David, le Roi d'Israël, avec Bathsheba (2 Samuel 11:1-5)
- Amnon, le fils de David qui a violé Tamar sa sœur consanguine (2 Samuel 13:1-20)
- Absalon, le fils de David, avec les concubines de son père (2 Samuel 16:22)

- Hophni et Phinée, les Prêtres, les fils d'Eli, avec les femmes dans le Tabernacle (1 Samuel 2:22)
- Abner, le Commandant de l'armée de Saul, avec Rizpah, Saul concubine (2 Samuel 3:6-7)[1]

Une deuxième question d'examen Biblique suit: "À quelles églises locales, les écrivains du Nouveaux Testament donnent-ils des directives claires concernant l'immoralité?" La réponse est aussi assez longue. Comprenant notre propension humaine à compromettre les standards sacrés de Dieu, les écrivains du Nouveaux Testament ont présenté leurs prohibitions contre les péchés d'impudicité, fornication et adultère:

- À l'Église de Rome (Romains 6:19)
- À l'Église de Corinthe (1 Corinthiens 5:1)
- Aux églises de Galatie (Galates 5:19)
- À l'Église d'Ephèse (Ephésiens 5:3)
- À l'Église de Colosse (Colossiens 3:5-7)
- À l'Église de Thessalonique (1Thessalonissiens 4:3-8)
- À l'Église dans Pergame (Apocalypse 2:14)
- À l'Église dans Thyatire (Apocalypse 2:20-22)

De plus, du mandat donné par le Concile de Jérusalem, autour des années 50 après Jésus-Christ, nous avons un avertissement, large et général à toutes les églises dans chaque ville et dans chaque génération, à "s'abstenir de . . . la fornication (Grec: porneia, le mot général pour activité sexuelle illicite)" (Actes 15:29; Actes 21:25).

Il y a vingt-sept siècle, le Prophète Pleurant, Jérémie, se lamente de la condition spirituelle et morale de ses compagnons Hébreux avec ces mots accusateurs: "Car le pays est rempli d'adultères" (Jérémie 23:10)[2]. Cela n'était certainement pas unique à Israël. Demosthenes, le célèbre orateur Grec, a décrit la manière de vivre de ses compagnons Grecs au quatrième siècle avant Jésus-Christ: "Nous gardons des prostituées pour le plaisir, nous gardons des maîtresses pour les besoins quotidiens du corps . . ."[3] L'Egypte ancienne, Babylone, Medo-Perse, et Rome n'étaient pas meilleur.

Dans l'ancien monde, il n'était pas hors du commun de trouver des temples d'adoration à côté des maisons de prostitution. Vous étiez attendu d'entrer dans une porte pour adorer avec votre esprit et de sortir par l'autre après avoir adoré avec votre corps. Imaginez la pression sur un jeune homme dans Rome du premier siècle, se promenant sur "Via Desideratio" (Avenue du Désir) être sollicité par une prostitué du temple l'encourageant à faire son *devoir religieux*.

LA NOUVELLE MORALITE?

Il y a un certain besoin d'examiner la lutte évidente contre l'immoralité dans chaque siècle depuis la chute d'Adam et Eve. Nous sommes bien dans ce vingt et unième siècle, entrain de faire face à nos propres pressions culturellement uniques. On se demande ce que Jérémie écrirait s'il était vivant aujourd'hui. Peut-être son gros titre allait être, "La Terre est Encore Pleine d'Adultères: La 'Nouvelle Moralité' Est en Réalité Juste la 'Vieille Immoralité' Avec un Nouveau Nom."

Tristement, la nouvelle moralité de notre jour peut avoir même surpassé la vieille immoralité du temps de Jérémie. Cela ne devrait pas nous surprendre. Il y a deux millénaires, l'apôtre Paul a prévenu:

> Sache que, dans les derniers jours, il y aura des temps difficiles. Car les hommes seront égoïstes, . . . irréligieux . . . intempérants . . . ennemis des gens de bien . . . aimant le plaisir plus que Dieu (2 Timothée 3:1-4).

Je ne suis pas impressionné par les fausses espérances humanistes et les offres du nouvel âge. Bien qu'ils essaient de nous convaincre que nous évoluons vers un meilleur peuple, je crois que l'homme moderne mérite à peine un tel haut niveau. L'évidence de nos jours suggère le contraire.

Il y a plus de trente années, j'ai été bouleversé de lire les conclusions épouvantables faites par Wardell Pomeroy, le co-auteur du Rapport original Kinsey. Dans un article du 4 avril, 1980 du *Time Magazine* intitulé, "Sexes: Attaquant le Dernier Tabou," Pomeroy est cité disant: "Il temps d'admettre que l'inceste a besoin de ne pas être une perversion ou un symptôme de maladie mentale . . . l'Inceste entre .

. . enfants et adultes . . . peut être bénéfique." Dans le même article, un autre professeur de psychiatrie de clinique a ajouté cette remarque ridicule: "Les enfants ont le droit de s'exprimer sexuellement même avec les membres de leur propre famille."[5] L'article continue par décrire que "que toute forme de sexualité consensuelle est bonne, ou du moins neutre; le problème ne vient pas du sexe, mais de la culpabilité, la peur et la répression"[6] Cela remonte à trois décennies. Donnant l'acceptation courante de notre société du point de vue que certaines personnes sont génétiquement prédisposés à des choses telles que l'adultère et l'homosexualité, Je m'attends à ce qu'il nous soit bientôt demandés d'être même plus tolérant des pédophiles, et d'autres déviations, en argumentant, "Ce n'est pas leur choix; ils sont nés comme ça."

Nous avons déplacé loin au-delà, l'acceptation répandue du sexe *consensuel* comme l'expression de la libido humaine. Nous somme entrain de devenir de plus en plus ouvert au *non-consensuel*. A côté de l'augmentation substantielle du nombre des cas d'attaques sexuels, d'inceste et de viol (la plupart de ces cas ne sont pas raconté où compté), ce n'est pas une surprise de lire les rapports de millions d'enfants, adolescents, et adultes qui sont abusés et forcés de faire partie de l'industrie multi milliardaire de dollars de l'esclavage sexuel. Sur une note personnelle, ma femme et moi nous nous sommes occupés de vingt-trois enfants adoptés. Beaucoup étaient les victimes innocentes d'agressions sexuelles. C'était à peine consensuel à peine et très peu de ces délinquants ont reçu la punition qu'ils méritaient.

Avec cette philosophie diabolique de tolérance épousée par tant d'experts appelés et devenant même plus acceptable, ce n'est pas une surprise que nous sommes entrain de voir une telle augmentation de toutes les formes d'immoralité flagrante aujourd'hui, y compris la montée, du sadomasochisme, de la bestialité et d'autres activités de déviation sexuelle. L'homme modern devient à peine *mieux*. Pour paraphraser un vieux proverbe, "Si Dieu ne s'occupe pas de nous tôt, Il pourrait devoir s'excuser devant Sodome et Gomorrhe." Je me rappelle les paroles de Jude et de l'apôtre Pierre:

> Sodome et Gomorrhe . . . se livrèrent comme eux à
> l'impudicité et à des vices contre nature, sont
> données en exemple, subissant la peine d'un feu

éternel. Sodome et Gomorrhe . . . se sont adonné à immoralité massif et à des vice contre nature . . . sont données en exemple, subissant la peine d'un feu éternel (Jude 7).

Il a condamné les villes de Sodome et Gomorrhe à la destruction en les réduisant en cendres, faisant d'eux un exemple pour ceux qui vivraient une vie impie après eux (2 Pierre 2:6-7)

ALORS QUOI DE MAL AVEC UN PETIT PORNO?

La plupart d'entre nous qui lisons ce livre se sont engagé à une vie de fidélité. Nous croyons que les péchés sexuels tels que l'adultère, la fornication, l'homosexualité, et l'inceste porte offense à Dieu, sans nous soucier de ce que notre génération peut dire. Nous sommes certainement repoussés par la croissance de l'acceptation d'homme moderne du comportement immoral et nous faisons notre mieux pour ne pas être taché par les valeurs dégradantes du monde. Cependant, nous devons admettre aussi une lutte commune, même, parmi le plus fidèle parmi nous, avec l'invasion la plus importune dans nos jours—la pornographie. Elle est peut-être devenue possiblement la "drogue de choix" pour ce nouveau millénaire.

Nous vivons dans une "culture de pornographie"[7] dans laquelle nous sommes bombardés constamment avec des charmes immoraux venant de chaque média imaginables. Des Invitations à regardez des matières sexuellement explicites remplissent nos sens et menace de nous embrouiller même plus. "Sexting" (envoyer des messages textes sexuellement explicites) est devenu une communication de place commune. Les réseaux sociaux sont devenus des cours de récréation pour voyeurisme de conversation. On nous offre de plus en plus des occasions croissantes de technologiques sophistiquées pour "tricherie de cyber dans des chambres électroniques."[8] Sous un développement rapide, et prêt d'être offert à la masse, sont plusieurs expériences sexuelles multi-sensorielles, même au-delà de la disponibilité courante de pornographie holographique et 3D sexe. Haute technologique porno ou cochonnerie de basse technique. Leurs avantages client sont les mêmes: Accessible, Abordable et Anonymat. Et non enlaçant.

Quelques-uns argumentent que la pornographie (dans toutes ses formes) est juste l'expression naturelle de notre besoin humain de jouir de la *fantaisie* sexuelle. Parlons de réalité au lieu de cela. Je ne vous épuiserai pas avec une montagne de statistiques concernant l'énorme nombre de *vraie*s liaisons illicites, *vrais* viols, *vrais* cas d'inceste et d'abus sexuel, qui résultent en *vraies* grossesses non désirées, *vrais* cas de maladies sexuellement transmises, et *vrais* "crimes de passion" qui ont été stimulés par ce qui est appelé *inoffensif fantaisie*. Je dois citer les récentes données concernant le grand nombre de *vrais* divorces causés par de *vraies* liaisons qui ont commencé par de *vraies* liaisons émotionnelles dans une pièce de bavardage apparemment innocente ou pendant une interaction sur un réseau social? Même l'inattendu mais inévitable désabusement dans cette nouvelle vague de déconnexion sexuelle devient de plus en plus *vrai*. Ce ne sont pas des fantaisies! Les innombrables histoires de vies détruites ne sont pas des fictions! Dans les mots gravés sur la pierre tombale de l'hypocondriaque, "Maintenant croiras-tu que j'étais malade?"

SUREMENT NOTRE PECHE NOUS A TROUVE DEHORS

Peut-être vous ne vous souvenez pas il y a trop d'années quand "composé un numéro porno" était un nouveau phénomène. Un officier de police qui a assisté à une de nos conférences de la pureté m'a envoyé le compte suivant de sa propre expérience inoubliable. Cela a apporté un principe dramatique au premier rang de sa vie et de la mienne:

> Une nuit aux environs de minuit quart, pendant que ma femme et les gosses étaient endormis dans l'autre partie de la maison, j'étais entrain de zapper à travers le câble canalise sur la télé et je suis parvenu au numéro 900 . . . J'ai décidé d'appeler le numéro, sachant complètement que c'était faux. Après avoir écouté une fille sur un enregistrement pendant approximativement quatre ou cinq minutes, j'ai entendu une porte s'ouvrir dans ma maison. Craignant d'être découvert par ma femme ou un de mes gosses, j'ai raccroché rapidement le téléphone. Je ne savais pas que le numéro 900 avait un minimum de dix minutes

et un rappel automatique si moins de dix minutes s'étaient écoulées durant l'appel. Par conséquent, le téléphone a sonné et ma femme l'a décroché sur l'extension de la chambre. Elle a répondu à l'appel et a été saluée par la voix séduisante d'une jeune voix de femme enregistrée, parlant de ce qu'elle ferait à l'homme de ses rêves dans une baignoire chaude. Ma femme m'a appelé, "Hé, c'est pour toi; c'est ta prostituée!" et elle a fermé à clé la porte de la chambre. Le matin suivant, humilié, j'ai demandé pardon à ma femme et à Dieu. Croyez-le, il est assez difficile de bâtir un mariage, mais c'est si facile de l'abattre. S'li vous plait, partagez cette histoire comme vous pouvez l'adapter, et faites savoir aux autres que, surement leur péché les trouvera dehors.[9]

La Bible parle clairement du "caractère passagers du plaisirs de péché" (Hébreux 11:25). Tout comme ce frère avait été trouvé dehors, Dieu prévient aussi que notre péché nous trouvera sûrement dehors (Nombres 2:23). Je ne prétendrai pas que les plaisirs illicites de l'activité sexuelle ne sont pas énormément attirants. Ils le sont. Je suis aussi d'accord avec ce cher camarade de bras. Juste que, cela ne vaut pas la peine.

Cet homme dont on ne pouvait se méfier, ne cherchait pas activement une opportunité pour échanger des années de fidélité conjugale, contre un petit moment non satisfaisant de plaisir illicite. L'opportunité est venue frapper à sa porte. Voilà ce qui fait de la marche de pureté d'aujourd'hui un si grand défi. Le péché s'accroupit à la porte de nos vies. Dans ce monde technologiquement avancé d'opportunités illicites, il devient de plus en plus difficile—même pour le peuple de Dieu—de ne pas ouvrir cette porte.

LE JUGEMENT COMMENCE PAR LA MAISON DE DIEU

Peut-être vous êtes entrain de penser, *bien sûr la terre est remplie d'immoralité. Qu'est-ce que nous attendons d'un monde incrédule?* Je consens. Considérez les vieilles et prophétiques paroles de l'apôtre Jean: "Le monde passe et ses convoitises aussi" (1 Jean 2:17, l'accentuation a été ajouté).

Nous ferions certainement bien de discuter du besoin de pureté personnelle dans ce monde immoral, incrédule. Souvent, tel est le contexte dans lequel les Chrétien expriment leurs plus grands intérêts. Cependant, comme un Pasteur-Enseignant appelé à "équiper les saints" (Ephésiens 4:11-12), je suis plus intéressé par le problème d'immoralité dans le rang et la file de ceux qui prétendent être croyants nés de nouveau. L'apôtre Pierre l'a exprimé de cette façon: "Car c'est le moment où le jugement va commencer par la maison de Dieu. Or, si c'est par nous qu'il commence, quelle sera la fin de ceux qui n'obéissent pas à l'Evangile de Dieu?" (1 Pierre 4:17).

Dans sa brochure, *Sexual Temptation* (Tentation Sexuelle), Randy Alcorn, fondateur de **Eternal Perspectives Ministries**, énonce ce qui est, tristement, très familier: "Beaucoup comme nous déteste de l'admettre, le paysage évangélique est jonché de carcasses de vies et de ministères décimées par péché sexuel."[10] L'église est entrain de souffrir du carnage de ses hommes, femmes, jeunes et même ses dirigeants qui tombent dans le piège mortel de l'immoralité.

TELS VONT LES LEADERS, AINSI VA LE PEUPLE

Vous avez entendu les histoires, lu les journaux, et écouté les cruelles et scandaleuses plaisanteries des récents comédiens de la nuit, ainsi qu'ils narguent les leaders Chrétiens qui sont tombés. Nous pouvons presque entendre les paroles de Nathan lorsqu'il a affronté l'immoralité du Roi David: " . . . Tu as fait blasphémer les ennemis de l'Eternel, en commettant cette action . . . " (2 Samuel 12:14). Pour beaucoup d'entre nous, cette matière frappe trop près de la maison. Nous avons éprouvé en première main la dévastation d'un Leader tombé—un Pasteur ou missionnaire en qui nous avions eu confiance, un parent que nous avons regardé jusque là comme un modèle, un ami ou parent avec qui nous étions en confidence, un compagnon Chrétien avec qui nous avons travaillé, témoigné, et adoré.

J'ai passé cinq années faisant des recherches sur pourquoi les dirigeants chrétiens tombent moralement. J'ai rassemblé les statistiques, collecté des histoires tristes, analysé le problème, et présenté quelques solutions bibliques.[11] Franchement, nous n'avons pas besoin d'être convaincu par plus de statistique ou d'histoires. Nous avons senti la douleur et la déception, toute proche et personnelle. Nous avons éprouvé la colère et l'outrage, profondément dans nos âmes. Nous sommes la multitude de victimes, s'écriant, "Quand est-ce que cela s'arrêtera?" À moins que cette matière ne soit traitée ouvertement et honnêtement dans la communauté de foi, nous continuerons à faire face à une vague qui ne permet de construire, d'immoralité qui menace d'effacer plusieurs des dirigeants d'église et par conséquent, même plus des gens de Dieu. Le jugement doit commencer par la maison de Dieu, surtout ses pasteurs, ses missionnaires, anciens, diacres, enseignants, et dirigeants. Nous qui sont des leaders dans l'église du Christ, devons être disposés à examiner cette poutre douloureuse dans nos propres yeux avant que nous puissions jamais espérer faire tous progrès dans le traitement des petites taches dans les yeux des gens autour de nous (Matthew 7:1-5).

COEXISTENCE PACIFIQUE?

Il est raconté l'histoire d'un touriste visitant un zoo étranger, accompagné par un guide de visite officiel du gouvernement. Il a été dirigé vers une clôture de verre énorme où un grand ours était profondément endormi. Dans les pattes de l'ours un petit agneau était aussi endormi. Le visiteur fit remarquer, "Ceci est étonnant." L'officiel répondit, "Oui, ici dans mon pays nous appelons ceci coexistence pacifique." "Comme faites-vous cela?" demanda le touriste. Le guide chuchota, "Bien, la vérité est que chaque matin nous devons faire entrer un nouvel agneau." Dans la vie du croyant, surtout celui qui désire être Ambassadeur de Pureté, il n'y a aucune coexistence pacifique avec l'immoralité. Jamais cela n'a été. Jamais cela ne sera.

Chapitre 2

TUER LES ARAIGNEES.
PRÉVENIR LES FEUX.

Le vieil homme était connu pour être debout à chaque rencontre de prière et avec un bruit de main amplifié, "O, Seigneur, nettoie à fond les toiles d'araignée." Cela n'avait pas besoin d'explication. Nous savons tous les choses qui embrouillent nos vies tout au long de la semaine. Cependant, un jeune homme était devenu fatigué d'entendre la même supplication du vieux. Un soir, comme le plus ancien saint s'était levé et priait, le jeune homme s'écria, "Non, Seigneur, ne le faites pas! Tuez cette araignée!"

Si nous voulons être effectifs dans l'arrêt de l'immoralité dans notre propre vie et dans les vies de ceux autour de nous, nous devons apprendre à être proactifs et non juste réactif. Il est beaucoup plus facile de prévenir un feu que d'un arrêter un. C'est une leçon influente de la vie que j'ai apprise en assistant à une formation de base de 'U.S. Navy et l'obligatoire école de lutte contre le feu du comité de bord. Cela est devenu même plus personnel quand j'ai versé de l'essence dans le carburateur ouvert de la voiture de ma belle fille. Les véhicules en flammes ont une façon de nous faire demander, "Qu'est ce que j'aurait pu faire pour prévenir ceci?"

Notre formation de base pour vivre des vies pures dans un monde immoral commence avec un examen détaillé d'un de ces passages Biblique sur la vie-influente, l'extermination de l'araignée, et la prévention du feu:

Au reste, frères, puisque vous avez appris de nous comment vous devez vous conduire et plaire à Dieu, et que c'est là ce que vous faites, nous vous prions et nous vous conjurons au nom du Seigneur Jésus de marcher à cet égard de progrès en progrès. Vous savez, en effet, quels préceptes nous vous avons donnés de la part du Seigneur Jésus. Ce que Dieu veut, c'est votre sanctification; c'est que vous vous absteniez de l'impudicité; c'est que chacun de vous sache posséder son corps dans la sainteté et l'honnêteté, sans vous livrer à une convoitise passionnée, comme font les païens qui ne connaissent pas Dieu; c'est que personne n'use envers son frère de fraude et de cupidité dans les affaires, parce que le Seigneur tire vengeance de toutes ces choses, comme nous vous l'avons déjà dit et attesté. Car Dieu ne nous a pas appelés à l'impureté, mais à la sanctification. Celui donc qui rejette ces préceptes ne rejette pas un homme, mais Dieu, qui vous a aussi donné son Saint-Esprit (1 Thessaloniciens 4 :1-8).

Nous défions souvent, ceux qui assistent à nos séminaires, à lire ce passage au moins quarante fois dans l'espace de deux semaines. Je vous encourage à faire de même. La prochaine fois que vous ferez face à la tentation vous aurez ce passage écrit à l'entrée de la porte de votre cœur et vous pouvez dire aisément: "Car ceci est la volonté de Dieu, votre sanctification; c'est que vous vous absteniez de l'immoralité sexuelle." je peux vous dire par expérience qu'il arrêtera le feu avant qu'il ne devienne hors de contrôle.

UN TEXTE ANCIEN AVEC UN MESSAGE CONTEMPORAIN

Toutes les fois que j'ai eu l'occasion d'exercer le ministère à Naples, en Italie, je fais une priorité de visiter les ruines à découvert de la ville ancienne de Pompéi le long de la base du Mont Vésuve. C'est un témoignage irréfutable de ce à quoi ressemblait réellement la vie Romaine au premier siècle après Jésus-Christ.

Je marche les rues, entre dans les maisons, et visite l'espace du musée rempli d'objets innombrables. Mais je le fais ainsi avec prudence. Parce que sur les rues et dans les bâtiments mes yeux sont confrontés avec les couleurs encore éclatantes des fresques et statues pornographiques comparables avec tout ce que nous pourrions voir à la télévision, dans les cinémas, magazines, ou sur l'internet. On attendrait cela des bordels locaux encore visibles à Pompéi. J'étais surpris de trouver des images, juste comme un profane dans les chemins d'entrée et les cuisines des maisons privées affichées dans un décor auquel je me réfère comme "Débauche Romaine Ancienne."

Voilà le monde auquel l'apôtre Paul faisait face quand il entrait dans les maisons des païens Romains et quand il voyageait de ville à ville répandant l'évangile. Le chemin Appian de Naples à Rome est encore tapissé avec les ruines de temples païens et auberges où il était commun pour un voyageur las, comme Paul et ses associés missionnaires, d'être approché avec une invitation pour *adorer* avec une prostitué du temple, ou se reposez-vous dans les bras d'une ouvrière du sexe pour un salaire. La culture Romaine du premier siècle était aussi avilie que la nôtre. Clairement, les directives de l'apôtre Paul aux anciens Théssaloniciens sont à la fois opportunes et pertinentes pour nous aujourd'hui.

La plupart des Thessaloniciens à qui l'apôtre Paul a écrit avait été converti du paganisme macédonien dans cette même année. Ils s'étaient " convertis à Dieu, en abandonnant les idoles pour servir le Dieu vivant et vrai" (1 Théssaloniciens 1:9). Entant que tel, ils connaissaient bien les pratiques viles d'immoralité et leurs douloureuses conséquences.

Bien que cette lettre ait été écrite il y a presque 2000 ans, la passion de Paul est de nous amener tous à tenir compte de ses directives concernant comment marche dans l'obéissance et plaire à Dieu. Il veut que tous, nous excellions encore plus comme Chrétien vivant dans un monde immoral. Mener une vie pure est plus qu'un choix; c'est notre appel. C'est plus qu'un souhait; c'est la volonté de Dieu.

Je suis dans le ministère pastoral depuis plus de trente cinq ans. Je souhaite avoir un dollar pour chaque fois que j'ai été questionné au sujet de la volonté de Dieu. J'aurais pu m'acheter un bateau! Dans le passé, j'ai été connu pour taquiner, "je ne connais pas la volonté de Dieu pour votre vie. Je suis trop court pour jouer au Saint-Esprit!" Depuis, j'ai reconnu que je peux réellement connaître la volonté spécifique de Dieu pour les vies des gens. Simplement déclaré: C'est la volonté de Dieu que nous fassions exactement ce qu'Il nous commande de faire!

Nous avons raison de rechercher la volonté de Dieu dans de tels domaines comme relations, éducation, emploi, et ministère. A propos des spécificités pour chacune de nos vies, la Bible n'est pas claire. Il n'y avait pas un verset spécifique me disant d'épouser ma femme ou de rejoindre le séminaire. Pour prendre de telles décisions, nous devons attendre la direction de Dieu, tandis qu'il nous dirige à travers les instructions dans sa Parole, l'influence de son Esprit Saint qui demeure en nous, les conseils des autres, et le concours de opportunités et circonstances spécifiques. Même pas ici dans ce texte. Il est parfaitement clair ce qu'est la volonté spécifique de Dieu pour toutes nos vie. C'est sa volonté que nous vivions des vies pures. Tristement, cette clarté a été par notre désir centré sur nous même de faire tout ce qui nous plait.

CAR CECI *EST* LA VOLONTE DE DIEU

En décembre 1998 Le Président Bill Clinton des Etats Unis a fait face à une mise en accusation par la Chambre des représentants pour les charges de parjure et obstruction de justice provenant de ses fausses déclarations concernant ses relations immorales avec l'interne de la Maison Blanche, Monica Lewinsky. Pendant une partie de l'interrogatoire du grand jury, Clinton a badiné sur la signification du mot "est." Il a soutenu que sa déclaration que "il n'y [a] rien entre nous" avait été honnête puisque, au moment de l'interrogatoire, il n'avait plus de relation avec elle. Dans une autre entrevue il avait aussi nié avoir "des relations sexuelles" avec elle, limitant la définition à des rapports sexuels. Il avait, cependant, admis que ses actions (sexuel, par toute définition légale), était "mauvaises" et "non appropriées."

Je suis encore étonné de l'influence des actions scandaleuses de cet homme, pas seulement par le fait d'avoir parjuré, mais par le fait de redéfinir le péché sexuel. Nous avons actuellement une génération de jeunes gens, même mes compagnons Chrétiens, qui croient que "tout va bien aussi longtemps que nous n'avons pas eu de rapports sexuels."

Peu de temps après ces évènements j'étais entrain d'enseigné un séminaire de pureté à un groupe d'hommes. En expliquant l'expression, "Ce que Dieu veut" (1 Théssaloniciens 4:3), un des participants m'a interrompu, "qu'est ce que le mot 'est' signifie réellement?" j'ai ri, en pensant qu'il était facétieux. Ensuite j'ai remarqué qu'il était très sérieux. Dans son esprit, quand un homme brillant comme William Jefferson Clinton questionne sur un mot, il avait enclin à faire autant—même si c'est en rapport avec la volonté de Dieu!

Qu'est-ce qui fait le mot "est" signifie réellement? Ne manquez pas ce puissant petit verbe! S'abstenir d'immoralité sexuelle est la volonté de Dieu pour tout le monde qui désire suivre le Seigneur Jésus Christ. Il n'est pas dit ceci *devrait* être, *pourrait* être, ou même *peut* être. La volonté de Dieu concernant notre pureté personnelle et notre sainteté est une affaire qui ne nécessite pas plus d'explication, ni de conseil spécial, ni une illumination additionnelle des Ecritures. Cela n'est pas un sujet de débat et ce n'est pas non plus une affaire d'interprétation personnelle. L'Apôtre Paul n'a pas bégayé. Dans les mots familier de ma première année de séminaire comme pour professeur "Si le plein sens a un sens, ne créez pas un autre sens". Ceci est un conseil sonore, pas juste pour étudier ce texte mais pour l'appliquer dans notre vie de chaque jour.

Donc qu'est ce qui est si clairement la volonté de Dieu? Notre *sanctification* (1 Théssaloniciens 4:3). C'est ce que mon professeur d'Anglais du septième niveau aurait appelé "un mot à cinquante pourcent." En réalité, il vaut beaucoup plus. Le mot Grec *hagiosmos* parle d'une condition spéciale d'être mis à part comme un vase pure, comme un chef-d'œuvre en or de Dieu qu'il veut afficher au monde. La contrepartie de ce mot (le mot Grec *koinos*) parle d'être ordinaire, malpropre, et même vulgaire ou profane. Plus tard, dans sa deuxième épître à Timothée, et ses derniers mots écrits, l'apôtre Paul déclare l'importance d'être un pur, et par conséquent, utile vase:

> Dans une grande maison, il n'y a pas seulement des vases d'or et d'argent, mais il y en a aussi de bois et de terre; les uns sont des vases d'honneur, et les autres sont d'un usage vil. Si donc quelqu'un se conserve pur, en s'abstenant de ces choses, il sera un vase d'honneur, sanctifié, utile à son maître, propre à toute bonne œuvre. Fuis les passions de la jeunesse, et recherche la justice, la foi, la charité, la paix, avec ceux qui invoquent le Seigneur d'un cœur pur.
> (2 Timothée 2:20-22).

Un de mes auteurs favoris, A.W. Tozer, a écrit que l'homme saint n'est pas celui qui *ne peut pas* pécher; mais celui qui ne *va pas* pécher.[1] Je peux ne pas encore connaitre La volonté de Dieu quand elle arrive dans beaucoup de choses dans ma vie, mais je connais la volonté Dieu quand elle arrive dans cette matière très critique. C'est sa volonté que je sois mis à part– sanctifié. Dit même plus succinctement, «C'est la volonté de Dieu que je sois pur». Une simple emphase sur chacun de ces mots s'avère utile:

- C'*est* la volonté de Dieu que je sois pur. Il n'y a pas débat là dessus.
- C'est la volonté *de Dieu* que je sois pur. Même si ce n'est pas mon désire, c'est le sien.
- C'est *la volonté* de Dieu que je sois pur. Ce n'est pas juste un souhait.
- C'est la volonté de Dieu que *je* sois pur. Ce n'est pas juste pour l es autres; c'est aussi pour moi.
- C'est la volonté de Dieu que je *sois* pur. C'est un processus en marche.

  C'est la volonté de Dieu que je sois *pur*. C'est son désir que je sois "un vase d'honneur, sanctifié, utile à son maître, propre à toute bonne œuvre." (2 Timothée 2 :21).

CE N'EST PAS SEULEMENT LA VOLONTE DE DIEU, CHER !

Après avoir déclaré que c'est la volonté divine de notre Dieu Saint que nous soyons purs, j'ai invité un des hommes au cours d'un séminaire à apporter son téléphone portable devant. J'ai demandé la permission d'appeler sa femme devant ce groupe de 400 hommes à Phénix, Arizona. J'ai parlé au téléphone, "Votre mari vient juste de déclarer devant une centaine d'hommes que c'est la volonté de Dieu qu'il soit un homme pur." Elle était rapide à répondre, "Ce n'est pas seulement la volonté de Dieu. Dites-lui que c'est aussi bien ma volonté!"

Ce n'est pas seulement la volonté de notre Père céleste que nous soyons purs; c'est aussi le désir sincère de ceux qui, sur terre, s'occupent le plus de nous. Arrêtons-nous, pour considérer la dévastation que notre péché sexuel produira dans les vies de ceux qui nous aiment.

Imaginez l'impact sur notre famille, nos amis, nos compagnons Chrétiens, et une multitude d'autres. Je m'attends à ce que nos arrière-petits-enfants regardant en arrière à notre histoire morale ajoute, "C'était aussi notre désire que vous meniez une vie pure!" Même nos descendants lointains ont besoin que nous menions des vies saintes.

Chapitre 3

ORDRES, PAS SUGGESTIONS

C'était un jour de peu de nouvelles. Le journal avait de l'espace à remplir, ainsi donc un des éditeurs décida d'imprimer les Dix Commandements dans un petit coin de la première page. Ils ne s'attendaient pas à une telle réponse négative. Plusieurs de leur souscripteurs se plaignirent, "Vous devenez trop arrogants !" Certains même, annulèrent leurs souscriptions. Nous les humains n'aimons pas juste que l'on nous dise que faire. Nous voulons des suggestions, pas des directives. Cependant, notre Créateur a tous les droits de donner des ordres à Sa création.

Ici dans le quatrième chapitre de 1 Théssaloniciens, l'apôtre Paul donne trois directives spécifiques et urgentes qui concernent notre pureté personnelle. De même que dans les Dix Commandements, ces verbes portent le sens de commandement d'un style de vie. Ils sont "impératifs fonctionnels" cela sont des indicatifs d'une vie dans une continuelle soumission à la volonté de Dieu.[1]

ORDRE SUR LE STYLE DE VIE #1
ARRETEZ VOTRE IMMORALITE . . . MAINTENANT

La préoccupation de l'apôtre Paul devient encore plus spécifique, concernant cette sanctification divinement mandatée, que Dieu veut pour tous les croyants, nous appelant à "nous abstenir de l'impudicité" (1 Thessaloniciens 4:3). Un regard plus proche sur le texte original révèle une expression dramatique plus grande que ce qui est traduit ici en Français. En définitive, l'apôtre Paul est entrain de crier avec son stylo, "Continuez à arrêter l'immoralité sexuelle dans votre vie et faites-le maintenant !» Il suppose que tous ses lecteurs luttent contre l'immoralité à un certain degré ou un autre. Combien il a raison.

Un monsieur apparaissant comme un ancien était assis à la rangée de devant lors de mon séminaire, très attentif à tout ce que je disais au sujet du traitement de la convoitise. Je n'ai pas pu résister à lui demander, "Monsieur, qu'est-ce que vous faites ici?" La foule a explosé de rire quand il a répondu, "Fils, je ne veux pas mourir."

Après avoir lu un de mes articles du magazine publié sur la pureté morale, un homme de 93 ans a écrit une lettre à l'éditeur me remerciant de l'avoir aidé à faire face à une lutte contre la pornographie, qui l'a persécuté depuis qu'il avait 13 ans. Faites le calcul. Quatre-vingts années livrant ce combat secret.

Le Tsar russe, Pierre le Grand, l'a bien exprimé, "j'ai conquis un empire mais je n'ai pas été capables de me conquérir." Jeune ou vieux, homme ou femme, marié ou célibataire, roi ou personne ordinaire— tous, nous avons besoin d'arrêter notre immoralité et l'arrêter maintenant! Dans les paroles du grand prédicateur du dix-neuvième siècle, Charles Haddon Spurgeon, "Apprenez à dire 'Non'; cela vous sera plus utile, que d'être capable de lire le latin."[3]

FEU ROUGE!

En allant en promenades, mes enfants et moi avons l'habitude de jouer le jeu familier appelé, "Feu rouge, feu vert." Quand j'hurlais, "Feu vert!" ils couraient à volonté et alors s'arrêtait immédiatement quand je donnais l'ordre, "Feu rouge!" Un jour inoubliable, une de mes filles allait courir directement dans le chemin d'un camion à grande vitesse. Je n'avais certainement pas le temps d'expliquer ce qui arriverait à son corps humain minuscule quand elle allait entrer dans un contact fatal avec un camion de douze tonnes. Dans l'intensité de ce moment potentiellement mortel, J'ai hurlé, "feu rouge!" Elle a entendu l'ordre et s'est arrêtée sur sa voie juste pendant que le camion est passé devant elle. Le report de l'obéissance à cet ordre aurait pu lui coûter sa vie!

Ceci est le point exact de l'apôtre Paul. Plusieurs d'entre nous sommes dans une course de collision avec un désastre moral mortel. Avec la ferveur intense d'un père protecteur, l'apôtre désespérément inquiet crie, "feu rouge! Arrêtez! Obéissez maintenant, même avant que vous compreniez tout le pourquoi et pour quelle raison." Si nous sommes, pour l'instant, impliqué dans toute activité sexuelle qui, nous le savons, fâche Dieu, entendons Son Saint-Esprit crier, "feu rouge!" Remettre l'obéissance à plus tard pourrait nous coûter nos vies!

J'étais à Hawaï, enseignant un séminaire de la pureté dans une belle maison devant la plage sur le Rivage Nord d'Oahu. Après notre session du matin, j'ai encouragé les hommes à aller dehors pour prendre un peu d'air frais. Comme les hommes marchaient dehors sur le porche, plusieurs d'entre eux se sont dépêchés de rentrer dans la maison. Ils marmonnaient sous leur souffle, "feu rouge! Le feu rouge principes que je venais juste d'enseigner. J'étais ignorant que sur la plage, à la vue de tous, une équipe était en train de tourner un film publicitaire sur le bikini, avec plusieurs modèles insuffisamment vêtus. "Feu rouge!"

STYLE DE VIE #2
REGARDEZ LES AUTRES COMME DIEU LE FAIT

Dans sa lettre aux Thessaloniciens, l'apôtre Paul continue son défi en signalant que nous avons deux choix majeurs. Avec une grande préoccupation pour nous, il écrit, " que chacun de vous sache posséder son corps dans la sainteté et l'honnêteté, sans vous livrer à une convoitise passionnée, comme font les païens qui ne connaissent pas Dieu" (1 Thessaloniciens 4:4-5).

Laissez-moi devenir un peu technique, surtout lorsque c'est en rapport avec l'expression, "possédez son propre vase." Beaucoup de bons érudits de la Bible suggèrent que ce passage fait référence à contrôler son propre corps. Quelques traductions même favorisent ce point de vue.[4] Bien que j'aie un grand respect pour beaucoup de professeurs qui enseignent cela, Je m'appuie sur la vue d'un autre, groupe également crédible d'érudits. En particulier, je crois qu'à l'origine cette expression parle d'acquérir le conjoint à la manière de Dieu (c.-à-d. "dans la sanctification et l'honneur") plutôt qu'à la manière humaine (c.-à-d. "dans la convoitise de la passion, comme les Païens qui ne connaissent pas Dieu"). Voici mes raisons, très brièvement:

Le mot *possédez* (Grec: *ktaomai*) est le plus souvent utilisé pour *acquérir* ou *gagner* quelque chose.[5] Ici dans 1 Thessaloniciens 4:4, l'apôtre Paul parle de posséder le propre vase d'une personne (Grec: *skeuos*), un mot qui, de l'avis général, peut se rapporter au *corps* de quelqu'un

(2 Timothée 2:21) ou d'une *épouse* (1 Pierre 3:7). Cependant, antérieurement à la rédaction du Nouveau Testament le mot *acquérir (ktaomai)* lorsqu'il est utilisé avec vase (*skeuos*) était utilisé le plus souvent dans le contexte du mariage.[6] Comment est-ce que quelqu'un *acquiert* et *gagne possession* du propre corps de quelqu'un? L'Ecriture sainte est clair que nos corps ne nous appartiennent pas. Ils appartiennent à Dieu (1 Corinthiens 6:19) et à notre conjoint (1 Corinthiens 7:3-4). Certainement, il y a beaucoup d'autres passages dans les Saintes Ecritures, qui nous appellent à une vie de maîtrise de soi, mais je ne suis pas certain que 1 Thessaloniciens 4:4-5 est l'un d'eux. Aussi, je crois que c'est un étirement que de suggérer que nous nous engagions à la convoitise passionnée envers nos propres corps.

D'accord, merci d'avoir lu la matière technique, mais à qu'est-ce que cela a à faire avec notre style de vie? Fondamentalement, je crois l'apôtre Paul présente un ordre de style de vie qui nous prépare avant même que nous ne soyons prêts à trouver un conjoint. En particulier, il présente les deux façons opposées de concevoir des gens—La conception de Dieu ou la conception humaine.

Considérez les paroles du Seigneur au prophète Samuel à propos du jeune David, que personne n'a suspecté qu'il pourrait jamais être candidat pour devenir le monarque oint d'Israël. Il n'apparaissait pas assez royal. Mais Dieu avait une vue différente: "Ne prends point garde à son apparence et à la hauteur de sa taille . . . L'Eternel ne considère pas ce que l'homme considère; l'homme regarde à ce qui frappe les yeux, mais l'Eternel regarde au cœur" (1 Samuel 16:7). Mis simplement, Paul suggère deux approches aux gens:

- La Perspective Divine: Regarder les gens dans *la sanctification et l'honneur* comme ceux qui connaissent Dieu.
- La Perspective Humaine: Regarder des gens dans *la convoitise pas sionnée* comme ceux qui ne connaissent pas Dieu.

Hommes, qu'est-ce que nous cherchons dans une femme? Un parfait dix? Peut-être nous nous contenterions d'un huit ou un neuf. Cependant, quand Dieu met Son mètre ruban autour d'une femme, Il ne le met pas autour de ses poitrines ou ses hanches (ou quelque autre partie du corps que vous imaginez); Il le met autour de son cœur! Femmes, quand Dieu mesure un homme Il ne mesure pas ses biceps, son portefeuille, ou même sa personnalité; Dieu mesure son caractère. (Souvenez-vous mesdames, la personnalité, est souvent ce qu'un homme vous montre; le caractère est ce qu'il est vraiment derrière les portes fermées de sa vie).

Posséder votre vase dans la *sanctification et l'honneur*, c'est regarder votre conjoint (ou futur conjoint) de la manière que Dieu le fait. En général, c'est regarder toute personne à travers les yeux du Créateur, sans se soucier des apparences extérieures. C'est se concentrer sur l'interne et non l'externe. Réviser la vieille expression: La beauté est dans l'œil de celui qui voit et l'Ultime qui voit c'est Dieu. Cela signifie-t-il que nous ne pouvons pas apprécier la beauté physique ou être attiré par ce qui est beau? Bien sûr que non. Ce n'est juste pas la priorité. Aimez à première vue, est à peine l'attente biblique pour ceux qui se sont engagés à chercher une personne dont la vie plaît au Seigneur. Une estimation exacte de quelqu'un dont le vrai caractère prend du temps.

Nous éviterions beaucoup de chagrin et de douleur si nous avions appris de folie myope de deux personnages célèbres de la Bible. Les deux ont souffert des conséquences sévères d'être consumé par le physique et d'agir comme *ceux qui ne connaissent pas Dieu*. En premier il y avait Samson, que j'ai une fois entendu Dr. Charles Swindoll appeler, "un Lui-homme avec une elle-faiblesse." Samson voit une femme magnifique mais impie philistine et ordonna à son père, Manoah: "Prends-la pour moi, car elle me plaît. (Littéralement, elle parait bonne à mes yeux ')" (Juge 14:3). Sa *convoitise passionnée* aveugla son cœur et il épousa cette femme idolâtre. Imaginez ces parents confus, auxquels il fut ordonné de faciliter le péché du fils dont la naissance était miraculeuse et qui avait été consacré à Dieu dès le ceins (Juge 13:5). Plus tard, Samson a une rencontre avec une prostituée (Juge 16:1-2), suivi par son infâme et fatal rapport avec Delilah (Juge 16:4-20). L'histoire familière se termine avec l'aveuglement moral de Samson lui couta ses yeux et sa vie (Juges 16:21, 30).

Malheureusement, le Roi David n'a pas appris de l'aveuglement de Samson. Une nuit, marchant sur le toit de son palais, il vit une femme exceptionnellement belle qui prenait un bain. David envoie immédiatement ses domestiques pour aller découvrir qui elle est et apprend qu'elle est Bathsheba, la femme d'un de ses fidèles soldats, Urie (2 Samuel 11:2-3). Le cœur du Roi David est déjà rempli de *convoitise passionnelle* et il ordonne à ses serviteurs de lui amener la femme

(2 Samuel 11:4). Plus à propos du péché de David au chapitre 42.

Imaginez ces serviteurs perplexes à qui il a été ordonné de participer au péché du celui-là même qui avait été nommé comme leur roi parce qu'il était un homme selon le propre cœur de Dieu (1 Samuel 13:14). Qu'est-ce qu'ils diraient à Bathsheba? Nous pouvons seulement deviner: "Mme Urie, le Roi veut vous voir—dans sa chambre. Oh non, ne vous dérangez pas d'être habillée!" Comment l'histoire aurait changé si le Roi s'était souvenu seulement du psaume qu'il a écrit comme un jeune berger dans les champs de Bethléem: "L'Eternel est mon berger, / je ne *manquerais de rien*" (Psaume 23:1, l'accentuation a été ajoutée).

Ni Samson ni David ne se sont souciés de la condition spirituelle de ces femmes. Ils avaient d'autres fins dans l'esprit. Samson ne planifiait pas d'avoir une rencontre de prière avec cette femme philistine impie. David n'avait pas l'intention d'écrire un psaume avec Bathsheba. Quel prix ils ont payé pour leur *convoitise passionnée*, le genre que nous attendrions de ceux "qui ne connaissent pas Dieu" (1 Thessaloniciens 4:5, mon accentuation).

STYLE DE VIE #3
CESSEZ DE VOUS AMUSER AVEC LE CONJOINT D'AUTRUI

Une sage monitrice d'école du dimanche essayait d'attirer l'attention d'un nombre de jeunes gens du lycée dont elle craignait qu'ils traitent trop légèrement sa leçon d'abstinence. Elle prit une belle rose, et la donna au jeune homme sur la rangée de devant de sa classe, demandant que chacun arrache un pétale. Lorsque le dernier pétale avait été arraché, elle remit la tige "maltraitée" à un garçon au fond de la pièce et dit, "Voici ta femme." L'objectif de la leçon devint clair.

Un aussi sage apôtre, Paul, attire notre attention au-delà des plaisirs d'immoralité momentanés, vers une considération de toute une vie d'une des conséquences souvent négligées de notre péché sexuel. Sa charge est "c'est que personne n'use envers son frère de fraude et de cupidité dans les affaires," (1Thessaloniciens 4:6). Si nous avons été sexuellement impliquées dans une relation avec quelqu'un d'autre que notre conjoint, nous n'avons pas seulement péché contre notre conjoint (ou futur conjoint), nous avons aussi péché contre Dieu, cette personne, et leur famille présente et future. Nous avons aussi péché contre notre famille d'église, nos frères et sœurs dans Le Christ, qui s'attendent à ce que nous soyons leur exemple de pureté personnelle et de sainteté. Franchement, si cette personne *avec qui* nous avons péché considère sa pureté morale devant Dieu, nous sommes la personne *au sujet duquel* ils doivent demander pardon à Dieu. Très probablement nous ne sommes pas non plus la personne auprès de qui ils voudraient chercher un conseil pieux. Frauder apporte des conséquences durant toute la vie.

L'ordre sur le style de vie #3 est préventif. Il nous rappelle qu'il n'y a pas telle chose comme une liaison sexuelle privée. Comme nous discuterons plus tard en plus grand détail, il y a des centaines qui sont affectés par notre péché sexuel. Très probablement, plusieurs qui sont blessés seront nos frères ou sœurs en Christ.

EST-CE QUE VOUS NE POUVEZ PAS LES AIDER A S'ARRETER?

Quand j'étais dans ma deuxième année de faculté de théologie, une jeune femme est venue dans notre culte à l'église et a partagé l'histoire merveilleuse de sa conversion à Christ de sa vie précédente comme une prostituée et "reine du porno." Comme elle a parlé au sujet de la grâce transformatrice de Dieu, elle a sangloté irrésistiblement pendant deux ou trois très longues et inconfortables minutes. Je ne savais que faire. Quand elle s'est finalement ressaisie, elle a prononcé des paroles que je n'ai jamais oublié, "Savez-vous la chose la plus dure au sujet de tout de ceci? Je me rends compte que même aujourd'hui, il y a un nombre d'hommes, certains qui peuvent être même mes frères dans Le Christ qui regarde des photos et des films de mon corps nu et qui sont entrain de pécher contre le Seigneur et leurs familles. Ne savent-ils pas que je suis leur sœur dans Le Christ? Ne savent-ils pas que je serai avec eux au ciel? Ne savent-ils pas que je ne suis pas seulement un tas de parties du corps? Pourquoi est-ce qu'ils me regardent de cette manière? Ne pouvez-vous pas les aider à s'arrêter?"

Je pense à cette conversation plusieurs fois. Souvent, elle m'a empêché d'être tenté de jeter un coup d'œil furtif à quelque chose de peu approprié. Quand je commence à observer une belle femme qui marche en bas de la rue, j'imagine qu'elle a juste donné sa vie à Christ et qu'elle est mon concitoyen du ciel. Même si elle n'est pas encore ma sœur dans Le Christ, je sais que par la grâce de Dieu elle pourrait l'être bientôt.

Une des façons de traiter cet "œil errant" est de personnaliser ce devant quoi nous sommes tentés de rester bouche bé. Cela aide à nous rappeler que ceux-ci sont de vrais gens avec de vraies familles. Ce n'est pas extrapoler que de considérer la grande possibilité qu'il puisse y avoir des membres de famille et amis qui prient pour le salut de cette même personne à propos de qui nous avons des désirs sexuels. En fait, peut-être que cette personne que nous regardons fixement irrespectueusement, est à ce même moment entrain de se repentir du péché et de confier sa vie à Jésus Christ. Quotidiennement, nous devons prendre à cœur l'ordre de Paul "que personne n'use envers son frère de fraude et de cupidité dans les affaires" (1 Thessaloniciens 4:6).

UN TIR FINAL

J'ai invité un jeune homme qui courtisait ma fille à aller au stand de tir. Puisque c'était sa première fois, j'étais prudent de faire très attention à tout ce qu'il était entrain de faire et qu'il n'effectue aucun tir sur moi-même. Vers la fin de notre temps, il demanda si j'allais prendre le tir final. J'ai ramassé à contrecœur le pistolet calibre 45 et placé une petite cible à vingt mètre en bas de la rangée. Je tirais rapidement sans prendre le temps de viser. J'ai rapporté la cible et j'ai découvert un tir parfait, le rêve de tout chasseur et le coup le plus chanceux que je n'aie jamais fait. Ses yeux étaient aussi larges que la cible elle-même. Autant que je voulais donner un cri de la victoire, j'ai gardé le calme. Je regardais attentivement ce jeune homme qui était maintenant tombé amoureux de ma petite fille, et dit tranquillement, "Bon tir, hum?" j'ajoutais rapidement, "Maintenant, aussi longtemps que tu resteras approximativement à soixante-dix pieds loin de ma fille jusqu'à ce que vous vous mariiez, tu devrais être juste bon." Il rigola. J'en fis autant. Le sien était un rire nerveux et cela à juste cause.

Ne vous salissez pas avec quelqu'un d'autre. Cette fille avec laquelle nous nous baladons ne vous appartient pas. Elle appartient à ses parents. Le garçon appartient à son épouse ou futur épouse. Les deux, spécialement, appartiennent à Dieu. Nous ne voulons pas nous amuser avec ce qui Lui appartient. Il est la personne qui convient.

Chapitre 4

PARCE QUE . . . JUSTE PARCE QUE

Ma femme et moi, avons élevé trois filles et aidé à élever plusieurs enfants d'accueil, principalement des filles. Nous avions évidemment notre part de règles, surtout, en ce qui concerne leurs relations avec les garçons. (Je n'ai pas réussi à mettre en vigueur la règle selon laquelle, chaque nouveau petit ami assiste à toute une journée de mon séminaire sur la pureté personnelle, aille au stand de tir avec moi, ou passe un week-end avec mon cousin de 158 Kg, Guido l'Exécuteur !). Les Règles sont règles, pas des directives générales. Les ordres sont ordres, pas des suggestions. Quelquefois les règles viennent sans explication: "Parce que . . . juste parce que." Cependant, il y avait des moments, rares, pour être sûr, où nos filles voulaient vraiment essayer de comprendre les raisons derrière les règles. Dans ces moments éducatifs, ce cœur de père bondissait de joie. Mon espoir était qu'elles verraient les règles pour ce qu'elles étaient: des gardes fous. Comme c'est le cas avec notre Père céleste.

Peut-être nous avons besoin de nous rappeler qu'il y a un Dieu, et nous ne sommes pas Lui! Dieu, le Créateur, a tous les droits de nous commander, entant que Sa création, d'être moralement pur. Et pourtant, Dieu, notre Père céleste, choisit aussi de nous donner affectueusement trois, des nombreuses raisons pour lesquelles Il nous appelle à nous abstenir de l'immoralité sexuelle. En d'autres termes, Il va au-delà du "parce que" et nous donne le "pourquoi"—pourquoi nous avons besoin d'arrêter notre immoralité, pourquoi nous avons besoin d'acquérir un compagnon selon ses voies, et pourquoi nous ne devons pas transgresser sexuellement et nous escroquer les uns les autres. Ses règles nous protègent. Ses raisons sont justifiées.

RAISON #1
PARCE QUE . . . DIEU VENGE L'IMMORALITE

Un après-midi j'ai reçu un appel d'un frère chrétien que nous, entant qu'anciens, avions essayé désespérément de restaurer. À cause de son refus de se repentir d'un adultère soutenu, il a été exclu des membres effectifs de notre église locale. Il brisa nos cœurs. Les anciens et l'équipe pastorale ont eu des conversations régulières avec lui, lui demandant de se repentir de son péché, mais sans résultat. Ses déviances ont continué. Deux années sont passées. Néanmoins, au téléphone cet après midi là, son comportement était complètement différent. Cette fois, au lieu de défendre ses actions, il décrivit sa vie comme une dévastation complète, "J'ai perdu ma femme. J'ai perdu mes enfants. J'ai perdu ma santé. J'ai perdu ma position comme dirigeant de ministère, et mes affaires sont entrain de faire faillite." Il continua à dire ce que j'ai entendu beaucoup de fois, des gens dans des situations semblables, "j'ai épousé la femme avec qui j'avais une relation, mais je ne l'aime pas. Je veux revenir à ce que j'avais avant!" Finalement il a hurlé au téléphone, "Pasteur Jim, je me suis repenti du péché, mais cela me blesse encore. Quand est-ce que cela cessera de me blesser?"

L'apôtre Paul rappelle à ses lecteurs que Dieu n'est pas inconstant ou arbitraire. La raison derrière son appel passionné et répété pour la pureté sexuelle est claire. C'est "parce que le Seigneur tire vengeance de toutes ces choses, comme nous vous l'avons déjà dit et attesté." (1 Thessaloniciens 4:6). Cela n'était pas des nouvelles pour les thessaloniciens; ce ne sont pas des nouvelles pour nous. Dieu déteste le péché, et Il discipline ceux qui, délibérément, violent Ses normes sacrées.

Comment est-ce que notre Dieu Saint venge l'immoralité? Dans certains cas, Il permet aux conséquences naturelles du péché de venir à la réalisation, telles que la culpabilité, et la conscience troublée, la disgrâce publique, le piège du péché habituel, la maladie physique, le vide spirituel, l'ostracisme social, le désastre financier, et le traumatisme émotionnel, pour en nommer quelques-unes. Le Roi Salomon a prévenu son fils et nous au sujet des conséquences permanentes du péché sexuel:

> Qui commet un adultère avec une
> Femme, est dépourvu de sens,

> Celui qui veut se perdre agit de la sorte;
> Il n'aura que plaie et ignominie,
> Et son opprobre ne s'effacera point
> (Proverbes 6:32-33).

Le vieil adage sonne vrai dans les oreilles de plusieurs: "Si vous jouez, vous allez payer!" Nous ne devons jamais ignorer le principe séculaire de semer et récolter: "Ne vous y trompez pas: on ne se moque pas de Dieu. Ce qu'un homme aura semé, il le moissonnera aussi." (Galates 6:7). Ecoutez, je ne suis pas un légaliste qui essaie d'imposer mes propres normes arbitraires sur votre vie. Je suis un réaliste qui a vu la dévastation dans ceux que j'ai conseillé depuis des années. Il y a un prix à payer pour l'immoralité. Bien que nous espérons ne pas éprouver toute les conséquences possibles, le temps viendra où nous le verrons.

Oui, nous tenons à la grande vérité de la bienveillance de Dieu. Oui, il y a pardon des péchés et restauration de la relation avec notre Père céleste (Psaumes 103:1-14; 1 Jean 1:9). Cela n'enlève pas nécessairement toutes les conséquences physiques, émotives, relationnelles, et spirituelles du péché. Tirez un clou d'un mur et le trou reste encore derrière. Le Dieu Saint est encore le grand vengeur d'immoralité. Seulement le Dieu Miséricordieux sait à quel degré Il va régler le flot de bienveillance ou de châtiment correctif envers Ses enfants (Hébreux 12:5-11). Ce que je sais est que nous méritons la pleine mesure de conséquences, même si cela veut dire notre mort physique (Romains 6:23). Je remercie Dieu chaque jour pour Sa grâce, ne le faites-vous pas?

RAISON #2
PARCE QUE ... DIEU APPELLE DES CROYANTS A ETRE PURS

J'enseignais un cours sur *Une Théologie du Ministère* et un de mes étudiants de la faculté vint à moi avec une grande préoccupation: "Comment saurais-je ce que je suis appelé à être? Un pasteu? Un missionnaire? Un savant de la Bible?" Je me souviens avoir pensé, me rappelant de ses côtes récentes, *Bien, pas un savant de la Bible* ! Heureusement, je n'ai pas dit ce qui était initialement dans mes pensées. Au lieu de cela, j'ai cité 1 Thessaloniciens 4:7 et lui ai dit, "je ne sais pas vraiment ce que Dieu vous appelle à faire comme vocation. Cependant, je suis absolument certain de l'appel de Dieu pour votre vie. Dieu vous appelle à être pur. Soit un plombier *pur*, un peintre *pur*, ou un pasteur *pur*, je ne sais pas. Quel que soit ce que le Seigneur vous appelle à faire; Il vous appelle à le faire comme un *vase pur*." La pureté Personnelle n'est pas seulement Sa volonté pour toutes nos vies; c'est Son *appel*. Nous avons été ordonnés à la sainteté!

L'apôtre Paul rappelle ce groupe de croyants qui étaient si récemment convertis de la pauvreté morale du paganisme macédonien, "Car Dieu ne nous a pas appelés à l'impureté, mais à la sanctification." (1 Thessaloniciens 4:7).

RAISON #3
PARCE QUE . . . DIEU LUI-MEME EST SAINT ET NOUS HABILITE A ETRE SAINT

Un dimanche matin, après une prédication où j'étais invité sur un des nombreux passages se référant à la pureté sexuelle, un dirigeant d'église assez âgé vint à moi et s'exclama, "Je vous ai entendu utiliser le mot 'sexe' ce matin. Bien, nous ne parlons pas de chose sale derrière notre chaire!" J'ai essayé de signaler les références dans les Ecritures saintes qui utilisent le terme, mais ce n'était pas utile. Si j'avais été plus rapide dans ma pensée, j'aurais commencé avec les paroles puissantes de l'apôtre Paul: "Celui donc qui rejette ces préceptes ne rejette pas un homme, mais Dieu, qui vous a aussi donné son Saint-Esprit"- (1Thessaloniciens 4:8). Son enseignement dans ce verset ne pourrait être plus direct. Nous pourrons être choqués par la franchise des paroles de Paul. Nous pouvons l'accuser même d'être un clergé borné, un extrémiste pharisien, un nigaud peu éclairé ou même un prude d'âge prévictorien. Cependant, je crois que l'apôtre Paul rétorquerait: "Si vous n'aimez pas ce que je dis, parlez à l'Auteur!"

VOICI MON SAINT-ESPRIT. MAINTENANT SOYEZ SAINT.

Observez la provision spéciale que Notre Père céleste a donnée à Ses enfants, pour vivre des vies pures dans un monde immoral. L'apôtre Paul rappelle à ses lecteurs que c'est "Dieu, qui vous a aussi donné son

Saint-Esprit" (1 Thessalonians 4:8). Si nous sommes vraiment des croyants nés de nouveau, sauvés par la grâce seule, à travers la foi seule, alors nous avons la promesse de Dieu que nous sommes habités par Son Saint-Esprit (Romains 8:9). Entant que tel, nous avons *tout* ce dont nous avons besoin pour mener des vies pures. L'apôtre Pierre répète les pensées de son compagnons apôtre: "que la grâce et la paix vous soient multipliées par la connaissance de Dieu et de Jésus notre Seigneur! Comme sa divine puissance nous a donné tout ce qui contribue à la vie et à la piété, au moyen de la vraie connaissance de celui qui nous a appelés par sa propre gloire et par sa vertu" (2 Pierre 1:2-3).

Quel grand Dieu nous avons. Il nous commande d'être Saints et alors nous rend capable d'être saint. Comment? Il pourvoit Son Saint-Esprit pour demeurer en nous. Par nos propres efforts avons-nous la capacité d'être saint? Non! Est-ce que le Saint-Esprit qui demeure en nous a la capacité d'être saint? On n'a pas besoin d'un cours théologique dans la doctrine du Saint-Esprit pour répondre. Bien sur qu'il a cette capacité! C'est comme si notre Dieu Saint était entrain de dire que nous lui devons un million dollars, et alors Il met sa main dans Sa poche, nous donne l'argent et dit, "Voila. Maintenant rembourse-moi. Soyez saint car je suis Saint. Oh, à propos, voici mon Saint-Esprit qui peut demeurer en vous."

Comprenez bien 1 Thessaloniciens 4:1-8. Dieu veut que je sois pur. Dieu m'appelle à être pur. Dieu me rend capable d'être pur. Alors quel est le seul problème? Est-ce que je veux être pur? Quelques-uns d'entre nous, peuvent ne pas être prêts à faire ce pas géant. Peut-être nous avons besoin de prendre un pas de bébé, et nous demander, Est-ce que je veux réellement être pur? Décidez-Vous; Je l'ai fait.

Moi, Jim Cecy, je veux mener une vie pure.

Moi, _____, je veux mener une vie pure. *(Signe votre nom)*

ET CHACUN S'EST VU LUI MEME

Cette histoire amusante a fait le circulé tout autour pendant plusieurs années. Après beaucoup de tourments à cause du manque de réponse de la congrégation, un nouveau pasteur arriva à la triste réalisation que son église locale était morte. De sa formation ministérielle il comprit que, quand les choses meurent, elles méritent un enterrement adéquat. Dans son esprit, cela s'appliquait aussi à son église. Il annonça dans le journal local, qu'il y aurait un service funéraire pour "L'Église Morte" le Samedi soir. À sa surprise, l'auditorium de l'église était, cette nuit, rempli de gens, plus que jamais auparavant. Le pasteur a placé un cercueil couvert de fleur devant sa chaire. De là, il prêcha au sujet de la grandeur de l'église dans le passé et courba tristement la tête, comme il annonçait que l'église s'en était maintenant allée. Lorsqu'il finit son éloge, il marcha à la mode pastorale à la tête du cercueil. Il ouvrit le cercueil et invita les membres à passer et rendre leurs derniers hommages à "la chère église partie." Comme ils regardaient d'un air penaud le contenu du cercueil, beaucoup ont regardé avec incrédulité, pendant que d'autres ont fondu en larmes. Juste à l'angle droit il avait placé un miroir. Chacun se vit lui même, la vraie raison, pour laquelle l'église était morte!

Il n'y a pas de question dans mon esprit; L'église du Christ est encore très vivante. Etant donné les excuses et compromis que j'ai témoignées dans le corps de Christ, ma seule question est, si l'église de Christ est vivante et *se porte bien*. Bien qu'elle ne se porte pas aussi bien qu'elle pourrait ou devrait l'être, mon grand espoir est qu'un jour, Jésus va, comme promis, présenter à Lui-même, son épouse, l'église "glorieuse, sans tache, ni ride, ni rien de semblable, mais sainte et irrépréhensible." (Ephésiens 5:27).

Il m'a été demandé une fois à une conférence, "Pourquoi quelqu'un ne fait pas quelque chose au sujet de l'immoralité dans l'église ?" Ma réponse était simple, "Vous êtes un quelqu'un. Faites quelque chose !" Si un vrai réveil de pureté doit se produire dans notre vies et dans nos églises, nous tous qui connaissons Le Christ comme Sauveur et Seigneur devons jeter un coup d'œil honnête dans le miroir de la Parole de Dieu. Nous devons garder les paroles éternelles de Jésus au centre de notre objectif:

> Heureux ceux qui ont faim et soif de la justice,
>   car ils seront rassasiés . . .
> !Heureux ceux qui ont le cœur pur, car ils verront Dieu!
> (Matthew 5:6, 8).

DEUXIEME PARTIE:

LE DESSIN DE DIEU

Chapitre 5

LE SEXE EST VRAIMENT L'IDEE DE DIEU

D'OU EST-CE QUE JE SUIS?

"Maman d'où est-ce que je suis venu?" Sa mère avait toujours su qu'un jour elle devrait faire face à cette question fondamentale, mais était surprise que son fils le lui aie demandé à un âge si jeune. Elle le fit assoir et lui expliqua, le mieux qu'elle pu, les "faits de la vie." Le petit garçon écouta attentivement, mais après15 minutes à peu près, il l'interrompit, "Mais Maman d'où est-ce que je suis venu? Mon ami a dit qu'il était de Toledo."

Comme cette mère bien intentionnée, plusieurs d'entre nous, sommes coupables de répondre aux questions qui ne sont pas vraiment posées. Quand on nous demande pourquoi il y a un tel problème d'immoralité de nos jours, nous sommes rapides à parler du bombardement des médias sexuellement chargés ou la baisse de moralité d'une société allant à l'état sauvage. Cependant, le problème le plus profond avec l'immoralité dans notre monde a, comme fondement, une ignorance répandue du dessin de Dieu pour la sexualité humaine. Bien que nous comprenions l'essentiels de la fonction biologique, plusieurs d'entre nous, sommes ignorants de la plénitude du but divinement décrété du Créateur, pour l'union sexuelle dans le mariage. D'où est-ce que je suis venu? Je suis venu d'un Créateur plein d'amour qui m'a conçu comme un être sexuel.

QUI A ECRIT CE SALE MOT

Je me préparais pour une classe d'école du dimanche pour adulte dans une église où je n'avais jamais pas parlé auparavant. Tout seul dans la classe, j'ai écrit le mot "SEXE" sur Le tableau blanc. Avant que je ne puisse compléter le titre de mon message, mon marqueur sécha. Je quittai la salle pour en trouver un autre et revint pendant que le gardien effaçait frénétiquement le tableau. Je pouvais entendre son intense grommellement, "Qui a écrit ce sale mot? Ces gosses! Attendez que je le dise au pasteur!" J'ai trouvé prudent de réclamer mon droit dans l'anonymat.

SEXE. Qu'est-ce qu'il ya au sujet de ce mot qui provoque une si grande gamme de réactions? Il y a ceux-là qui le dévaluent en voulant nous faire croire que le sexe est juste biologique, simplement "l'impulsion de fusion." Quelques-uns le sur accentuent en considérant que le sexe est la force motrice de l'âme humaine, et par conséquent, "si cela apporte une bonne sensation, faites-le." Alors il y a ceux qui traitent le sexe comme un mal nécessaire, portant l'attitude profonde, "Bien, si je suis appelé à."

La communauté chrétienne a ses propres difficultés concernant ce sujet. Beaucoup de mes compagnons croyants ont admis difficilement d'intégrer leur sexualité avec leur foi. Un de mes amis pasteurs, qui développe une théologie en laquelle j'ai confiance et dont la compréhension de la Parole de Dieu m'impressionne, a exprimé ce que j'ai appris depuis lors comme un sentiment commun: "Je ne peux tout simplement pas imaginer Dieu me regardant quand je suis entrain de faire l'amour à ma femme! Je sais Il le fait, mais . . . "

Il y a plusieurs années, j'ai participé à un séminaire pour pasteurs, conduit par un célèbre dirigeant chrétien. J'ai été bouleversé parce que j'ai entendu. Il se tint devant 600 de mes compagnons ecclésiastiques et a enseigné que les ministres ne devraient jamais avoir des relations sexuelles avec leurs femmes la nuit avant de prêcher. Il a vraiment déclaré qu'une telle activité nous dépouillerait de notre force spirituelle, la vrai puissance dont nous avons besoin pour prêchez efficacement l'évangile glorieux. Quelle est la seule chose qui peut dépouiller un croyant de la force spirituelle? Le Péché. Qu'est ce que cet homme rojet ait réellement pour dire que l'union sexuelle dans le mariage est un péché? A Dieu ne plaise!

Entant que personnes croyant en la Bible, nous devons chercher à comprendre l'émerveillement et le mystère de la "trace de l'homme chez la jeune femme" (Proverbes 30:19), spécialement la part de notre Père Céleste en créant le sexe comme un don spécial à humanité. Dans son livre, A Christian Guide to Sexual Counseling (*Un Guide Chrétien au Conseiller Sexuel*), MaryAnn Mayo écrit:

> Dieu, dans Sa souveraineté, aurait pu faire l'espèce humaine de quelque manière qu'Il le souhaitait. Multiplier par clones, ou quelque processus, qui écartaient complètement les relations sexuelles, aurait pu accomplir la reproduction. Hommes et femme auraient pu, aussi bien, être créés sans le besoin d'une relation. Mais Dieu a choisi de faire autrement. Il nous a créés pour être deux sexes distincts, et de vouloir et d'avoir besoin l'un de l'autre pour la reproduction, pour le bien être, et pour la communion. Le sexe est, par conséquent, un mandat et un don divin.[1]

COMMENT EST-CE QUE DIEU EPELLE LESEXE?

Dans l'un de nos premiers séminaires, j'ai posé la question, "Bibliquement parlant, comment est-ce que Dieu orthographie 'sexe'?" Mon dos tourné vers l'audience, j'écrivais sur le tableau selon qu'ils répondaient, "Dieu épelle sexe " A-M-O-U-R." Un autre cria du fond, "Il l'épelle M-A-R-I-A-G-E." Un "théologien de fauteuil" paru plutôt fier de lui-même alors qu'il parlait, "Dieu épelle le sexe C-O-N-N-A-I-S -S-A-N-C-E." Il avait certainement raison. Comme nous le verrons, Adam connu sa femme. Cependant, théologiquement parlant, j'aurais espéré entendre quelqu'un dire, "l'orthographe favori de Dieu du mot sexe est U-N." En d'autres termes, quand nous parlons de sexe du point de vue de Dieu, nous parlons de ce désir don de Dieu pour l'unité physique, émotive, et spirituelle.

Le *echad* DE DIEU

Dans Deutéronome 6:4-9 nous trouvons l'un des passages centraux de toute l'Ecriture sainte de l'Ancien Testament. Quelques-uns le considèrent comme le passage principal. Nos amis juifs se réfèrent à ce passage comme le *Shema*, pris de la première parole dans le texte hébreu, traduit, "Ecoute." Où que les prières hébraïques soient dites, attendez-vous à entendre: "Shema Yishrael, Adonai Elohenu, Adonai echad." Traduit en Français, se lit: "Ecoute, O Israël! L'Eternel, notre Dieu, L'Eternel est un" (Deutéronome 6:4). Dans le Judaïsme Orthodoxe, ce passage est placé avec respect dans des boîtes en bois, appelé phylactères, et porté sur le front et sur le poignet pour les aider à se souvenir de son importance. Je vous encourage à le mémoriser, dans toute langue que vous choisissez, aussi longtemps que vous l'écrivez sur "la tablette de votre cœur" (Proverbes 7:3).

Le dernier mot dans Deutéronome 6:4 (*echad*) est d'intérêt spécial. Il parle d'une unité composée, ou plusieurs choses en un. En plus defaire allusion à l'existence de seul et unique Dieu (*AdonaiEchad*), nous Chrétiens, croyons aussi qu'il parle de la Trinité—la tri unité du Père, Fils, et Saint Spirit—trois personnes en un—le *echad*de Dieu. Avec ceci en tête, Je suppose qu'il pourrait être dit que dans les mathématiques de la Divinité (Père, Fils, et Saint-Esprit), $1 + 1 + 1 = 1$.

Où est ce que, dans l'univers,des personnes qui sont encore séparées sont regardées par Dieu comme mystérieuses? Dans le mariage. Le même mot hébreu *echad*qui est utilisé pour décrire l'unité de Dieu dans Deutéronome 6:4 est utilisé pour décrire l'unité d'Adam et Eve dans Genèse 2:24. Ils sont unis (c.-à-d. "attachés" hébreu: dabaq) dans une union sexuelle et sont devenus "une chaire" (*basarechad*). Jésus Lui-même a parlé de cette unité:

> Et Il répondit et dit, "N'avez-vous pas lu que le créateur, au commencement, fit l'homme et la femmeet qu'il dit: C'est pourquoi l'homme quittera son père et sa mère, et s'attachera à sa femme, et les deux deviendront une seule chair? Ainsi ils ne sont plus deux, mais ils sont une seule chair. Que l'homme donc ne sépare pas ce que Dieu a joint." (Matthieu 19:4-6).

Par conséquent, cela peut aussi être dit dans les mathématiques mystérieuses du mariage (mari et femme), $1 + 1 = 1$ (Ephésiens 5:31-32). Nous devons rapidement ajouter que l'église, le corps du Christ, est aussi un reflet du *echad* de Dieu (Galates 3:28; 1 Corinthiens 12:20; Ephésiens 5:32). Juste comme nous voyons dans la Trinité et dans le mariage, dans les mathématiques mystérieuses de l'église (tous les croyants nés de nouveau de tout âge), $1 + 1 + 1 + 1 + 1 + 1$ (et ainsi de suite) = 1.[2]

Pendant que j'enseignais au Forum du Leadership Européen de 2010 à Eger, en Hongrie, j'ai eu le privilège d'assister à deux séminaires enseignés par Dr. Richard Winter. J'ai apprécié son attitude tranquille et ses profondes paroles, "L'union des sexes est un avant-goût de notre plus haute union."[3] Il m'a rappelé une plus vieille citation de Lewis Smedes, "la Sexualité est la force humaine vers une communion intime."[4]

Le Dieu Un, *Adonai Echad*, conçut le sexe dans le mariage comme une image d'unité. Ainsi, les nombreux avertissements contre les relations prénuptiales et extraconjugales ont aussi un sens théologique. Dans les mathématiques du sexe prénuptial, $1 + 1 = 2$. Dans les mathématiques d'une liaison extraconjugale, $1 + 1 + 1 = 3$. Dans les deux cas, les maths de l'unité sont fausses. À cause de l'*echad* de Dieu, nous avons été conçus pour être un, pas deux, trois, ou vingt mille comme dans le cas d'un exemple sportif orgueilleux.[5] L'ordre bien connu de ne pas commettre d'adultère (Exode 20:14) est plus qu'une injonction contre le rapport sexuel extra marital. C'est un ordre de style de vie contre tout ce qui profane, déforme, ou minimise la doctrine de l'*echad* de Dieu.

LE DIABLE: L'ENNEMI DE L'UNITE

Le Nouveau Testament identifie clairement les plus grands adversaires de l'unité: "Tu crois qu'il y a un seul Dieu(Grec: *heis*), tu fais bien; les démons le croient aussi, et ils tremblent" (Jacques 2:19). Les démons tremblent de peur (*Grec: phrisso*) à la réalité de l'*echad* de Dieu. Il devient maintenant compréhensible, pourquoi le Démon Principal, le Diable, essaie si activement de déformer notre compréhension de l'unité maritale. Son but ultime est de diviser non d'unir. Son nom en Grec (*diabolos*) signifie à peu près littéralement "celui qui jette à travers (c.-à-d. divise ou sépare)" et plus tard signifie "faux accusateur, malin, diviseur." Il est certainement la réalité de son nom.

Satan est le mauvais agent de division, le Diable anti unité. Il déteste l'*echad* de Dieu, l'unité dans la vraie Divinité. La haine peut l'avoir motivé pour tenter Jésus de pécher (Matthieu 4:1-11). Il a, bien sûr, échouéde déplacer l'impeccable Fils de Dieu par une telle action cherchant à sectionner l'unité. Cependant, il nous incite à plusieurs formes d'idolâtrie (adultère spirituel) tel que "immoralité, impudicité, passion, mauvais désir, et avidité qui se résume à l'idolâtrie" (Grec: *eidololatreia*) (Colossiens 3:5). Le Diable abhorre aussi l'unité dans l'église et travaille durement pour diviser les croyants. (Mettez deuxChrétiens ensemble et nous sommes obligés d'entendre trois opinions). Ainsi, Jésus, a prié que nous, comme Ses disciples, soyons *un* comme Lui et le Père sont un (Jean 10:30; 17:21-22). Satan déteste aussi l'*echad* du mariage. Ce que Dieu a joint ensemble (Grec: *suzeugnumi*), *Diabolos*, le Diviseur essaie de séparer (Grec: *chorizo*) (Marc 10:9). Il applaudit chaque cas d'infidélité dans le mariage, le comptant comme un coup gauche au visage de Dieu Lui-même.

Certainement, un des buts ultimes du Diable serait de nous stimuler à violer notre convention du mariage à travers l'adultère (1 Corinthiens 6:12-20). Il profite aussi de chaque opportunité, lorsque nous ne jouissons pas de l'union sexuelle que Dieu a conçue pour le mariage. Faites attention à l'avertissement de l'apôtre Paul contre cet intrigue diabolique: "Ne vous privez point l'un de l'autre(c.-à-d. sexuellement) . . . puis retournez ensemble, de peur que Satan ne vous tente par votre manque de maitrise de soi" (1 Corinthiens 7:5, l'accentuation a été ajoutée).

L'idolâtrie dans nos vies, la division parmi les croyants, et l'adultère dans nos mariages sont tous, des péchés anti unité, motivés par Diabolos. Cela aide à connaitre les tactiques de l'Ennemi si nous voulons effectivement mener la bataille:

> Soyez sobres, veillez. Votre adversaire, le diable (Grec: *diabolos*), rôde comme un lion rugissant, cherchant qui il dévorera. Résistez-lui ("se lever contre," Grec: *anthistemi*), avec une foi ferme("ferme," Grec: *stéréos*), sachant que les mêmes souffrances sont imposées à vos frères dans le monde (1 Pierre 5:8-9).

Chapitre 6

QUELLE EST EN FAIT CE SENTIMENT?

Lorsque nous considérons le dessin de Dieu pour la sexualité humaine, nous devons faire une distinction fondamentale entre la *nature* sexuelle et l'im*pulsion* sexuelle. Très simplement, la *nature* sexuelle est en rapport avec le genre ("mâle et femelle Il les créa" Genèse 1:27). Néanmoins, L'im*pulsion* Sexuelle, est le don de Dieu pour l'unité avec un partenaire conventionnel (c.-à-d. un conjoint) comme un reflet de l'*echad* de Dieu, Son unité. C'est beaucoup plus que le désir d'un rapport sexuel.

Est-il, par conséquent, vrai, comme il est souvent observé, que les hommes ont une plus forte impulsion sexuelle que les femmes? Si nous pensons biologiquement (c.-à-d. sexe physique), beaucoup pense ainsi. Cependant, donnant notre compréhension biblique, hommes et femmes étaient créés avec le même désir don de Dieu pour l'unité. Comme nous le verronsplus tard dans notre étude, les femmes peuvent trouver le contentement physique ou émotif différemment des hommes, mais ils ont exactement le même besoin d'unité. Le désir d'unité n'est pas déterminé par le genre.

C'EST BON. C'EST TRES BON!

Je ne sais pas comment le dire plus simplement. Le sexe est l'idée de Dieu, et c'est réellement une bonne idée. Par conséquent, chacun de nous dois en arriver à un point quand nous acceptons notre sexualité comme un don de Dieu et dire, avec notre Créateur, "C'est bon. C'est très bon" (Genèse 1:31).

DEUXIEME PARTIE:: LE DESSIN DE DIEU

Franchement, quelques-uns s'exclament, "Ce n'est pas si bon. C'est frustrant, décevant et un grand embêtement." Cependant, les Saintes Ecritures nous appellent à une différente mentalité: "Je te loue de ce que je suis une créature si merveilleuse." (Psaume 139:14). L'instruction générale que l'apôtre Paul a donné au jeune Timothée peut aussi être spécialement appliqué à notre sexualité: "Car tout ce que Dieu a créé est bon, et rien ne doit être rejeté, pourvu qu'on le prenne avec actions de grâces, parce que tout est sanctifié par la parole de Dieu et par la prière" (1 Timothée 4:4-5). Quelques-uns d'entre nous, avons besoin de répéter souvent ces paroles, comme une déclaration de foi et non une sensation: "Tout ce qui a été créé par Dieu est bon . . . inclue ma sexualité."

J'AI ETE FAIT POUR FONCTIONNER SUR LA BASE DEL'UNITE

J'étais l'heureux propriétaire d'un Chevrolet classique 1955 complètement restauré. Équipé d'un moteur de Corvette 327 mètre cube, qui brillait d'un rouge et blanc "dernier cri d'autrefois" pourrait vraiment descendre l'avenue—avec une consommation d'essence d'à peu près quatre litres pour huit kilomètre. Si seulement je pouvais m'imaginer une façon de convertir le moteur pour qu'il fonctionne avec du sable. Cependant, mon Chevy n'était simplement pas conçu par General Motors pour fonctionner avec n'importe quoi mais avec de l'essence.

De même, notre Maître Concepteur nous a spécialement façonnés pour fonctionner sexuellement d'une certaine manière. Il nous a conçus pour fonctionner sur base de l'unité. Le plus plein plaisir sexuel est expérimenté quand il est utilisé dans le but pour lequel il a été conçu. Violer ce dessin surnaturel, c'est en finir endommagé, comme un moteur de voiture classique rempli avec du sable. Considérons les nombreux buts de l'union sexuelle dans le mariage.

44

Chapitre 7
UNITE D'ALLIANCE

FAISONS UNE AFFAIRE

Mon groupe d'études matinales réunissant des hommes, avait résisté à ma proposition selon laquelle étudier la théologie systématique tôt le matin pouvait être vivifiant. L'un d'eux, un avocat, m'a donné le texte de la loi classique, Prosser on Torts. Il m'a dit, "Essayez de lire ceci et ressentez notre peine." Tôt le lendemain matin, j'ai essayé. En quelques minutes, j'étais endormi! Les longues discussions de la loi peuvent être aussi fatigantes que les longues discussions théologiques.

Je me souviens de la première fois que je me suis tenu debout, devant une foule, et ai déclaré avec confiance, "Dieu a conçu l'union sexuelle pour ratifier le lien d'alliance matrimoniale." je ne m'attendais pas aux regards ébahis et confus. Cela est certainement une bouchée théologique. Faisons une affaire. Je ferai de mon mieux pour simplifier cela. Vous, faites votre mieux pour vous laisser imprégner par cela. Je vous assure le temps passé vaudra la peine.

LE MARIAGE EST UNE ALLIANCE

Dans le dernier livre de l'Ancien Testament, Dieu parle, à travers le prophète Malachie, à Son peuple rebelle. En particulier, dans Malachie 2:13-16, Le Seigneur réprimande les maris rebelles qui traitaient d'une façon déloyale et divorçaient d'avec les femmes qui avaient été leur "femme par alliance." Avec grand intérêt pour plus que juste leurs mariages, Dieu dit

> "Voici encore ce que vous faites: Vous couvrez de larmes l'autel de l'Eternel, De pleurs et de gémissements, En sorte qu'il n'a plus égard aux offrandes Et qu'il ne peut rien agréer de vos mains. Et vous dites: Pourquoi? . . . Parce que l'Eternel a été témoin entre toi et la femme de ta jeunesse, A laquelle tu es infidèle, Bien qu'elle soit ta compagne et la femme de ton alliance. Nul n'a fait cela, avec un reste de bon sens. Un seul l'a fait, et pourquoi? Parce qu'il cherchait la postérité que Dieu lui avait promise. Prenez donc garde en votre esprit, Et qu'aucun ne soit infidèle à la femme de sa jeunesse! Car je déteste le divorce, Dit l'Eternel, le Dieu d'Israël, Et celui qui couvre de violence son vêtement, Dit l'Eternel des armées. Prenez donc garde en votre esprit, Et ne soyez pas infidèles!" (Malachie 2:13-16, accentuation ajoutée).

Peut-être que ce mot "alliance" (hébreu: *bariyth*) ne vous est pas très familier. Fondamentalement, une alliance fait référence à un accord, un contrat, ou un partenariat.[1] Le mot est aussi utilisé pour décrire un traité entre ennemis, qui se sont maintenant joints ensemble comme alliés. C'est un mot particulièrement important lorsqu'il est utilisé pour décrire un contrat de mariage. Tim Alan Gardner, dans son livre, Sacred Sex , (Sexe sacré: Une Célébration Spirituelle de l'Unité dans le Mariage, nous rappelle que le mariage est, en fait, plus qu'un contrat:

> C'est un rapport dans lequel vous choisissez d'entrer, et en entrant dans ce rapport vous prenez l'engagement de respectez les termes de l'alliance. Contrairement à un arrangement purement humain, une alliance est autorisée par Dieu, soutenue par Dieu, et ratifiée par Dieu.[2]

Maris, elle est votre femme "par alliance." Femmes, il est votre mari "par alliance." Que voussoyez encore des alliés c'est une autre question!

LE MARIAGE EST UNE ALLIANCEQUI NOUS LIE

Il y a beaucoup trop, même certains de mes compagnons Chrétien, qui jettent leurs conjoints comme de vieilles paires de chaussures. Malheureusement, les sondages rapportent que le taux de divorce parmi ceux qui revendiquent être des croyants, nés de nouveau, est presque égal à celui de ceux qui ne le sont pas. Nous pouvons enlever les mots "jusqu'à ce que la mort nous sépare" de nos vœux de mariage, mais malgré cela, l'alliance du mariage nous lie. Parlant en général à propos de tous les contrats et alliances, incluant certainement le mariage, le Roi Salomon a écrit succinctement:

> Lorsque tu as fait un vœu à Dieu, ne tarde pas à l'accomplir, car il n'aime pas les insensés: accomplis le vœu que tu as fait. Mieux vaut pour toi ne point faire de vœu, que d'en faire un et de ne pas l'accomplir (Ecclésiastes 5:4-5).

Vous pouvez vous demander maintenant ce qui se passe si les gens ne font pas leurs vœux *à Dieu*. Peut-être qu'ils se marient *légalement* dans quelque autre voie. Est-ce que cela signifie qu'ils ne sont pas dans une alliance qui les lie *aux yeux de Dieu*? Prenez à cœur les mots concis de l'apôtre Paul: "Es-tu lié ("sous obligation à la loi," (Grec: *deo*) à une femme? Ne cherches pas à être libéré" (1 Corinthiens 7:27). En d'autres termes, si vous vous mariez légalement, vous vous mariez aux yeux de Dieu, aussi bien qu'aux yeux des hommes.

Il y a beaucoup de débat dans les cercles Chrétiens concernant les raisons bibliques pour le divorce. Quelques-uns accordent la possibilité de divorce pour causes d'adultère (Matthieu 5:32; 19:9) ou désertion par un époux incrédule (1 Corinthiens 7:15). D'autres, cependant ne sont pas d'accord et soutiennent qu'il n'y a aucune raison, utilisant comme argument des passages tels que Malachie 2:14-16 et 1 Corinthiens 7:27. Il y a, bien sûr, une large gamme d'autres points de vue. Laissons le débat continuer. Il y en a pour des siècles. Cependant, j'ose espérer que nous consentons tous, que le mariage est une *alliance qui nous lie* et que les vœux ne seront pas pris à la légère: "Ce que par conséquent Dieu a joint (c.-à-d. "a attaché à un joug," Grec: *suzeugnumi*), que personne ne le sépare (c.-à-d. "séparer," Grec: *chorizo*) (Marc 10:9).

LE MARIAGE EST UNE ALLIANCE QUI NOUS LIE, RATIFIEE PAR L'UNION SEXUELLE

Aujourd'hui, si nous voulons entrer dans un engagement contractuel pour acheter une maison, prendre un emprunt, ou entrer dans une association, il nous sera montré des papiers qui ont, très probablement, été examinés par un habile juriste de contrat. Cet engagement contiendra clairement, des clauses déclarées aussi bien que les conséquences si ces clauses sont violées. Dans l'intention de "sceller l'affaire" les deux partis apposeront leurs signatures qui, dans la plupart des cas, sera notarié et authentifié par un témoin qualifié.

Ceci n'est pas comme cela se faisait dans certaines parties de l'ancien Moyen-Orient. Après avoir discuté sur les termes spécifiques, des animaux sacrificiels étaient coupés en deux et placés sur la terre. Les deux parties marchaient alors entre les parties ensanglantées de l'animal, récitant les vœux qui seront, essentiellement, proclamés à l'autre partie et au monde, "Que ce soit une difficulté de rompre notre accord, comme cela serait de réunir à nouveau ces parties animales, et que ce qui est arrivé à cet animal, arrive à l'un ou l'autre de nous qui romprait cette alliance." C'était un rappel très sanglant, montrant que les contrats, les associations, et les alliancessont des matières sérieuses. J'ai glané quelque chose, du peu que j'ai lu dans les livres de droit civil. Rompre un contrat engendre des conséquences substantielles. Ainsi en est-il avec l'alliance du mariage.

VOULEZ-VOUS MARCHER AVEC MOI ENTRE LES PARTIES, CHER?

Dans Ezechiel, Chapitre 16, nous trouvons un passage curieux qui concerne Dieu, comme Il entre dans union maritale symbolique avec Sa mariée, Israël. J'ai inclus quelques notes qui clarifient, dans les parenthèses:

Je *(Dieu)* passai près de toi *(Israël)*, je te regardai, et voici, ton temps était là, le temps des amours. J'étendis sur toi le pan de ma robe, je couvris ta nudité *(une expression très sexuelle)*, je te jurai fidélité, je fis alliance avec toi*(un contrat de mariage)*, dit le Seigneur, l'Eternel, et tu fus à moi (Ezéchiel 16 :8, emphase et notes ajoutées).³

Dans les Saintes Ecritures de l'Ancien Testament, le mot hébreu traduit souvent par "faire une alliance" *(karathbariyth)* signifiait originairement "couper en deux" et plus tard a signifié, "couper un engagement." Dans toute la Bible, la pratique de couper était souvent vu comme le sceau sur le contrat. Par exemple, l'alliance avec Noé a été scellée en coupant le ciel avec un arc-en-ciel comme un "signe d'alliance" (Genèse 9:12-17). L'alliance Abrahamique a été symbolisée en coupant une génisse, une chèvre, et un bélier de moitié et Dieu passant seul entre les parties dans cet accord unilatéral (Genèse 15:7-18; Hébreux 6:13 -14). L'alliance Mosaïque était, plus tard, affirmée par la circoncision, le rituel coupant le prépuce, comme signe de cette alliance (Genèse 17:10-11). Se référant à Son corps qui allait bientôt être crucifié (c.-à-d. "percé," Zacharie 12:10), Jésus déclara : "Cette coupe qui est versée pour vous, est la *nouvelle alliance dans Mon sang*" (Luc 22:20, l'accentuation a été ajoutée).

Qu'est-ce que tout ceci a à avoir avec le mariage? Je crois que c'est significatif que l'alliance du mariage soit consommée par l'union sexuelle, une union impliquant, couper ou percer (Genèse 2:24; Ezéchiel 16:8; Matthieu 19:5; Ephésiens 5:31). Très franchement, ce principe de "couper l'engagement" peut être une des raisons pour lesquelles Dieu a conçu les hommes et les femmes comme il l'a fait — un corps d'homme pour percer; un corps de femme pour être percé.⁴ C'est évocateur des deux parties d'un vieux contrat marchant entre les parties sanglantes. Le rapport sexuel a été conçu divinement pour ratifier l'alliance initiale du mariage. C'est la signature spirituelle sur le contrat du mariage qui "scelle l'affaire." Tim Gardner, dans Sacred Sex *(Sexe Sacr)*, le dit clairement:

> Puisque le mariage a toujours été défini par Dieu comme deux devenant un, l'union sexuelle d'une femme

et d'un mari est le parfait signe, du serment prévu par Dieu, qu'un mariage a été établi. Nous parlons d'un serment avec vœux; nous scellons ce serment avec nos corps. Ensemble, nos paroles et nos actes forment une alliance Le sexe n'est pas la seule partie de l'alliance du mariage, mais il fonctionne dans la *création* de l'alliance. Le sexe est le sceau divin.[5]

Je ne suis, en aucune façon, entrain de suggérer que l'acte sexuel, en soi, en dehors des vœux du mariage légalement reconnus, constitue une alliance de mariage bibliquement obligatoire. Les gens ne sont pas mariés, aux yeux de Dieu, simplement parce qu'ils se sont engagés dans un rapport sexuel. En plus de l'exigence biblique d'obéir aux lois de la terre, y compris les exigences légales pour entrer dans le mariage (Romains 13:1-7; 1 Pierre 2:13-17), nous devons aussi demander, "Où sont les témoins qualifiés? Où est le contrat obligatoire? Où sont les vœux d'engagement?"

Porter une bague de mariage ne fait pas de quelqu'un un marié; avoir une relation sexuelle non plus. Les deux sont des symboles. Dans un mariage légalement obligatoire, l'union sexuelle peut être comparée au fait de revoir les signatures imprimées sur une licence du mariage officiel. C'est un rappel constant que cet homme et cette femme sont mari et femme "par alliance."

OUI, VOUS LE DEVEZ; AINSI DIT DIEU

Où est ce que l'union sexuelle après la première consommation légale convient dans tout ceci? Ne sommes nous pas appelés à regarder l'arc-en-ciel et nous rappeler de l'alliance de fidélité de Dieu? (Genèse 9:11-13). Ne sommes nous pas appelés à participer à la Sainte Cène "souvent" (1 Corinthiens 11:25-26) en mémoire de la nouvelle alliance dans Le sang du Christ? Pourquoi est-il, par conséquent, difficile de saisir quele mariage implique l'expression régulière et continuelle de *l'alliance d'amour et de loyauté*, à travers l'union sexuelle (1 Corinthiens 7:5)? Une fois encore, Tim Gardner commente:

> L'Unité et le mystère du Christ sont proclamés chaque fois que nous nous joignons intimement avec nos

compagnons. Notre devenir ensemble, en tant que femme et mari, les deux devenant un, dans l'intention de représenter conjointement l'image divine de Dieu, est appelé à être un rappel régulier des promesses que nous avons faites dans notre alliance de mariage, de même qu'un arc-en-ciel doit être un rappel de la promesse de Dieu dans Son alliance avec Noé après le déluge.[6]

Beaucoup d'hommes sont venus me voir et se sont plaint du fait qu'ils jouissent rarement des relations sexuelles avec leurs femmes. Un homme a admis même ce que beaucoup d'hommes pensent, "Mon expérience avec les préludes sexuelles implique trente minutes de mendicité!" Un autre frère, frustré de manière compréhensive, a partagé avec moi son angoisse, ayant eu des relations avec sa femme seulement douze fois en dix-sept années de mariage. Quelque chose était certainement défaillante dans ce cas!

La Bible ne parle pas spécifiquement de fréquence sexuelle dans le mariage. Depuis longtemps, beaucoup trop de couples mariés utilisent le sexe comme un moyen de récompense ou de punition, les vieilles directives de l'apôtre Paul aux croyants Corinthiens ne pourraient pas être plus opportuns: " Ne vous privez point l'un de l'autre, si ce n'est d'un commun accord pour un temps" (1 Corinthiens 7:5). Le Sexe ne doit pas être utilisé comme une arme ni comme un outil de manipulation. Il n'a pas été conçu comme un moyen d'obtenir ce que nous voulons de notre partenaire. Le sexe dans le mariage est appelé à être une expression mutuelle d'unité d'alliance et le reflet de l'unité du Père, du Fils et du Saint-Esprit. C'est aussi une image de l'unité du Christ et de son Église, aussi bien que l'unité des membres de Son église, les uns avec les autres. En d'autres termes, l'union sexuelle régulière avec notre conjoint n'est pas seulement bon pour nous — elle est biblique.

Chapitre 8

UNITE RESTAURATRICE

"MAIS QUOI SI . . . ?"

Que dire si notre partenaire rompt nos vœux de mariage? Théologiquement parlant, quand l'adultère se produit, cela viole l'alliance du mariage et chagrine le cœur d'Adonai Echad. Peut-être est-ce pourquoi l'apôtre Paul parle au sujet de la dévastation de l'adultère, avec une telle sévérité, lorsqu'il la compare à "Quelque autre péché qu'un homme commette, ce péché est hors du corps;" (1 Corinthiens 6:18). Le Roi Salomon a parlé de "l'adultère . . . qui abandonne l'ami de sa jeunesse / Et oublie l'alliance de son Dieu" (Proverbes 2:16-17). Ici nous avons une femme qui, en commettant l'adultère, *abandonne* ("renonce à," hébreu: *azab*) l'alliance avec son mari et *oublie* ("cesse de se soucier de," hébreu: shakach) l'alliance avec son Créateur. Les paroles de l'apôtre Paul le déclarent succinctement: "Ne savez-vous pas que celui qui s'attache à la prostituée est un seul corps avec elle?" (1 Corinthiens 6:16).

Dans l'évangile selon Matthieu, Jésus fait référence à l'immoralité (c.-à-d. le mot Grec *porneia* qui inclut le péché d'adultère) comme le fait de séparer ce que Dieu a joint (Matthieu 5:32; 19:4-6, 9). Je crois que l'adultère brise l'alliance conditionnelle du mariage; il n'a pas besoin de briser le mariage légal. La restauration est l'objectif.

VOUS AVEZ ROMPU L'ALLIANCE, MAIS TOUT N'EST PAS PERDU

Un jeune couple était assis dans la rangée de devant, au cours d'un séminaire que j'ai animé dans la ville de Mexico. De la manière dont ils étaient assis, il était évident qu'il y avait quelque chose de très mauvais. Alors que je parlais, par le canal de l'interprète, des conséquences dévastatrices de l'immoralité sexuelle, je pouvais la voir de plus en plus en colère. Elle courut hors de l'auditorium, le laissant assis seul. Aucune traduction n'était nécessaire pour découvrir ce qui se cachait.

À la fin de la session, je les ai approchés et ai entendu toute l'histoire très familière de son infidélité et son intense amertume face à sa flagrante trahison. Le mari avait aussi des problèmes au sujet de sa femme. Je leur ai parlé doucement au sujet de la possibilité d'une restauration et ai prié avec eux, en demandant que Dieu leur donne la grâce de se pardonner l'un l'autre, une fois qu'ils auraient demandé Son pardon (Ephésiens 4:32). Je terminais notre conversation, en exprimant l'espoir qu'un jour, bientôt, ils seraient disposés à renouveler leurs vœux de mariage. Par l'apparence de leurs deux visages, je ne m'attendais pas à les voir de nouveau. À ma surprise, ils vinrent tôt, la nuit suivante, s'asseoir encore une fois dans la rangée de devant. Il était évident, par leur contenance et leur expression corporelle, que les choses avaient nettement changées. Avant que la session d'enseignement ne commence, ils se tinrent les mains, pendant qu'ils partageaient avec moi qu'ils ont, non seulement demandé pardon à Dieu et l'un à l'autre, mais aussi qu'ils ont renouvelé leurs vœux de mariage. Je n'oublierai jamais leurs larmes de joie. De mon podium je regardai ce couple brisé, humilié devant la grâce et la pitié de Dieu, tombé amoureux encore une fois. Est-ce que le fait de renouveler leurs vœux a résolu tous leurs problèmes? Bien sûr que non. Est-ce qu'un accompagnement supplémentaire en conseil de mariage était nécessaire? Certainement. Mais c'était là, le redémarrage dont ils ont-ils avaient besoin.

CE N'EST PAS TERMINE QUAND C'EST FINI

Bien que l'adultère viole l'alliance du mariage, cela ne rend pas obligatoire la fin du mariage. Quoique, restaurer les *rapports* du mariage prendra du temps, je crois que *l'alliance* du mariage peut être renouvelée *immédiatement*. Nous trouvons notre exemple dans les rapports de Dieu avec Son peuple. Encore une fois nous regardons dans Ezéchiel 16 et voyons la pitié et la bonté affectueuse de Dieu quand Il renouvelle Son alliance avec Son épouse, Israël, bien qu'elle se soit engagée dans un adultère spirituel flagrant en allant après d'autre dieu:[1]

> Mais tu t'es confiée dans ta beauté, et tu t'es prostituée, à la faveur de ton nom ; tu as prodigué tes prostitutions à tous les passants, tu t'es livrée à eux . . . Car ainsi parle le Seigneur, l'Eternel: J'agirai envers toi comme tu as agi, toi qui as méprisé le serment en rompant l'alliance. Mais je me souviendrai de mon alliance avec toi au temps de ta jeunesse, et j'établirai avec toi une alliance éternelle (Ezéchiel 16:15, 59-60).

Nous voyons cette même pitié et bonté affectueuse du renouvellement d'alliance de Dieu, démontrée à travers tout l'Ancien Testament, et illustrée dans l'histoire d'Osée et ses rapports avec sa femme prostitué.

Pendant que j'accompagne des couples qui ont expérimenté la douleur de l'infidélité, Je leur conseille vivement de renouveler formellement leurs vœux. Quelques-uns choisissent de le faire en privé, alors que d'autres ont besoin de tenir une cérémonie plus publique, surtout si l'adultère était bien connu. Beaucoup de couples vont alors, effectuer un second voyage de noces pour rétablir leur union de mariage. Bien que, renouveler les vœux réforme la fondation immédiatement, je me presse de leur rappeler, qu'ils devront passer alors des années à reconstruire la relation endommagée.[2]

Peut-être que certains d'entre nous avons besoin de faire cela, surtout s'il y a eu l'adultère qui s'est produit, n'importe quand dans notre mariage. Franchement, c'est une bonne idée de renouveler nos vœux de mariage régulièrement, même si l'adultère n'a pas eu lieu. Après tout, qui parmi nous n'a jamais été tenté ou n'a jamais regardé un/une autre avec convoitise, commettant, de cette façon, l'adultère dans nos cœurs (Matthieu 5:27-28)? Nous sommes reconnaissants, du fait que ma femme et moi n'avons jamais connu la douleur de l'infidélité dans notre mariage. Cependant, nous avons éprouvé la joie de renouveler nos vœux de mariage à de nombreuses occasions, en privé et publiquement. Je le ferais encore bientôt. Pourquoi ne pas retirer ces vieux vœux de mariage ou travailler ensemble en en écrivant de nouveaux? Assurez-vous d'inclure un engagement à être fidèle à votre alliance de mariage l'un à l'autre. Alors, jouissez de ce réengagement!

Chapitre 9

UNITE SACREE

"CHERIE, ADORONS!"

"Si je devais vous demander d'adorer le Seigneur pendant les trente prochaines secondes, que feriez-vous?" Les réponses, à la conférence des hommes, me sont revenues plus rapidement que d'habitude. "Je chanterais." "Je prierais." "J'étudierais ma Bible." "Je servirait quelqu'un." "Je pense que j'irais faire la pêche dans les montagnes." Un homme arrêta cet élan de réponses, quand il cria sans honte, "je ferais l'amour à ma femme!" La plupart des hommes ont ri à l'unisson. Cependant, quelques-uns secouèrent leurs têtes, comme pour dire qu'il était un peu tordu, dépravé, hérétique. Loin de là.

L'essence de la véritable adoration est, toute pensée, mot, ou acte qui déclare qui Dieu est. Cela est souvent défini comme, la réponse d'adoration de la créature à l'infinie majesté de Dieu. J'ai compris que l'adoration n'est pas principalement une question d'art; c'est une question de cœur. En d'autres termes, si mon cœur est en ordre avec le Seigneur, alors toute voie par laquelle je déclare la majesté de Dieu, ou son caractère, peut être une forme d'adoration. Si je déclare sincèrement Son unité dans une chanson ou dans quelque autre forme d'éloge, c'est cela l'adoration. Donc cela peut être avec l'union sexuelle dans le mariage.

Dans le Psaume 46:10 le Seigneur nous exhorte à "Arrêtez, et sachez que je suis Dieu" Plus tard, dans Proverbes 3:6, il nous est ordonné, de le *reconnaître* dans toutes nos voies. Dans les deux passages, nous trouvons le mot hébreux *yada,* qui parle de connaître une personne intimement, personnellement et expérimentalement. Dans certains cas, il peut même se référer au fait de connaître *sexuellement* quelqu'un. Ainsi, Genèse 4:1 utilise le même mot hébreux *yada* pour déclarer que Adam connu sa femme. En d'autres termes, il eu des relations sexuelles avec elle et elle conçu et enfanta son premier fils. Le rapport sexuel dans l'alliance du mariage peut être l'expression corporelle d'un culte sacrée, une déclaration privée et intime de l'echad, de Dieu, Son unité infinie. Le sexe dans le mariage peut viser "une plus haute extase."[1]

Est-ce que cela veut dire que le sexe dans le mariage est *toujours* une forme de culte sacrée? Pas nécessairement. Malheureusement, il y a des temps où j'ai chanté "Combien Tu es grand" et mon âme était encore assez distante du Seigneur. J'ai publiquement priés avec des paroles qui ne venaient pas de mon cœur. Je me suis engagé dans la pratique routinière des formes cultuelles, sans une passion authentique pour Dieu, qui est digne de louange sincère. Il en est ainsi avec l'union sexuelle dans le mariage. Ce n'est pas toujours adorez mais ce *peut être* le cas, surtout quand nos cœurs sont droits et quand l'unité est évidente. C'est cela qui rend les relations sexuelles dans le mariage tellement différentes. Le Sexe en dehors du mariage ne peut jamais, en aucune circonstance, être une vraie adoration. Il ne peut jamais refléter l'echad de Dieu.

EST-CE QUE LA PIETE EST REELLEMENTATTRAYANTE?

Si Dieu conçut l'union sexuelle dans le mariage comme une expérience cultuelle sacrée, les implications dans nos mariages sont certainement de grande envergure. La préparation adéquate pour une expérience cultuelle corporative a, fondamentalement, les mêmes éléments que la préparation adéquate pour une expérience sexuelle privée avec notre conjoint.

Sur les trois décennies et demie de notre ministère, ma femme a démontré sa capacité spéciale de créer une ambiance cultuelle dans notre maison, particulièrement le dimanche matin. Pendant que je me levais tôt pour me préparer à prêcher, elle m'offrait une tasse de café, préparait mes vêtements, mettait une musique douce, et essayait de réduire au maximum le bruit des enfants. Si elle voyait que j'étais particulièrement inquiet, elle adoucissait tranquillement le moment, en priant avec moi et en exprimant son soutien. En mettant une atmosphère d'amour, de joie, et de paix, elle m'aidait en me préparant pas seulement pour prêcher mais aussi adorer collectivement avec mes frères et sœurs dans la foi. L'amour, la joie et la paix peuvent établir aussi l'humeur pour d'autres formes d'adoration.

J'ai, une fois, écrit les neuf fruits de l'Esprit, mentionné dans Galates 5:22-23, sur un tableau blanc au cours d'un séminaire de formation d'accompagnement des femmes:

- *Amour*
- *Joie*
- *Paix*
- *Patience*
- *Bonté*
- *Bénignité*
- *Fidélité*
- *Douceur*
- *Tempérance*

Sans déclarer ce que ces mots étaient, j'ai rapidement demandé aux dames, "Supposez qu'il vous était arrivé de rencontrer un homme qui a démontré toutes ces qualités. Quel genre d'homme serait-il?" Une des femmes largua et dit, "Un homme vraiment attrayant!" Elle fut embarrassée jusqu'à ce que j'eu été publiquement d'accord avec elle.

En plus d'être l'essence du caractère de ceux qui sont comme Christ, ce sont certainement des qualités attrayantes qui sont l'essence de l'amour romantique—stimulation spirituelle, si vous voulez. Je pense que, marcher dans l'Esprit et manifester ces neuf fruits de l'Esprit devrait devenir la nouvelle définition du manuel, du terme attrayant!

MEFIEZ-VOUS DE SUR SPIRITUALISER LE SEXE

Soyons prudent. Oui, le sexe dans le mariage peut être une forme sacrée de l'adoration. Même ainsi, il y a évidemment de vrais dangers de sur spiritualiser ce concept. Nous sommes certainement bien informés de l'abus de cette doctrine, par les faux enseignants et les sectes. Malheureusement, nous avons même été témoin des abus de cette "doctrine du sexe sacré" parmi certains de nos dirigeants chrétiens, autre fois digne de confiance. Lewis Smedes en fait une observation profonde:

> Pourquoi les gens ont souvent associé le sexe à la religion, comme si d'une façon ou d'une autre, le sexe était le point d'accès à Dieu? Qu'est ce qui a déformé la vision de la réalité, qui a conduit ces Canaanites anciens à leurs autels de prostitution . . . Mais l'extase de la satisfaction sexuelle n'est pas absolument contraire à l'extase de l'expérience religieuse, autrement il n'aurait pas été si souvent identifié à cela.[2]

Au-delà l'horreur de l'abus sexuel, il y aussi certains du rang des croyants qui ont déformé cette grande vérité et l'on utilisé pour mettre une intense pression spirituelle sur leur partenaire conjugal—"Chérie, adorons!" je suppose que d'autres pourraient même déformer cet enseignement et en faire une excuse pour éviter l'église. "Restons au Chevet de Église Biblique ce matin." Encore une fois, c'est *une* forme d'adoration, pas la *seule* forme.

Chapitre 10

UNITE DE PROCREATION

SOYEZ FECOND ET MULTIPLIEZ-VOUS

> Dieu les bénit, et Dieu leur dit: Soyez féconds, multipliez, remplissez la terre (Genèse 1:28).

J'ai grandi dans une grande famille Italienne. Je suppose que, sans le savoir, Genèse 1:28 était le verset de la vie de mon père. Peut-être que Papa pensait de lui-même comme étant un Adam Italien ou un Noé méditerranéen, personnellement mandaté par Dieu pour "soyez féconds et multipliez" (Genèse 9:7).

Cela était bon jusqu'à il y a cinquante ans depuis que j'ai entendu "les faits de la vie." j'ai surmonté le choc de jeunesse de ce qui a dû se produire entre mes parents pour que moi et mes nombreux frères et sœurs naissions. C'était le plan de Dieu dès le commencement: "Adam connut Eve, sa femme; elle conçut, et enfanta Caïn et elle dit: J'ai formé un homme avec l'aide de l'Eternel." (Genèse 4:1).

Notre magnifique Créateur a rendu possible pour nous, êtres modestes humains, de l'aider à remplir la terre. Il a souverainement conçu le rapport sexuel entre un homme et une femme pour ce faire. Entant que Dieu tout-puissant, Il aurait pu certainement peupler la terre sans notre secours. Il pouvait même nous utiliser pour accomplir cet objectif, sans que nous ayons à nous engager dans une union sexuelle. Il aurait pu concevoir que nous serrions la main de notre

61

conjoint/conjointe, attendions dix secondes, et un bébé descendait du ciel. A la place, notre Dieu Omnipotent choisit l'union sexuelle, pas seulement pour déclarer son unité, mais pour bénir nos vie.

Nous obtenons le plaisir de l'union sexuelle, la joie d'avoir des enfants, et l'enchantement de savoir que nous avons été utilisés par Dieu pour peupler la terre. Avoir des bébés est une aventure gagnant, gagnant. Salomon, l'auteur du Psaume 127, a écrit ces paroles familières:

> Voici, des fils sont un héritage de l'Eternel, Le fruit des entrailles est une récompense. Comme les flèches dans la main d'un guerrier, Ainsi sont les fils de la jeunesse. Heureux l'homme qui en a rempli son carquois! (Psaume 127:3-5)

CE N'EST PAS SEULEMENT POUR AVOIR DES BEBES

Le danger ne consiste pas tellement dans le fait de regarder le sexe comme le plan de Dieu pour avoir des enfants, mais dans le fait de voir cela comme le seul but de l'union sexuelle. Vers 350 après Jésus-Christ, Saint Augustin a enseigné que le sexe était le fruit amer de la chute, plutôt que le don sucré de la création.[1] Jérôme, le théologien du quatrième siècle, parla de quiconque était trop passionnément amoureux de sa femme, comme d'un adultère.[2] Dans la première partie du dernier siècle, le point de vue Chrétien largement soutenu, était que Dieu bénirait le mariage, seulement si le sexe était utilisé premièrement pour la procréation. Aussi merveilleux que soit le fait d'avoir des enfants, faire de la reproduction le but ultime et unique du sexe, c'est déformer ce que Dieu a créé.

Certains, aujourd'hui, enseignent qu'il est attendu des Chrétiens, même *ordonné*, d'avoir de grandes familles pour peupler la terre avec une "progéniture pieuse," un abus de Malachie 2:15. Quelques-uns embrassent un dogme qui déclare que toute forme de contrôle de naissances est une désobéissance coupable à la parole de Dieu. Bien que je consente au fait que nous ne devrions pas utiliser ces formes de contrôle de naissances qui *arrête la grossesse*, je soutiens personnellement la décision pieuse d'un couple, sur conseil Des on médecin, d'utiliser des formes sûres de *prévention de grossesse* (c.-à-d. contraception). Je ne peux trouver aucune référence Biblique contraire à cela. Cependant, si vous devriez décider d'avoir beaucoup d'enfants, faites le comme votre droit "dan de Dieu" et non comme un mandat biblique irréfutable.

Chapitre 11

UNITE PHYSIQUE ET EMOTIONNELLE

HOMME ET FEMME IL LES CREA

Un Noël, ma femme et mes filles m'ont présenté un livre qu'elles étaient certaines que je n'avais jamais lu, *Everything Men Know About Women (Tout ce que les Hommes Savent Au sujet des Femmes)*. Franchement, personne ne l'avait jamais *lu*. Toutes les pages étaient vierges.

Je me rappelle avoir entendu il y a plusieurs années plus tôt, qu'il y a seulement deux voies pour comprendre les femmes et personne ne connait l'une ou l'autre d'elles! Le même sentiment est largement ressenti par les femmes au sujet des hommes. Nous sommes merveilleusement différents. Considérez ces paroles éternelles: "Maris, montrez à votre tour de la sagesse dans vos rapports avec vos femmes, comme avec un sexe plus faible; honorez-les, comme devant aussi hériter avec vous de la grâce de la vie. Qu'il en soit ainsi, afin que rien ne vienne faire obstacle à vos prières" (1 Pierre 3:7, Version Louis Segond).

Parlant d'homme à homme, l'apôtre Pierre nous rappelle, nous les hommes, trois faits du genre très importants qui, s'ils sont compris plus complètement, rendront la vie avec nos femmes tellement plus facile. Essentiellement, il dit qu'il y a réellement trois façons de comprendre une femme, et nous pouvons savoir tout d'elles.

Fait de Genre #1
Maris et Femmes sont <u>différents physiquement.</u>
Elle est 'un sexe faible" (1 Pierre 3 :7).

Dieu a créé les êtres humains dans deux emballages différents et distincts. "Dieu créa l'homme selon Sa propre image, à l'image de Dieu Il le créa; *homme et femme* Il les créa" (Genèse 1:27). En plus des différences évidentes dans les organes génitaux, les hommes ont été créés avec de plus grandes propriétés musculaires et squelettiques; les femmes avec un corps qui, portent les enfants aussi bien qu'un berceau, et alète les bébés.

Bien qu'ils soient physiquement différents, hommes et femmes furent conçus pour s'unir dans une unité physique. Lorsque Dieu créa Eve, Il conçu un partenaire qui était une "aide convenable" (Hébreux : *'ezerneged*) pour la solitude d'Adam (c.-à-d. "le fait d'être serré," hébreux: *bad*) (Genèse 2:18). Je l'ai trouvé curieux que Dieu, *après* avoir déclaré il n'est pas bon pour l'homme d'être seul, mais *avant* de créer Eve, apporte tous les animaux à Adam (Genèse 2:18-25). Il se peut que cela étaient la manière de Dieu, de montrer à Adam qu'il n'y avait aucun partenaire convenable— personne qui convenait

Sexuellement parlant, hommes et femmes se conviennent. Dieu les a conçus pour être uni comme "une chair" physiquement dans le mariage, comme mâle et femelle. Pas humain et animal. Pas femelle et femelle. Pas mâle et mâle.

Même le réglage de leur désir sexuel ainsi que la réponse à ce désir sont différents. En général, Dieu créa les hommes comme des fours à micro-ondes chauffantes rapides; les femmes comme des marmite en faïence à cuisson lente. Il est un chauffage rapide, un rafraichissement rapide. Elle prend du temps pour les deux. Cela est certainement fait pour une combinaison intéressante. Franchement, le lit du mariage a besoin des deux. Dans la plupart des mariages, si les hommes attendaient que les femmes prennent l'initiative, très peu de chose se passerait. En revanche, si les besoins physiques de la femme sont ignorés par l'homme, le sexe devient quelques minutes oubliables d'intimité.

Fait de Genre #2
Maris et épouses sont <u>différents émotionnellement.</u>
Elle est "une femme" (1 Pierre 3 :7).

Essayons comme nous le pouvons de créer une société unisexe, la vérité est que les femmes sont câblées différemment des hommes. La plupart des hommes sont comme des morceaux simples de mécanique matériel. Cela ne demande pas beaucoup pour les comprendre. Poussez un bouton ici, tirez un changement là et s'en est fini pour les faire fonctionner. Beaucoup de femmes, au contraire, sont comme un équipement électronique multifonction. Quotidiennement, de fins réglages et des ajustements, sont requis.

Je pourrais remplir ce livre avec des preuves d'un grand nombre d'écrivains au sujet des besoins de l'homme, des besoins de la femme, des caractéristiques masculins et des caractéristiques féminins. Cependant, après presque quarante années de mariage, élevant des filles et des filles d'accueil, et trente cinq années de ministère pastoral, j'ai une vie personnelle avec mes propres expériences.

Un soir, au cours d'un dîner avec un autre couple, ma femme se leva et demanda à l'autre femme, "Aimeriez-vous aller aux toilettes avec moi?" J'étais perturbé par elle pour avoir interrompu notre conversation à quatre. J'ai réagi, "Est-ce que tu ne peux pas y aller seule?" Elle répondit tranquillement, "Certainement, mais de cette façon, nous deux, dames, pouvons continuer la conversation."

Je peux vous assurer que, dans ma vie, je n'ai jamais demandé à un homme, "Aimeriez-vous aller aux toilettes avec moi, pour que nous puissions finir notre conversation?" Il m'a été dit que les femmes discutent même par-dessus les cabines. Messieurs, je suis sûr que vous conviendrez avec moi que, si un homme essaie d'avoir une longue conversation avec nous dans les toilettes, il est temps de sortir de là! Oh, combien les femmes sont différentes des hommes, surtout quand cela aboutit à la romance.

OH OUI! DEFINISSEZ LA ROMANCE!

Un lointain week-end supposé romantique, ma femme et moi sommes entrés, dans ce qui, j'ai depuis appris, est un débat typique, même entre les maris et femmes les plus expérimentés. Ma femme se plaignit, "Tu n'es plus du tout romantique," Je ripostai comme un vrai professionnel (?), "Oh, oui ! Définit la romance!" Elle n'était pas prête à être intimidé et demanda, "Vas-tu m'écouter, si je le fais?" Je consenti d'une manière insuffisante. Trois heures plus tard (soupir!), je compris finalement ce qu'elle était vraiment entrain de dire.

Pour ma femme, la romance est définie comme, lui donner ce qui me coûte le plus, surtout mon temps précieux. Rien de plus ne "fait sonner sa cloche" que quand je passe un jour avec elle. Pour moi, la romance est définie comme, elle me donnant ce qui lui coûte le plus, son beau corps. Rien de plus "ne fait sonner ma cloche".

Le vrai amour coûte! N'est-ce pas que ce que l'apôtre Paul dit si succinctement quand il ordonne: "Maris, aimez vos femmes, de même que Christ aima aussi l'église et s'est livré lui-même pour elle" (Ephésiens 5:25). L'amour[1] *agape* de Christ envers Sa mariée, l'église, était sacrificiel et couteux. Maris, votre amour pour votre femme vous coûtera aussi:

> Ainsi, les maris doivent aussi aimer leurs propres femmes comme leurs propres corps. Celui qui aime sa propre femme, s'aime lui-même. Car jamais personne n'a haï sa propre chair; mais il la nourrit et en prend soin, juste comme Christ l'a fait aussi pour l'Eglise (Ephésiens 5:28-29).

Dieu n'a pas conçu le sexe seulement pour l'union physique. Le Créateur a aussi conçu le sexe dans le mariage, pour produire l'unité émotive, dans des créatures émotives très différentes. Lewis Smedes commente, "Notre sexualité, à tous ses niveaux progressifs, est notre pulsion humaine profonde et notre moyens de découvrir la communion humaine à son sommet intime."[2]

En général, une femme éprouve le sexe comme un acte émotif rehaussé par l'union physique. Les hommes éprouvent le sexe comme un acte physique rehaussé par l'union émotive. Il y a des exceptions, bien sûr. Quelques femmes sont plus physiques que leur époux; quelques hommes sont plus émotifs. Cependant, comme nous sommes sur le point de le constater, Dieu a conçu le sexe pour être un évènement spirituellement unifiant pour les deux.

Chapitre 12

UNITE SPIRITUELLE

Il y a quelque chose de spécial, au sujet d'un mariage où le mari et la femme sont, tous les deux, croyants nés de nouveau, qui ont cru en Jésus Christ seul pour leur salut. Jetons un autre coup d'oeil sur les paroles profondes de l'apôtre Pierre: "Maris, montrez à votre tour de la sagesse dans vos rapports avec vos femmes, comme avec un sexe plus faible; honorez-les, comme devant aussi hériter avec vous de la grâce de la vie. Qu'il en soit ainsi, afin que rien ne vienne faire obstacle à vos prières" (1 Pierre 3:7). Dans le dernier chapitre nous avons considéré:

> *Fait de Genre #1*
> *Maris et Femmes sont <u>différents physiquement.</u>*
> *Elle est "un vase faible" (1 Pierre 3 :7).*

> *Fait de Genre #2*
> *Maris et épouses sont <u>différents émotionnellement.</u>*
> *Elle est "une femme" (1 Pierre 3 :7).*

Le troisième est l'argument irréfutable:

> *Fait de Genre #3*
> *Maris et épouses sont <u>les mêmes spirituellement</u>*
> *Ils sont chacun, un «hériter de la grâce de la vie.»*
> *(1 Pierre 3 :7).*

Ma femme et moi, sommes des compagnons croyants en Jésus-Christ. Elle a cru en Christ quand elle avait dix-huit ans; Je l'ai fait à vingt et un an. Cela nous rend plus que des chrétiens nominaux. Nous avons le *même* Père céleste, et sommes habités par le *même* Saint-Esprit. Nous sommes bénéficiaires de la *même* grâce, héritiers de la *même* promesse, dirigés pour le *même* ciel, et sauvés du *même* enfer. Tous les deux nous avons la *même* conduite d'Esprit illuminée de la Bible de laquelle tirer sagesse et instruction en vue de nous aimer et nous apprécier l'un l'autre. Nous avons fait les mêmes vœux, et sommes entrés dans la même alliance du mariage devant Dieu.

Bien que nous soyons seulement époux etépouse "jusqu'à ce que la mort nous sépare," nous seront frères et sœurs dans Le Christ pour l'éternité. L'apôtre Paul nous rappelle, "Il n'y a plus ni Juif ni Grec, il n'y a plus ni esclave ni libre, il n'y a plus ni homme ni femme; car tous vous êtes un en Jésus-Christ. Et si vous êtes à Christ, vous êtes donc la postérité d'Abraham, héritiers selon la promesse" (Galates 3:28-29).

Nos différences physiques et émotives, mâles et femelles n'ont pas beaucoup d'importance. Alors que, nous ne pourrons jamais comprendre complètement les différences physiques et émotives de l'un et l'autre, nous pouvons être liés spirituellement l'un à l'autre comme conjoints héritiers de la grâce de Dieu. Cela est plus qu'une base commune; c'est la *base spirituelle—la base sainte* sur laquelle nous, comme des gens physiques et émotifs très différents, plaçons la base ferme de notre mariage. Cela me donne envie de chanter le vieux cantique de foi favori de ma femme, "Sur Christ, le solide rocher, je me tiens. Toute autre terre est un sable mouvant." C'est ce que je crois être l'essence de ce par quoi le Roi Salomon était conduit quand il a écrit cette portion populaire d'Ecclésiastes:

> Deux valent mieux qu'un, parce qu'ils retirent un bon salaire de leur travail. Car, s'ils tombent, l'un relève son compagnon; mais malheur à celui qui est seul et qui tombe, sans avoir un second pour le relever! De même, si deux couchent ensemble, ils auront chaud; mais celui qui est seul, comment aura-t-il chaud? Et si quelqu'un est plus fort qu'un seul, les deux peuvent lui résister; et la corde à trois fils ne se rompt pas facilement (Ecclésiastes 4:9-12).

Je suis un rivage; ma femme, Karon, est un autre. Nous croyons que notre obligation à la seigneurie de Jésus-Christ dans notre vie quotidienne constitue le noyau de notre mariage. Sans Lui nous nous serions le plus certainement frottés et brisés, lors des confrontations découlant de nos différences. Au lieu de cela, comme un couple chrétien, nous sommes capables de nous décharger de tous nos soucis et inquiétudes sur Jésus-Christ, Notre Noyau (1 Pierre 5:7). Il est le seul qui puisse nous tenir ensemble; le seul qui puisse produire une unité stupéfiante à partir de notre diversité substantielle.

NOUS DEUX DANS LA MEME PIROGUE

J'ai éprouvé la joie de voyager et d'accomplir le ministère dans la République des Philippines vingt cinq fois. Au cours d'un de ces voyages je me suis déplacé vers la région d'Ifagao, dans la partie nord de l'île de Luzon. J'étais entrain d'enseigner sur la beauté de la communion dans le mariage chrétien.

Après la session, un chef de tribu m'approcha et m'expliqua sa vue du mariage. "Dans la langue Ifagao, puisque nous n'avons pas de bateaux, l'expression que nous utilisons pour la communion est 'deux personnes dans une pirogue. Nous utilisons le même mot pour parler de deux Chrétiens qui se marient." Premièrement j'ai ri tout bas sur son besoin d'être si littéral, pensant que le mot communion se rapporte à deux personnes dans la même pirogue. Ensuite, Je réfléchi sur ce qu'il disait vraiment, surtout à propos du mariage.

Le mariage, en réalité, c'est deux personnes dans la même pirogue. Quand un partenaire pagaie dans une direction différente de l'autre, ou cesse de pagayer entièrement, la pirogue tourne en rond. La vraie communion biblique dans le mariage, c'est un époux et une épouse pagayant dans la même direction, avec Christ comme Navigateur.

"UN AUTRE EN"

Dieu a conçu l'union sexuelle comme un type de communion plus spécial même entre des croyants mariés. La nature d'une vraie *communion* biblique (Grec: koinonia) c'est de satisfaire les besoins de l'un l'autre. Cela me semble que tous ces versets comprenant l'expression "l'un l'autre" dans la Bible, qui s'appliquent à nos rapports entre Chrétiens, seraient même plus importants dans notre communion privée—notre koinonia privé—notre intimité sexuelle avec notre conjoint. Après tout, n'est ce pas notre partenaire du mariage chrétien, avec qui nous sommes en *alliance* (Malachie 2:14), qui est celui que Dieu désire qu'il soit notre plus proche frère ou sœur en Christ? J'aime ce que le Roi Salomon dit à sa femme: "Tu me ravis le cœur, ma sœur, ma fiancée" (Cantiques de Salomon 4:9, l'accentuation a été ajoutée).

Je conseille souvent aux couples, de considérer combien mettre en pratique les versets "l'un l'autre" dans le Nouveau Testament allaient, non seulement aide à résoudre leur conflits relationnels[1], mais fait battre leurs cœurs plus vite pour leur mari né de nouveau (leur frère en Christ) ou leur femme née de nouveau (leur sœur en Christ). Prenez un moment pour, non seulement réfléchir sur votre dernier désaccord intense avec votre conjoint, mais considérer le côté romantique de la communion fraternelle.

- S'aimer l'un l'autre (Jean 13:35)
- Ne pas se battre l'un avec l'autre (Actes 7:26)
- Être consacré l'un à l'autre (Romains 12:10)
- Honorer l'un l'autre (Romains 12:10)
- Sympathiser l'un avec l'autre (Romains 12:15; 1 Corinthiens 12:26)
- Avoir les mêmes sentiments (c.-à-d. vivre dans l'harmonie) les un envers les autres (Romains 12:16)
- Ne pas se juger l'un l'autre (Romains 14:13)
- S'accepter l'un l'autre (Romains 15:7)
- S'exhorter (c.-à-d. prévenir) l'un l'autre (Romains 15:14;
- Colossiens 3:16)
- Se saluer l'un l'autre (Romains 16:16)
- Être prévenant l'un envers l'autre (1 Corinthiens 11:33)
- Aimer l'un l'autre (1 Corinthiens 12:25)
- Se servir l'un l'autre dans l'amour (Galates 5:13)
- Ne pas se mordre et se dévorer l'un l'autre (Galates 5:15)
- Porter les fardeaux l'un de l'autre (Galates 6:2)
- Être patient, montrer de la tolérance l'un pour l'autre (Ephésiens 4:2))

- Être gentil et tendre de cœur l'un envers l'autre (Ephésiens 4:32)
- Se soumettre l'un à l'autre (Ephésiens 5:21)
- Être honnête l'un envers l'autre (Colossiens 3:9)
- Se pardonner l'un l'autre (Colossiens 3:13; Ephésiens 4:32)
- S'encourager l'un l'autre (1 Thessaloniciens 5:11)
- Se stimuler l'un l'autre pour aimer et accomplir de bonnes actions (Hébreux 10:24)
- Ne pas se calomnier l'un l'autre (Jacques 4:11)
- Ne pas grogner ou se plaindre l'un contre l'autre (Jacques 5:9)
- Confesser vos péchés et fautes l'un à l'autre (Jacques 5:16)
- Prier l'un pour l'autre (Jacques 5:16)
- Offrir l'hospitalité l'un à l'autre (1 Pierre 4:9)
- Traiter l'un l'autre avec humilité (1 Pierre 5:5)
- Avoir de l'amitié l'un avec l'autre (1 Jean 1:7)

Ce chef de tribu avait raison. Certainement Pagayer dans la même direction, rend un voyage plus doux, même à travers les rapides du mariage. Cela rend aussi possible que les "couple" jouissent d'une vraie communion romantique durant toute la vie.

Chapitre 13

UNITE DE DETENTE

Sans nous soucier de ce que les évolutionnistes auraient voulu que nous croyions, nous ne sommes simplement pas descendant des animaux. Nous les humains sommes l'apogée de la création de Dieu (Psaume 8:5). Sexuellement, nous avons plus que le primitif "désir ardent de s'accoupler."

Les animaux s'accouplent; les humains s'attachent (Genèse 2:24). De nature, s'accoupler est à peine intime. En fait, il est accompagné de brutalité, cannibalisme même. L'araignée appelée la veuve noire, est nommée ainsi parce que la femelle mange quelquefois le mâle après l'accouplement. (Après tout, ceci donne une signification totalement nouvelle à l'idée de sortir pour dîner!)

Les animaux s'accouplent, à l'origine, seulement pour une raison et une seule raison—la procréation. Comme nous l'avons vu, nous les êtres humains nous unissons pour des raisons d'unité d'alliance, de restauration, sacrée, procréatrice, physique, émotive, et spirituelle. Nous nous unissons aussi pour nous détendre!

Malheureusement, quelques-uns de mes compagnons Chrétiens peuvent penser que la détente est un mot sale quand il est utilisé dans le contexte du lit conjugal Chrétien. Il n'en est pas ainsi avec Dieu! Notre Créateur a conçu l'union sexuelle pour être mutuellement agréable pour les époux et les épouses. Avant que le péché soit entrés dans leurs vies, Adam et Eve "était tous les deux nus et n'en avaient pas honte" (Genèse 2:25). Le mot hébreu parle de ne pas avoir honte à cause de l'embarras ou de la déception.[1] Ceci est vrai, les deux ont aimé l'union sans en avoir honte!

Quand elle reçu la promesse qu'elle concevrait un fils dans son âge avancée, Sarah, la femme d'Abraham, posa la question, "Maintenant que je suis vieille, aurais-je encore des désirs (hébreu: *adnah* . . .?" (Genèse 18:12, l'accentuation a été ajoutée). Bien que porter un fils apporterait une grande joie (Genèse 18:13), Je crois aussi que la conception n'était pas la seule chose très *agréable* dans ses pensées!

GRESILLEZ! GRESILLEZ!

Même un coup d'œil sur les paroles du Roi Salomon et sa fiancée Sulamithe, écrites au sujet de l'un et l'autre, devrait nous donner l'impression claire que ces deux amants jouissaient régulièrement du corps de l'un l'autre. Tel était le dessin de Dieu pour eux et pour tous les couples mariés. Écoutons leur conversation d'amour—grésillant dialogue, venant directement des pages des Ecritures saintes. Nous commençons avec Mr Salomon:

Qu'il me baise des baisers de sa bouche!
Car ton amour vaut mieux que le vin
(Cantique de Salomon 1:2).

Mon bien-aimé est pour moi un bouquet de myrrhe,
Qui repose entre mes seins (Cantique de Salomon 1:13).

Que sa main gauche soit sous ma tête,
Et que sa droite m'embrasse (Cantique de Salomon 2:6).

Fais-moi voir ta figure, Fais-moi entendre ta voix; Car ta voix est douce, et ta figure est agréable (Cantique de Salomon 2:14).

Que mon bien-aimé entre dans son jardin,
Et qu'il mange de ses fruits excellents!
(Cantique de Salomon 4:16).

Et mes entrailles se sont émues pour lui
(Cantique de Salomon 5:4).

Que je suis malade d'amour (Cantique de Salomon 5:8).

Et toute sa personne est pleine de charme. Tel est mon bien-aimé (Cantique de Salomon 5:16).

Je suis à mon bien-aimé, Et ses désirs se portent vers moi (Cantique de Salomon 7:10).

Dès le matin nous irons aux vignes . . .
Là je te donnerai mon amour (Cantique de Salomon 7:12).

Fuis, mon bien-aimé! Sois semblable à la gazelle
ou au faon des biches,
Sur les montagnes des aromates (Cantique de Salomon 8:14).

Messieurs, comment apprécierez-vous que votre femme vous parle ainsi? J'espère, que vous êtes encore un jeune cerf aux yeux de votre épouse, et non un vieux bouc!

Maintenant c'est au tour du Roi Salomon de flatter sa femme:

Tes deux seins sont comme deux faons,
Comme les jumeaux d'une gazelle
Qui paissent au milieu des lis. (Cantique de Salomon 4:5).

Une seule est ma colombe, ma parfaite
Elle est l'unique (Cantique de Salomon 6:9).

Les contours de ta hanche sont comme des colliers,
Œuvre des mains d'un artiste. (Cantique de Salomon 7:1).

Que tu es belle, que tu es agréable,
O mon amour, au milieu des délices!
Ta taille ressemble au palmier,
Et tes seins à des grappes.
Je me dis: Je monterai sur le palmier,
J'en saisirai les rameaux!
Que tes seins soient comme les grappes de la vigne,

> Le parfum de ton souffle comme celui des pommes,
> Et ta bouche comme un vin excellent . . .
> Qui coule aisément pour mon bien-aimé,
> Et glisse sur les lèvres de ceux qui s'endorment
> (Cantique de Salomon 7:6-9).

Mesdames, imaginez-le faisant référence à vous, comme sa colombe parfaite et unique. J'espère que vous n'êtes pas devenus son poulet poussant des cris rauques!

Nous avons un Dieu sage, plein d'amour, et Saint qui a conçu l'union sexuelle dans le mariage pour qu'il soit euphorisant. Le Roi Salomon, dont nous venons juste de lire l'expression, désire que son fils sache que, s'il suivait les directives de Dieu, directives pour un amour romantique dans le mariage, le Seigneur lui accorderait le même plaisir. Son instruction paternelle est née de sa propre expérience:

> Bois les eaux de ta citerne,
> Les eaux qui sortent de ton puits . . .
> Que ta source soit bénie,
> Et fais ta joie de la femme de ta jeunesse,
> Biche des amours, gazelle pleine de grâce:
> Sois en tout temps enivré de ses charmes,
> Sans cesse épris de son amour (Proverbes 5:15, 18-19).

Ce mot hébreu *shagah*, traduit *ragaillardi*, peut signifier littéralement être enivré. Le dramaturge Grec ancien, Antiphanes, est connu pour avoir dit qu'il y a deux choses qu'un homme ne peut cacher—Lorsqu'il est ivre et lorsqu'il est amoureux. Dieu préfère que nous expérimentions l'ivresse de l'amour.

Chapitre 14

REGLES POUR LE LIT CONJUGAL

Lorsque nous en venons au plaisir et à l'expression sexuelle dans le mariage, il y a un grand besoin pour nous, de comprendre l'équilibre entre la liberté et la restriction biblique. Les mots paraissent mutuellement exclusifs, mais ils ne le sont pas. Retirez une locomotive de la piste et placez-la au le milieu d'un champ. Elle peut paraître libre, mais elle est maintenant devenue esclave de sa liberté.

Prêtez une attention particulière aux passages suivants. Ils concernent la chambre à coucher autant que les autres pièces dans nos vies:

Car tout ce que Dieu a créé est bon,
et rien ne doit être rejeté,
pourvu qu'on le prenne avec actions de grâces,
parce que tout est sanctifié
par la parole de Dieu et par la prière (1 Timothée 4:4-5).

Que le mariage soit honoré de tous,
et le lit conjugal exempt de souillure (Hébreux 13:4).

Soit que vous fassiez quelque autre chose,
faites tout pour la gloire de Dieu
(1 Corinthiens 10:31).

Glorifiez donc Dieu dans votre corps (1 Corinthiens 6:20).

> Que l'impudicité, qu'aucune espèce d'impureté, et que la cupidité, ne soient pas même nommées parmi vous, ainsi qu'il convient à des saints. Qu'on n'entende ni paroles déshonnêtes, ni propos insensés, ni plaisanteries, choses qui sont contraires à la bienséance; qu'on entende plutôt des actions de grâces. (Ephésiens 5:3-4).

Avec ces passages en pensée, et afin de nous aider à restez sur la voie, voici quelques règles pour le lit conjugal. Ne vous inquiétez pas, je promets que je n'aurai pas besoin d'aller trop en détail.

REGLES POUR LE LIT CONJUGAL

REGLE #1
TU TE REJOUIRAS SANS LIMITES

Parlant en terme général, l'apôtre Paul a exprimé un principe qui peut être appliqué facilement aux relations sexuelles dans le mariage: "Car tout ce que Dieu a créé est bon, et rien ne doit être rejeté," (1 Timothée 4:4, accentuation, ajoutée). Le lit conjugal n'a pas besoin d'être juste un lieu de consommation et de procréation; il peut être aussi un lieu de détente. Si vous ne vous procurez pas de plaisir mutuel dans le rapport sexuel, cherchez l'aide dont vous avez grandement besoin.[1] Rien n'est à rejeter—rien du tout, aussi long qu'il ne viole pas le reste des règles. Je suis d'accord avec Lewis Smedes, "la Sexualité est développée dans la cour de récréation et l'espace de travail de la créativité humaine: c'est pourquoi elle a des limites aussi bien que des libertés."[2]

REGLE #2
TU NE FERAS RIEN QUI POURRAIT PRODUIRE UN REGRET OU COMPROMETTRE TA RELATION AVEC DIEU

Ce que nous faisons sexuellement doit être "pris avec actions de grâces" (1 Timothée 4:4) par les deux partenaires. Cela signifie qu'il y a un besoin d'avoir un accord mutuel sans pression. Si ce que nous allons faire, n'est pas défendu formellement dans l'Ecriture sainte, mais n'est pas correct pour l'un des partenaires, alors nous ne devons pas le faire.

Réellement, je conseille souvent que, dans les matières sexuelles, l'avis de l'épouse compte double. Elle st souvent le meilleur baromètre quand on arrive aux matières contestables. Les instructions de l'apôtre Paul aident à clarifier cette ligne de conduite:

> Il est bien de ne pas manger de viande, de ne pas boire de vin, et de s'abstenir de ce qui peut être pour ton frère une occasion de chute, de scandale ou de faiblesse. Cette foi que tu as, garde-la pour toi devant Dieu. Heureux celui qui ne se condamne pas lui-même dans ce qu'il approuve! Mais celui qui a des doutes au sujet de ce qu'il mange est condamné, parce qu'il n'agit pas par conviction. Tout ce qui n'est pas le produit d'une conviction est péché (Romains 14:21-23).

> Soit que vous fassiez quelque autre chose,
> Faites tout pour la gloire de Dieu
> (1 Corinthiens 10:31).

REGLE #3
TU NE FERAS PAS CE QUI EST INTERDIT DANS LES ECRITURES OU QUI VIOLE LE DESSIN DE DIEU POUR LE SEXE

Tout ce que nous faisons sexuellement doit être "tout est sanctifié par la parole de Dieu et par la prière" (1 Timothée 4:5). La philosophie du monde de "Tout est bien!" doit être abolie. Les avertissements contre plusieurs activités sexuelles illicites abondent dans les Saintes Ecritures. Comme nous l'avons aussi vu, tout ce qui est contraire au dessin de Dieu pour l'unité est, par définition, immoral. Par exemple, regarder ou lire des supports pornographiques n'encouragent certainement pas, le dessin de Dieu pour l'union maritale et la fidélité. Il fera aussi des dégâts à long terme au mariage. Si vous êtes incertain au sujet de ce qui est défendu dans les Saintes Ecritures, consultez une concordance, d'autres références Bibliques, ou l'aide d'un conseiller biblique compétent.

L'auteur aux Hébreux a exprimé ce qui, je l'espère, est aussi notre désir: "Que mariage soit honoré (Grec: *timios*) de tous, et le lit conjugal exempt de souillure" (Hébreux 13:4, l'accentuation a été ajouté). Le mot Grec traduit par *pur* est *amiantos*. Il fait référence à ces choses qui ne sont pas souillées, défigurées ou anormales. Bien sûr, cela peut faire référence à ces choses, que les Saintes Ecritures interdisent clairement, mais il peut faire référence aussi, à ceux que notre esprit, guidé par le Saint-Esprit de Dieu, pressent comme déshonorant, souillant, et dégradant.

REGLE #4
TU NE SERAS PAS GROSSIER, VULGAIRE OU IMPROPRE DANS TES CONVERSATION AU SUJET DU SEXE

> Que le mariage soit honoré de tous (Hébreux
> 13:4, l'accentuation a été ajoutée).

Nous ne devons jamais rabaisser notre intimité don de Dieu. Ceci inclut les conversations obscènes ou vulgaires et plaisanteries illicites qui ne sont pas convenables (Ephésiens 5:3-4) et ne présentent pas une haute vue de la beauté du sexe, comme conçu par notre Créateur. Cette règle inclut aussi, le fait d'être prudent quand on partage, les détails intimes de nos activités sexuelles, avec les autres. Nous devons garder privée, notre communion privée. Ce que nous faisons derrière les portes fermées de nos vies devrait rester là. Cette règle ne s'applique certainement pas, quand nous sommes en consultation privée avec un docteur, un pasteur, ou un conseiller habile.

REGLE #5
TU PRIERAS POUR TOUT CE QUE TU FAIS

Ce que nous faisons sexuellement, doit être " sanctifié . . . par la prière" (1 Timothée 4:5). Le Saint-Esprit de Dieu est prêt, disposé et capable de nous guider en cela (Psaume 32:8). Ne le laissez pas dehors. Après tout, Il ne vit pas seulement dans notre cœur; Il vit aussi dans notre chambre à coucher (Psaume 139:1-7).

Dieu nous a créés pour jouir de l'intimité sexuelle avec notre conjoint. Quand nous le faisons, nous devons le recevoir "avec gratitude" (1 Timothée 4:4). L'intimité d'alliance, accompagnée par le plaisir sexuel dans le mariage, devrait résulter en une abondance de prière et de louange.

Chapitre 15

LE SEXE ET LE CELIBATAIRE

Trop de personnes ont mené une existence admirablement pleine sans rapport sexuel pour nous laisser supposer que, seuls les non vierges ont besoin de vivre une humanité pleine. Et trop de personnes malsaines et déformées ont sauté dans presque tout lit disponible, pour nous laisser supposer que le rapport sexuel est une moquette magique à la personnalité.
—Lewis Smedes— [1]

POURQUOI DIEU NE NOUS A-T-IL PAS DONNE UN INTERRUPTEUR 'MARCHE-ARRET'?

Durant mes années de formation à la faculté de théologie en Californie du Sud, ma femme et moi avions eu le privilège d'exercer le ministère dans un groupe merveilleux d'approximativement 400 célibataires endurcis. Celles-ci ont été quelques-unes des années les plus précieuses de notre ministère à ses débuts. Elles étaient aussi quelques-unes des plus stimulantes. Les questions que ces hommes et femmes célibataires posèrent, mirent mon cœur de nouveau berger à l'épreuve:

- "Pourquoi notre Dieu affectueux permet aux personnes célibataires d'avoir une telle pulsion sexuelle intense?"
- "Pourquoi Dieu ne nous a-t-il pas donné un interrupteur 'marche-arrêt' qui peut être activé quand nous nous marions, et tourné à l'arrêt si nous restons célibataire?"
- "J'ai été marié une fois. Comment faire pour gérer tous mes souvenirs sexuels?"
- "Je crois que le Seigneur m'a appelé être célibataire. Que dois-je faire au sujet de mes sensations et pulsions sexuelles?"

Dans son livre, *Sins of the Body: Ministry in a Sexual Society* (Péchés du Corps: Ministère dans une Société Sexuelle), Terry Muck commente sur l'observation de Mark Twain au sujet du sexe: "Mark Twain proteste contre Dieu pour avoir accordé à chaque humain une parcelle d'une source universelle de joie et de plaisir, au sommet de ses années d'adolescents, ensuite lui interdit d'en jouir jusqu'au mariage et le restreint à un partenaire."[2]

Le fait que nous atteignons maintenant la puberté beaucoup plus tôt, et que nous nous marions beaucoup plus tard, rend le fait d'être célibataire plus dur. Les défis sont même plus grands pour le plus grand nombre de divorcés et le nombre substantiel de veuves et veufs. Ces gens précieux se battent maintenant avec les désirs sexuels qu'ils ont une fois rempli légalement dans le mariage. Les sensations sexuelles des gens seuls comptent énormément aux yeux du Dieu d'amour Notre Père céleste. Il ne nous a pas laissé dans l'ignorance quant à la façon de gérer ces désirs.

LE SYSTEME D'ALARME DE DIEU POUR LES CELIBATAIRES

Nous avons un système d'alarme de sécurité très bruyant dans notre maison, qui nous prévient quand il y a des intrus. Quand nos filles étaient célibataires, il a aussi servi comme moniteur très pratique de couvre-feu. Du moins, c'est ce que je pensais. Après qu'elle se soit mariée, une de mes filles admit savoir comment contourner l'alarme et se glisser derrière la maison inaperçu. Elle et son mari aiment me faire deviner comment plusieurs fois ils ont violé le couvre-feu. Elle dit seulement une fois; il a juste ri. L'alarme est maintenant réparée, prêt pour nos petits-enfants.

Le Dieu tout-puissant a un système d'alarme encastré pour célibataire, un moniteur que nous appelons, la libido, ce désir de l'unité. À moins qu'Il le remplace par un appel spécial à être célibataire, Dieu a conçu la plupart d'entre nous, avec le désir d'un partenaire intime, exprimé spécialement dans l'alliance du mariage:

> Il n'est pas bon que l'homme soit seul;
> je lui ferai une aide semblable à lui (Genèse 2:18).

> Celui qui trouve une femme trouve le bonheur;
> C'est une grâce qu'il obtient de l'Eternel
> (Proverbes 18:22).

SEPT FEU D'ALARME

Célibataires, lorsque vous commencez à sentir ce désir ardent don de Dieu pour l'union sexuelle, quand ces passions vous enflamment, Dieu est entrain de sonner une alarme de sauvetage de vie dans votre cœur. Ne les fuyez pas ou ne les ignorez pas. Certainement n'essayez pas de les contourner. Elles sont là pour votre protection.

ALARME #1
DIEU VOUS APPELLE A MARCHER DANS L'UNITE AVEC LUI

Blaise Pascal, le philosophe Français du dix-septième siècle est bien connu pour sa déclaration selon laquelle chacun de nous est né avec un vide qui a la forme de Dieu. Dans ses *Confessions*, écrit à la fin du quatrième siècle, Augustin, s'écria en éloge pour le Seigneur: "La pensée de toi embrase [l'homme] si profondément qu'il ne peut pas être satisfait à moins qu'il te loue, parce que tu nous a faits pour toi même et nos cœurs ne trouvent aucune paix jusqu'à ce qu'ils se reposent en toi" (*Les Confessions* de St Augustin 1.1). Le Seigneur nous a fait avec un désir d'intimité avec Lui. C'est une relation qui est rendue possible à travers Son Fils, Jésus Christ.

La première réponse lorsque votre passion pour l'unité est stimulée, c'est d'être certain que vous avez cru uniquement en Jésus-Christ, pour votre salut et que vous jouissez d'une relation personnelle avec votre Père céleste:

> Or, la vie éternelle, c'est qu'ils te connaissent, toi, le seul vrai Dieu, et celui que tu as envoyé (Jean 17:3).

> Etant donc justifiés par la foi, nous avons la paix avec Dieu par notre Seigneur Jésus-Christ (Romains 5:1).

Jésus nous dit que nous serons tous célibataire au ciel (Matthieu 22:28-30). Là, face à face dans une amitié intime avec Lui, le célibat surmonte le mariage! L'intimité avec Lui surpasse l'intimité avec tout être humain ici ou là. Ainsi, comme un enfant de Dieu né de nouveau, vous pouvez laisser maintenant le feu de la passion sexuelle vous pousser à marcher dans l'Esprit et manifester le fruit de l'Esprit et non les désirs de la chair (Galates 5:16-23). Vous pouvez les laisser vous motiver à, "garder silence" et savoir qu'Il est Dieu, votre Père céleste. (Psaume 46:10). Vous pouvez laisser la chaleur du moment devenir le feu de la passion qui ouvre votre cœur à Lui. Vous pouvez laisser vos chansons de louange couler de vos lèvres.

Une veuve était entrain de de me relater, à moi son pasteur, combien un récent temps pieux avec le Seigneur avait été particulièrement riche et significatif. C'était une conversation que J'aurai totalement attendu de cette femme pieuse. Elle chuchota avec soin, "Pasteur, je ne sais pas comment le dire d'une autre façon. Ce temps d'adoration avec Dieu me fit sentir de la manière que j'ai senti quand j'étais dans l'intimité sexuelle avec mon mari!"

ALARME #2

DIEU VOUS APPELLE A MARCHER DANS L'UNITE AVEC LES COMPAGNONS CHRETIENS

Plusieurs années plus tôt, j'ai lu une des observations les plus accusatrices au sujet de mes compagnons membres du corps du Christ. Cet homme non chrétien, citant ce qu'il a déclaré comme étant les paroles de Mahatma Gandhi, suggéra que, si vous persécutez des Chrétiens, ils s'uniront. Laissez-les seuls et ils mourront, se combattant entre eux-mêmes. Bien que tristement vrai à un certain degré, cela est complètement contraire à l'intention et au dessein de Dieu pour l'église du Christ:

> Je leur ai donné la gloire que tu m'as donnée, afin qu'ils soient un comme nous sommes un, moi en eux, et toi en moi, afin qu'ils soient parfaitement un, et que le monde connaisse que tu m'as envoyé et que tu les as aimés comme tu m'as aimé (Jean 17:22-23).

> Je vous exhorte donc, moi, le prisonnier dans le Seigneur, à marcher d'une manière digne de la vocation qui vous a été adressée, en toute humilité et douceur, avec patience, vous supportant les uns les autres avec charité, vous efforçant de conserver l'unité de l'esprit par le lien de la paix. Il y a un seul corps et un seul Esprit, comme aussi vous avez été appelés à une seule espérance par votre vocation; il y a un seul Seigneur, une seule foi, un seul baptême, un seul Dieu et Père de tous, qui est au-dessus de tous, et parmi tous, et en tous (Ephésiens 4:1-6).

Bien-aimé célibataire, lorsque ces sensations sexuelles entrent en action, considérez-les comme un autre rappel de marcher dans l'unité pieuse avec vos compagnons Chrétiens. Laissez cette passion intime vous pousser à traiter les autres comme plus importants que vous (Philippiens 2:3). Laissez-la vous pousser à vous assembler avec le peuple de Dieu alors que vous les stimulez à l'amour et aux bonnes actions (Hébreux 10:24-25). Laissez cette énergie pour l'unité vous conduire à prendre un soin spécial des gens non aimés et mal aimés dans votre milieu (1 Corinthiens 12:20-26). Quand vous le faites, vous serez étonné au plus profond de vous et vous sentirez un contentement durable.

ALARME #3
DIEU VOUS APPELLE A PRIER POUR VOTRE MARIAGE FUTUR

Le mariage n'est pas fondamentalement un problème de choix personnel; il est vraiment un problème d'appel de Dieu. Dieu appelle certains à être célibataires; d'autres à être mariés. Les deux conditions sont, au même titre, précieuses aux yeux du Seigneur. À ceux qui sont appelés à être célibataire, l'apôtre Paul écrit que "il est bon pour l'homme de ne point toucher de femme." (1 Corinthiens 7:1). À ceux qui sont appelés à se marier, il exhorte "que chacun ait sa femme, et que chaque femme ait son mari." (1 Corinthiens 7:2).

La plupart des savants croient qu'au moment de la rédaction de ses épîtres, l'apôtre Paul n'était pas marié. Qu'il n'ait jamais été marié, veuf ou divorcé rejeté par une épouse incrédule, reste une matière à débat. Cependant, ce qu'il a écrit à ses compagnons célibataires nous déplace de l'aspect théorique au personnel:

> Je voudrais que tous les hommes fussent comme moi; mais chacun tient de Dieu un don particulier, l'un d'une manière, l'autre d'une autre. A ceux qui ne sont pas mariés et aux veuves, je dis qu'il leur est bon de rester comme moi (1 Corinthiens 7:7-8).

Célibataires, quand l'alarme de la passion sonne, ne l'ignorez pas. Voyez-le comme Dieu attirant votre attention, afin de prier pour Sa volonté qui concerne son appel à vous marier ou à rester seul. Dans ces moments d'intensification de la passion sexuelle, priez pour la force d'honorer le Seigneur dans votre célibat. Priez aussi pour votre futur conjoint et pour la maturité dont vous aurez besoin pour être un responsable, bienveillant partenaire de mariage. En d'autres termes, P.U.S.H.—Pray Until Something Happens (Priez Jusqu'à ce que quelque chose arrive !)

Si vous sentez que votre désir, don de Dieu, pour l'union sexuelle ne peut pas être complètement satisfait dans le célibat, alors Dieu peut vous avoir appelé à vous marier. L'une ou l'autre voie, marié ou célibataire, peut être le meilleur de Dieu pour vous, aussi longtemps que vous suivez Sa volonté, et non la vôtre. Cela, bien sûr, signifie se marier

à quelqu'un qui est aussi un croyant né de nouveau (2 Corinthiens 6:14. Lisez aussi 1 Corinthiens 7:39 où "dans le Seigneur" se reporte à un compagnon / une compagne croyant(e). Dans les paroles de Tevye dans *Fiddler on the roof* (Violoniste sur le Toit), "Un oiseau peut aimer un poisson, mais où vont-ils construire leur maison ensemble ?" Quand Dieu vous appelle à vous marier, Il attendra aussi que vous trouviez un conjoint / une conjointe selon Sa voie qui est "dans la sainteté et l'honnêteté, sans vous livrer à une convoitise passionnée, comme font les païens qui ne connaissent pas Dieu"
(1 Thessaloniciens 4:4-5).

ALARME #4
DIEU VOUS APPELLE A APPRENDRE LA MAITRISE DE SOI

Je défini la maturité, du moins en partie, comme la capacité de différer la gratification. Des gens mûres attendent, tandis que les gens immatures ne le font pas. Nos cimetières sont remplis de gens qui étaient pressés d'entrer quelque part et qui ont été tués pendant qu'ils s'y précipitaient. Nos prisons sont bourrées d'assassins qui ne pouvaient pas attendre de voir la mort de certaines personnes. S'ils avaient juste une petite maîtrise de soi, la nature aurait finalement fait le travail pour eux. Nos tribunaux de règlement judiciaire sont encombrés avec des gens qui n'avaient pas l'auto discipline pour économiser de l'argent. A la place, ils sont chargés, endettés, ou se sont entrainés eux-mêmes dans une ruine financière.

Dans cette culture "alléchante", beaucoup de célibataire ontcru au mensonge selon lequel, attendre jusqu'au mariage pour l'intimité sexuelle ne sert à rien. Beaucoup préfèrent "des amitiés occasionnelles par intérêt." Le monde les a convaincus qu'il est possible d'avoir le sexe occasionnel immédat, dépourvues d'intimité et d'engagement, seulement pour les amener à réaliser qu'il n'y a aucune joie durable dans ce genre de culture de déconnexion. Beaucoup trop ont payé un grand prix, à cause de leur immaturité impulsive, et ont souffert à long terme des conséquences physiques, émotives, et spirituelles, produites par leur manque de maîtrise de soi.

Eventuellement, considérant le moindre des deux maux, l'apôtre Paul était assez audacieux pour dire, "Mais s'ils manquent de continence, qu'ils se marient; car il vaut mieux se marier que de brûler" (1 Corinthiens 7:9). Il n'était pas en train d'enseigner que la convoitise incontrôlée constituait la permission spéciale de Dieu pour se marier. Il reconnaissait que si vous croyez vraiment que Dieu vous appelle à une vie d'intimité physique, alors ne la combattez pas. Mieux vaut se marier que de brûler de passion. Le célibat n'est simplement pas pour vous! Cependant, ne soyez pas dans une trop grand hâte.

Bibliquement parlant, *attendre* est une forme d'*adoration*. Il exprime votre espoir le plus fort dans le réglage de temps de Dieu (Psaume 37:3 -7; Esaie 40:27-31). Pendant que vous attendez que Sa volonté s'accomplisse à propos d'un partenaire de mariage, vous avez une leçon majeure de la vie à apprendre: la maîtrise de soi. C'est une des qualités que le Saint-Esprit, cherche continuellement à développer en vous (Galates 5:22-23). Franchement, c'est un attribut qui est fondamental au succès dans tous les domaines de la vie, que ce soit à la maison, dans la communauté, au lieu de travail, ou dans l'église. C'est aussi une compétence de vie majeure que vous voulez avoir dans votre vie et dans la vie d'un potentiel partenaire du mariage! Apprenez-le bien. Quand il vient à vouloir l'intimité sexuelle dites seulement, "Non, pas encore! J'attends le temps parfait de Dieu."

ALARME #5
DIEU VOUS APPELLE A UN SERVICE CHRETIEN IMMEDIAT

Pour certains, le célibat est ressenti plus comme une porte fermée, qu'une occasion divine. Cependant, cette même pulsion divinement créée pour la satisfaction sexuelle, produit l'énergie spécifique dans un célibataire qui peut être correctement utilisé dans un service chrétien très effectif. En fait, l'apôtre Paul décrit les avantages spirituels et ministériels d'être célibataire:

> Or, je voudrais que vous fussiez sans inquiétude. Celui qui n'est pas marié s'inquiète des choses du Seigneur, des moyens de plaire au Seigneur; et celui qui est marié s'inquiète des choses du monde, des moyens de plaire à sa femme. Il y a de même une différence entre la femme et la vierge: celle qui n'est pas mariée s'inquiète des choses du Seigneur, afin d'être sainte de corps et

d'esprit; et celle qui est mariée s'inquiète des choses du monde, des moyens de plaire à son mari. Je dis cela dans votre intérêt; ce n'est pas pour vous prendre au piège, c'est pour vous porter à ce qui est bienséant et propre à vous attacher au Seigneur sans distraction (1 Corinthiens 7:32-35).

Alors que je remercie Dieu pour la *distraction sacrée* que le mariage et la famille apporte à ceux qu'Il appelle à se marier, je loue aussi le Seigneur pour les nombreux célibataires, serviteurs de Dieu concentrés qui sont libre de servir dans l'église locale et dans d'autres ministères à travers le monde.

Entant que pasteur, j'ai observé que le taux des personnes célibataires qui se retirent du service Chrétien, pour cette frustration sexuelle augmente. Inversement, le taux des mariées qui se retirent de leur responsabilité d'être effectifs dans le mariage et la famille, pour le service chrétien est négativement affecté.

Célibataires, quand les passions sexuelles s'intensifient, ne les supprimez pas. Soyez occupés à servir le Seigneur. Votre désir don de Dieu pour l'unité peut être exprimé et satisfait dans un service effectif et un dévouement, sans distraction, au Christ.

ALARME #6
DIEU VOUS APPELLE A APPRENDRE A ETABLIR DES RELATIONS INTIMES

Si ceux qui encouragent cette nouvelle vague de déconnexion étaient sincère, aller d'une relation sans signification à une autre, est vide de sens. Le Dieu tout-puissant nous a créés pour beaucoup plus que cela. Dans Sa sagesse Il donna à chacun de nous une libido (un désir pour l'unité) pour stimuler un désir pour des relations plus substantielles.

Dans la langue hébraïque de l'Ancien Testament il y a différents mots qui font référence à des niveaux variables d'amitié. Plus que des études de mot, ceux-ci fournissent des perspectives pratiques alors que nous cherchons à développer des amitiés durables, autant pour les célibataires que pour les mariés.

NIVEAU 1: CONNAISSANCE OCCASIONNELLE (HEBREUX : REA')

> Tu aimeras ton prochain ("connaissance," hébreu: *rea'*)
> comme toi même (Levitiques 19:18).

À moins que nous habitions sur une île éloignée, nos vies sont remplies de personnes voisines. La plupart d'entre nous pouvons énumérer des centaines de voisins, camarades de classe, collègues de travail, et autres que nous pouvons considérer comme des amis occasionnels ou, du moins, anciennes connaissances. Imaginez plus de sept milliard de voisins que nous pourrions rencontrer sur cette planète! Et n'importe quel nombre de personnes que Dieu permet que nous rencontrions directement sur notre chemin, qui méritent d'être aimées et estimées, comme Lui nous a aimés et estimés. Comme nous apprenons à aimer tous nos voisins dans un tel sens, Dieu, choisit quelques-unes de ces relations qui doivent s'approfondir.

NIVEAUX 2: AMIS SACRIFICIEL (HEBREUX : 'AHAB)

Contrairement à ce que beaucoup pensent, la popularité—par exemple. avoir un nombre sans fin de relations occasionnelles de Niveau 1, est une impasse. L'observation du Roi Salomon, dans Proverbes 18:24 est malheureusement vraie:

> Celui qui a beaucoup d'amis (c-à-d "connaissances"
> Hébreux: rea') les a pour son malheur (c-à-d, "fracassé ou
> brisé," Hebreux: ra'a),
> Mais il est tel ami (c-a-d «ami bien aimé» Hébreux:
> ahab)
> plus attaché qu'un frère. (Proverbes 18:24).

Sans une connexion émotive plus profonde avec les autres, nos vies deviennent fracassées et cassées. Qui parmi nous n'a pas senti une sorte de solitude, même dans un stade avec 30,000 spectateurs? Nous développons des relations plus significatives avec nos *voisins* (c.-à-d. nos amis occasionnels) en prenant le temps d'apprendre ce qu'ils aiment, leurs aversions, valeurs, et rêves. Cette information nous permet de prendre des décisions altruistes, considérant comment satisfaire le mieux leur besoins, et ainsi les traiter comme étant au-dessus nous-mêmes (Philippiens 2:3). Lorsqu'ils font de même, nous quittons le fait d'être des connaissances occasionnelles pour devenir des amis sacrificiels "lus attaché qu'un frère" (Proverbes 18:24). En plus d'apporter une plus grande satisfaction à nos vies, ces rapports nous préparent pour le niveau le plus intime d'amitié, le compagnon de confiance.

NIVEAU 3: LE COMAPGNON DE CONFIANCE (HEBREUX : CHABER)

> La femme de ta jeunesse, A laquelle tu es infidèle,
> Bien qu'elle soit ta compagne (c.-à-d. "guide," hébreu:
> chabereth) et la femme de ton alliance
> (Malachie 2:14).

Ceci est le niveau de rapports interpersonnels qui démontre de fait d'être soudés ensemble comme compagnons de confiance et guides. En termes modernes, ceux-ci ressemblent à des compagnons, entraîneurs dans le domaine dela vie, engagés pour la croissance mutuelle. Évidemment, ce genre de relation n'arrive certainement pas rapidement. C'est le fruit d'un amour et d'une loyauté à long terme qui produisent une relation d'amitié vraie et durable. Ces amitiés intimes produisent la plus grande joie ou le plus grand chagrin, au cas où elles sont brisées. Les vraies amitiés *chaber* sont rares mais accessibles. En fait, elles sont l'objectif.

Il y a plusieurs années, J'ai lu que les anciens vœux de mariage d'un couple juif, même ce dont les mariages avaient été arrangés, contenait une promesse de continuer le travail à long terme exigé pour devenir un *chaber*, un compagnon de confiance.

Qu'est-ce que ceci à avoir avec les passions impérieuses de notre libido? Chacun de nous est créé avec un vide don de Dieu pour l'intimité authentique avec Dieu et, nos compagnons humains. La libido est un appel à apprendre comment développer une amitié effective, à partir des connaissances occasionnelles (réa') vers une amitié sacrificielle (ahab ') et, finalement aboutir à des compagnons de confiance et entraîneurs de la vie (chaber). Certainement ce sont des leçons qui ont besoin d'être apprise avant le mariage. Ainsi, quand l'alarme sonne, faites-vous des amitiés, par étapes.

ALARME #7
DIEU VOUS APPELLE A UNE VIE DE CONTENTEMENT

La solitude élève une agitation dévorante qui peut consumer; un vide implacable qui paraît ne jamais être satisfait. C'est vraiment une maladie de vide qui peut attaquer chacun de nous, que nous soyons mariés ou célibataires, mâle ou femelle, jeune croyant ou saint mûr. Même l'apôtre Paul admit, honnêtement, ses saisons de solitude (2 Timothée 1:4). Il a aussi partagé le secret de son contentement, peu importe ce que s'est passé dans sa vie. J'ai ajouté mes pensées comme ce que je crois qu'il est entrain de dire:

> Ce n'est pas en vue de mes besoins que je dis cela, car j'ai appris à être content de l'état où je me trouve. Je sais vivre dans l'humiliation, et je sais vivre dans l'abondance. En tout et partout j'ai appris à être rassasié et à avoir faim, à être dans l'abondance et à être dans la disette. Je puis tout par celui qui me fortifie (Philippiens 4:11-13).

J'apprécie l'exhortation du Dr. John MacArthur aux célibataires. Franchement, c'est un bon rappel aussi bien à nous les mariés:

> Le message de 1 Corinthiens 7 est que ceux qui possèdent l'attention spéciale de Dieu pour le célibat, seront plus heureux s'ils restent seuls, et tous les autres seront plus heureux s'ils se marient tel que Dieu les guide. Le mariage n'empêche pas un grand dévouement à Christ, le célibat ne le garantit pas non plus, mais par définition il est plus facile pour un célibataire de prêter une Attention plus particulière dans les choses du Seigneur. Peut-être Dieu appellera ou vous a appelés à expérimenter "la grâce de la vie" (1 Pierre 3:7). Peut-être Il veut ne vous épargnez des "des tribulations dans la chair" (1 Corinthiens 7:28). Quelque soit votre situation, soyez satisfait de rester comme vous êtes— point que Paul marque quatre fois séparément dans

1 Corinthiens 7 (vv. 17, 20, 24, 26)—tout le temps, faites votre mieux pour servir Dieu et Son peuple dans cette vie. Le lien d'amour que vous cultivez maintenant, se répandra à la perfection dans la prochaine vie.[4]

Cessez d'essayer de trouver la manière d'éviter les alarmes. Quand les pulsions surviennent, réalisez:

- Dieu vous appelle à marcher dans l'unité avec Lui— aujourd'hui!
- ieu vous appelle à marcher dans l'unité avec les compagnons Chrétiens—aujourd'hu!
- Dieu vous appelle à prier, considérant votre mariage— aujourd'hui!
- Dieu vous appelle à apprendre la maitrise de soi— aujourd'hui!
- Dieu vous appelle à un service chrétien immédiat— aujourd'hui!
- Dieu vous appelle à apprendre comment établir des relations intimes—aujourd'hui!
- Dieu vous appelle à une vie de contentement— aujourd'hui!

Faites ceci aujourd'hui et Dieu prendra soin de demain. Soyez réconfortés par les paroles de Jésus: Ne vous inquiétez donc pas du lendemain" (Matthieu 6:34). Votre célibat, temporaire ou permanent, est un don formidable au corps du Christ. Encore plus, c'est un don de Dieu pour vous. Remerciez-le pour cela—aujourd'hui!

UN MOT AU SUJET DES RENDEZ-VOUS

Il y existe plusieurs bons livres au sujet des prudences morales qui ont besoin d'être prises si vous décider d'avoir un rendez-vous. Quelques-uns ont choisi plutôt la route des brèves rencontres plutôt que des rendez-vous.[5] Ayant élevé trois filles et beaucoup d'enfants d'accueil, je peux vous assurez du besoin de directives claires. Manquez de planifier et vous êtes vraiment entrain de planifier l'échec.

Plutôt que d'énumérer mes propres directives, je veux partager ceux que j'ai glanées du livre de Randy Alcorn! The Purity Principles (*Les Principe de Pureté*). Franchement, elles sont, d'une manière frappante, semblables à ceux que j'ai utilisés avec mes filles et filles d'accueil.

Tenez compte de ces paroles, pas seulement comme venant de deux bergers, mais de deux pères intéressés et expérimentés. En fait, je suggère que vous les affichiez sur votre miroir et les revoyiez chaque fois que vous vous préparez à sortir avec quelqu'un du sexe opposé, que vous l'appeliez rendez-vous ou non:

- Si vous êtes un Chrétien, sortez seulement avec des Chrétiens (voyez 2 Corinthiens 6:14).

- Si vous êtes disciple engagé, sortez seulement avec des disciples engagés.

- Christ est avec vous chaque soir—où que vous alliez et quoi que vous fassiez.

- Souvenez-vous, votre compagnons de sortie est votre frère ou sœur, pas votre "amant" (voyez 1 Timothée 5:1-2).

- Sortez en groupes, pas seul.

- Concentrez-vous sur la conversation, pas de toucher; conversation, pas de contact.

- Évitez des rapports rapides ou intimité instantanée.

- Planifiez le soir entier en avance, sans lacune.

- Évitez les jeux—ne soyez jamais seul: sur un divan, dans une voiture tard la nuit, dans une maison ou chambre à coucher.

- Ayez à rendre compte à quelqu'un au sujet de votre pureté.

- Imaginez que vos parents et responsables d'église vous regardent à travers la fenêtre. Dieu entrain de regarder (voyez Jérémie 16:17).

- Ne faites rien lors votre rendez-vous que vous ne voudriez pas que quelqu'un fasse avec votre futur (e) conjoint/conjointe.

- Méfiez-vous du "déclin moral" des rendez-vous de longues amitiés et longs engagements. Une fois que les jeunes gens et les parents consentent au mariage, Il est dangereux d'attendre plus longtemps que nécessaire (voyez 1 Corinthiens 7:8-9).[6]

UN MOT AU SUJET DE LA MASTURBATION

Le sujet doit être abordé, pas seulement comme s'il était en rapport avec les célibataires, mais aussi avec ceux qui sont mariés. Plutôt que d'en discutez ici, je choisis de placer mes pensées à propos de ce sujet controversé dans l'Appendice, juste au cas où quelques-uns de ces gens mariés auraient évité ce chapitre en rapport avec les célibataires. Sentez-vous libre d'aller plus loin maintenant, avec cœur, esprit et Bible ouverts. Ensuite rejoignez-nous, ici comme nous continuons à considérer la Partie Trois: Les Abus Del' Homme.

TROISIEME PARTIE:

LES ABUS DEL'HOMME

Chapitre 16

RATER LA CIBLE

Comme une personne qui a beaucoup pratiqué le tir à la cible, j'aime raconter l'histoire du fermier à moitié aveugle, qui se faisait passer pour un tireur d'élite phénoménal. En fait, il n'a jamais manqué de toucher le point central. Les gens pouvaient voir l'évidence claire de son exactitude incroyable sur les poteaux de clôture et les granges dans toute la ville, du moins, c'est ce qui paraissait. Cependant, quand on lui demanda par un jeune admirateur, comment il accomplissait cet exploit étonnant, il chuchota finalement la vérité: "Fils, je tire premièrement et dessine le cercle plus tard."

Ce que le Dieu Saint crée, l'homme pécheur le tort et en abuse. Ceci est spécialement vrai du dessin de Dieu pour la sexualité humaine. Tenir la sexualité divinement créée, à l'écart des distorsions du péché n'est pas une tâche facile. Pour faire ainsi, nous devons avoir un objectif fixé—Une compréhension biblique claire de ce qui est de Dieu, et ce qui ne l'est pas. De cette façon, nous pouvons savoir combien proche nous sommes de Sa droiture.

Malheureusement, pour ceux d'entre nous qui pensent que nous pouvons mener une vie de relativité morale ("Tout est permis"), il n'y a aucun objectif fixé. Même parmi ceux qui croient que le Dieu tout-puissant a établit des standard de sainteté, il y a beaucoup trop de subjectivité ("Vous faites votre chose; Je feraisla mienne"). Fondamentalement, les deux approches vivent de la même manière. Prêt! Tirer! Dessiner le cercle! Déclarez moi-même, "Droit au but!" Cette façon d'agir est trop facile.

RATER SON GLOIRÉ

Le mot Grec pour péché, hamartia, parle de manquer la cible. Essentiellement, le péché est toute pensée, mot, ou action qui rate la cible des attributs impeccables de Dieu, Ses standards sacrés, Son caractère vertueux, et son inexplicable majesté. La somme totale de ceci fait référence, quelquefois, à la gloire de Dieu. Ce sont les objectifs fixés de nos vies. Cependant, quand il arrive de toucher la cible des perfections de Dieu dans nos propres vies, aucun de nos tirs n'est parfait. L'apôtre Paul nous rappelle que "Car tous ont péché et sont privés de la gloire de Dieu " (Romains 3:23). L'apôtre Jean ajoute son inquiétude, que nous n'essayons pas d'inventer notre justesse: "Si nous disons que nous n'avons pas de péché, nous nous séduisons nous-mêmes, et la vérité n'est point en nous . . . Si nous disons que nous n'avons pas péché, nous le (c.-à-d. Dieu) faisons menteur, et sa parole n'est point en nous" (1 Jean 1:8, 10). L'auteur de la lettre aux Hébreux prévient aussi du danger de dessiner le cercle après le tir et devenir "endurci par la séduction du péché" (Hébreux 3:13).

RATER SON UNITE

Quel rapport existe-t-il entre l'unité et l'immoralité? Une des gloires de Dieu c'est Son unité (Deutéronome 6:4). Comme décrit précédemment, notre Créateur nous a conçus comme être sexuels dans le but de refléter cet attribut. En particulier, le péché de l'immoralité est toute pensée, parole ou action qui rate la cible de l'unité de Dieu–L'echad de Dieu. Cela apparaît comme un nombre d'unité-ratée, de pensées de luxure, et de comportements immoraux. Comme tel, nous avons besoin de passer une vie concentrée sur la cible et apprendre comment améliorer notre idéal.

Chapitre 17

PENSEES DE CONVOITISE ET COMPORTEMENTS IMMORAUX

SEMEZ UNE PENSEE, RECOLTEZ UN MONDE DE PROBLEME

Qui n'a pas entendu cela? La citation de Samuel Smiles mérite bien d'être répétée:

> Semez une pensée et vous récoltez un acte.
> Semez un acte et vous récoltez une habitude.
> Semez une habitude et vous récoltez un caractère.
> Semez un caractère et vous récoltez un destin.

Levieux dicton est devenu ainsi parce qu'il est si vrai. Les pensées de luxure, si elles restent non réprimées, deviennent les actes et habitudes immoraux de la vie qui influencent notre caractère et, finalement, notre destin.

VOUS ETES CE QUE VOUS PENSEZ

> Comme dans l'eau le visage répond au visage,
> Ainsi le cœur de l'homme répond au cœur de l'homme
> (Proverbes 27:19).

J'ai lu une fois que l'homme moyen a une pensée de luxure chaque sept secondes. Je n'ai pas de preuve. Cependant, si c'est vrai, alors c'est une certaine fonction assez active du cerveau humain qui est souvent accusé d'être un cerveau presque mort. La pensée courante est que, puisque la convoitise est un événement humain tellement commun, nous ne devrions consacrer aucun effort à combattre le désir. Après tout, la convoitise ne blesse pas. J'ai une vue différente, partant de mon expérience et de ma théologie. Notre Créateur se soucie de chaque pensée. Il sait qu'elles font plus que conduire à une action; elles représentent ce que nous sommes vraiment. Nous deviendrons ce que nous avons laissé demeurer dans nos pensées. Le livre de Proverbes l'a exprimé de cette façon: "Car il est comme les pensées de son âme" (Proverbes 23:7). Que ce soit chaque sept secondes ou chaque sept heures, ce sont là des petites pensées que nous ne devons pas ignorer. Samuel Johnson l'a bien dit, "Les chaînes de l'habitude sont trop faibles pour être senties, jusqu'à ce qu'elles soient trop solides pour être brisées."

LE COTE BRILLANT DE LA CONVOITISE

Cela ne veut pas dire que toute convoitise est maléfique. La convoitise, en elle même est amorale; qu'elle soit juste ou fausse, bonne ou mauvaise. Le mot *epithumeo*, utilisé dans le Nouveau Testament pour convoitise, dénote un désir fort de tout genre. Il décrit clairement l'empressement de l'apôtre Paul de voir ses bien-aimés convertis à Thessalonique (1Thessaloniciens 2:17) et son désir profond de partir de ce monde et d'être avec Le Christ (Philippiens 1:23). Il est utilisé, même pour Jésus qui a désiré sérieusement (littéralement, "a désiré avec luxure") manger la Pâque avec Ses disciples, avant qu'Il fût crucifié (Luc 22:15).

Le problème, alors, n'est pas si nous désirons ou non, mais c'est ce que nous convoitons. Avoir un désir fort pour Dieu est juste. Avoir un désir profond et passionné pour ma femme est certainement appropriée, même chaque sept secondes.

TU NE CONVOITERAS PAS

La convoitise coupable est complètement différente. C'est la passion forte, intime de posséder ce que Dieu ne nous a pas permis de posséder. Nous convoitons d'une façon coupable, les choses qui ne nous appartiennent pas: "Tu ne convoiteras point ("se réjouir en" hébreu: chamad) la maison de ton prochain; tu ne convoiteras point la femme de ton prochain, ni son serviteur, ni sa servante, ni son bœuf, ni son âne, ni aucune chose qui appartienne à ton prochain" (Exode 20:17)

Bien que la convoitise coupable vienne sous plusieurs formes, pour nos objectifs, nous parlerons essentiellement de la convoitise sexuelle coupable. En particulier, j'aborderai le genre de convoitise qui est l'égoïsme, la recherche incontrôlée pour l'amitié contrefaites, qui marche en dehors des limites du dessin de Dieu pour l'union sexuelle. C'est désirer sexuellement ce que Dieu ne nous autorise pas d'avoir. Randy Alcorn le résume bien, "la Convoitise est la promiscuité mentale"[1]

Dans le Nouveau Testament, nous trouvons un nombre de mots et d'expressions qui nous donnent une vue d'ensemble du caractère de la convoitise intime:

- Convoitise du cœur (Matthieu 5:27-28; Romains 1:24)
- La passion dégradante / Convoitise honteuse (Romains 1:26)
- Désir brûlant (mauvais) (Romains 1:27; 1 Corinthiens 7:9; Colossiens 3:5)
- Esprit dépravé (Romains 1:28)
- Impureté (Galates 5:19; Colossiens 3:5)
- Sensualité (Galates 5:19)

Ils forment un obstacle multi-facettes, troublant notre vue de l'echad de Dieu.

NOUS ARRIVONS A BLAMER ADAM

Comment est-ce que cette convoitise coupable est même arrivée à ce point? Qui blâmer? Initialement, nous arrivons à donner un coup de pied à Adam pour notre lutte contre la convoitise, puisque c'était à travers lui que le péché, en général, est entré dans le monde (Romains 5:12). A cause de lui, chacun de nous est né avec une nature de péché qui a un mauvais penchant, pour violer tous les standards sacrés de Dieu. J'apprécie cette manière dont la version "Louis Segond" xprime les paroles du roi David lorsqu'il s'est repenti de son péché d'adultère. Il n'était pas entrain de présenter des excuses pour ses choix. Par contre, il était entrain de montrer où tout avait commencé: "Voici, je suis né dans l'iniquité, Et ma mère m'a conçu dans le péché (Psaume 51:5, Louis Segond). Peu de temps après, le fils de David, Salomon, ajouta: "La folie est attachée au cœur de l'enfant" (Proverbes 22:15).

La convoitise coupable est fondamentalement un problème inné du cœur dans chaque homme, femme, et enfant. Jésus Lui-même a dit:

> Ce qui sort de l'homme, c'est ce qui souille l'homme. Car c'est du dedans, c'est du cœur des hommes, que sortent les mauvaises pensées, les adultères, les impudicités, les meurtres, les vols, les cupidités, les méchancetés, la fraude, le dérèglement, le regard envieux, la calomnie, l'orgueil, la folie. Toutes ces choses mauvaises sortent du dedans, et souillent l'homme (Marc 7:20-23).

Sans l'œuvre de rédemption et de sanctification de Dieu dans nos vies, il est impossible pour tout être humain, vivant de ce côté du ciel, d'éviter la convoitise coupable. À cause du péché d'Adam dans le jardin, c'est comme une graine étrangère plantée dans notre cœur, prêt à faire sortir à tout moment sa vilaine tête.

NOUS ARRIVONS AUSSI A NOUS BLAMER NOUS-MEMES

Mettez un garçon et une fille de trois ans dans une baignoire. Aucun problème. Cependant, il serait certainement fou de les autoriser à se baigner ensemble, quinze années plus tard. Ce n'est pas que les enfants, même à trois ans, sont complètement innocents; ils sont juste peu expérimentés. Avec le temps, pendant que leur développement sexuel naturel se produit, leur nature dépravée gagnera aussi plus d'expérience coupable. Salomon n'exagérait pas quand il a écrit que "L'enfant livré à lui-même fait honte à sa mère" (Proverbes 29:15).

Bien que, au moment de notre conception, la convoitise coupable est devenue une partie profondément établie de notre nature de péché Adamique, c'est aussi quelque chose que nous développons tout au long d'une vie. Ayant reçu l'influence de notre chair de péché en nous, les valeurs tordues du monde autour de nous, et les attaques de Satan contre nous, ce n'est pas un prodige que nous apprenions rapidement. Par conséquent, nous devons, quotidiennement, affronter la convoitise coupable qui demeure profondément dans nos cœurs coupables. Si nous ne le faisons pas, bientôt nous nous engagerons dans un comportement immoral sous toutes ses formes contraire à l'unité.

PENSEES DE CONVOITISE. COMPORTEMENTS IMMORAUX. QUELLEEN EST LA DIFFÉRENCE?

Enoncées simplement, les *pensées de convoitise*, sont toute pensée qui viole l'unité qui est le dessin projeté de Dieu pour notre sexualité; les *comportements immoraux* sont toute *action qui en* fait de même.

Y a-t-il là, par conséquent, une différence substantielle entre convoitise coupable et comportement immoral? Avant que je ne réponde, laissez-moi vous parler au sujet d'un des coups de téléphone les plus étranges que j'ai jamais reçus.

L'appel vint d'un agent de station-service qui apparemment fréquente mon église locale. Il refusa de me donner son nom. Il confessa qu'il était entrain de regarder dehors à travers la fenêtre de sa cabine de trésorerie et était, à ce même moment, attiré de désir par une belle femme qui pompait du gaz. Il a ajouté alors, "Pasteur, n'est ce pas que la Bible dit que lorsque vous convoitez une femme, vous vous êtes déjà engagés dans l'adultère avec elle dans votre cœur?" j"affirrmaisque je savais que c'étaient les paroles de Jésus dans Matthew 5:28. Il y a longtemps les choses auraient parues assez normales. Il demanda alors,

"Puisque j'ai déjà commis le péché d'adultère avec elle dans mon cœur est-ce que ce serait OK si je continuais et avais une relation sexuelle avec elle?"

Même si je doute que c'était une vraie possibilité, je me suis dépêché de lui donner ma réponse. J'ai expliqué, "Il y a une vaste différence entre convoitise dans le cœur et immoralité dans la chair. La convoitise Coupable, c'est entre vous et Dieu. Les comportements de convoitise ont un impact sur vous, Dieu, et une foule d'autres personnes. Pensez-vous vraiment que Jésus vous donnerait l'autorisation d'avoir un relation sexuel avec toute personne après que vous l'ayez convoitée"? Espérons que cela a été pertinent pour lui.

DIEU DETESTE L'IMMORALITE

La Bible ne hache pas les mots au sujet de la haine passionnée de Dieu, contre l'immoralité sous toutes ses formes. C'est tellement contraire à ce qu'Il est et à ce qu'Il a conçu pour nous, surtout comme croyants. Quelques rappels:

> Fuyez l'impudicité. Quelque autre péché qu'un homme commette, ce péché est hors du corps; mais celui qui se livre à l'impudicité pèche contre son propre corps. Ne savez-vous pas que votre corps est le temple du Saint-Esprit qui est en vous, que vous avez reçu de Dieu, et que vous ne vous appartenez point à vous-mêmes? Car vous avez été rachetés à un grand prix. Glorifiez donc Dieu dans votre corps (1 Corinthiens 6:18-20).

> Que l'impudicité, qu'aucune espèce d'impureté, et que la cupidité, ne soient pas même nommées parmi vous, ainsi qu'il convient à des saints . . . Que personne ne vous séduise par de vains discours; car c'est à cause de ces choses que la colère de Dieu vient sur les fils de la rébellion. N'ayez donc aucune part avec eux (Ephésiens 5:3, 6-7).

> Faites donc mourir les membres qui sont sur la terre,

l'impudicité, l'impureté, les passions, les mauvais désirs, et la cupidité, qui est une idolâtrie. C'est à cause de ces choses que la colère de Dieu vient sur les fils de la rébellion (Colossiens 3:5-6).

Ce que Dieu veut, c'est votre sanctification; c'est que vous vous absteniez de l'impudicité . . . le Seigneur tire vengeance de toutes ces choses . . . Car Dieu ne nous a pas appelés à l'impureté . . . Celui donc qui rejette ces préceptes ne rejette pas un homme, mais Dieu, qui vous a aussi donné son Saint-Esprit (1 Thessaloniciens 4:3, 6, 8).

Devenez donc les imitateurs de Dieu, comme des enfants bien-aimés; et marchez dans la charité, à l'exemple de Christ, qui nous a aimés, et qui s'est livré lui-même à Dieu pour nous comme une offrande et un sacrifice de bonne odeur. Que l'impudicité, qu'aucune espèce d'impureté, et que la cupidité, ne soient pas même nommées parmi vous, ainsi qu'il convient à des saints. Qu'on n'entende ni paroles déshonnêtes, ni propos insensés, ni plaisanteries, choses qui sont contraires à la bienséance; qu'on entende plutôt des actions de grâces. Car, sachez-le bien, aucun impudique, ou impur, ou cupide, c'est-à-dire, idolâtre, n'a d'héritage dans le royaume de Christ et de Dieu. Que personne ne vous séduise par de vains discours; car c'est à cause de ces choses que la colère de Dieu vient sur les fils de la rébellion. N'ayez donc aucune part avec eux. Autrefois vous étiez ténèbres, et maintenant vous êtes lumière dans le Seigneur. Marchez comme des enfants de lumière! Car le fruit de la lumière consiste en toute sorte de bonté, de justice et de vérité. Examinez ce qui est agréable au Seigneur (Ephésiens 5:1-10).

Chapitre 18

REMPLIR LE SEAU UN GRAIN A LA FOIS

Plus tôt j'ai parlé de combien ce sera mauvais de mettre un seau de sable dans le réservoir à essence d'un classique Chevy1955. Il n'a simplement pas été conçu pour ça et allait immédiatement détruire ce moteur de haute performance. Cependant, qu'en serait-il si j'avais suggéré d'essayer d'acclimater progressivement la voiture, à rouler avec du sable, en mettant un grain minuscule dans le réservoir chaque jour? Bien sûr, ce serait également comme de la folie. Je serais seulement entrain de différer l'inévitable. La seule différence entre l'impact d'un seau de sable et un grain de sable, c'est le t-e-m-p-s.

Ceci illustre les attitudes que j'ai trouvées dans beaucoup de Chrétiens. La plupart de ceux qui prétendent être disciples nés de nouveau de Jésus Christ, comprennent les interdictions de Dieu contre l'immoralité sexuelle. Beaucoup ont déjà éprouvé quelques-unes des conséquences douloureuses et espère ne jamais répéter l'offense. Plus Jamais, ils ne verseront encore un seau de sable dans le réservoir d'essence. Malheureusement, beaucoup trop ne peuvent suspecter que les membres de la famille de Dieu sont, néanmoins, entrain de remplir leurs réservoirs spirituels avec des petits grains de sable—ces petites indulgences et minuscules compromis qui, s'ils ne sont pas réprimés, se transforment en un seau d'immoralité détruisant la vie.

LE PRINCIPE DESTRUCTIF

Les flocons de neige peuvent être dangereux. Demandez à quelqu'un qui a habité dans un pays où il neige, surtout ceux qui ont vu la force destructrice d'une avalanche. J'ai entendu une fois, "Un minuscule flocon de neige, ce n'est pas beaucoup par lui-même, mais on prend un bulldozer pour les déplacer quand ils coopèrent."

Le péché s'accumule aussi. Même le plus petit abus de notre sexualité, don de Dieu, peut résulter en une faim et soif continue pour plus d'expressions fréquentes et diverses de notre sexualité, qui ne peut pas être étanchée facilement. C'est ce à quoi, beaucoup de mes collègues pasteurs, se réfèrent comme Principe Destructif. Jacques, dans son épître, décrit cette progression mortelle:

> Mais chacun est tenté quand il est attiré et amorcé par sa propre convoitise. Puis la convoitise, lorsqu'elle a conçu, enfante le péché; et le péché, étant consommé, produit la mort (Jacques 1:14-15).

La convoitise aboutit au *péché*; qui aboutit à la *mort*. Au cours d'un de nos séminaires de pureté, un homme a observé correctement la première lettre de chacun de ces mots clé—L.S.D., les mêmes initiales comme la drogue mortelle qui a détruit tant d'âmes dans les années 1960's. Cependant, plus que toute autre drogue illicite, nous devons être sur nos gardes contre ce processus mortel de convoitise, péché et mort.

L'apôtre Paul a parlé de beaucoup à son époque qui, "Ayant perdu tout sentiment, ils se sont livrés à la dissolution, pour commettre toute espèce d'impureté jointe à la cupidité. *avec une convoitise continuelle pour plus*" (Ephésiens 4:19, Louis Segond, l'accentuation a été ajoutée). Il a aussi décrit ce principe destructif lorsqu'il signale la condition précédente des Chrétiens romains, "vous avez livré vos membres comme esclaves à l'impureté et à l'iniquité, *résultant en dérèglement supplémentaire*" (Romains 6:19, l'accentuation a été ajoutée).

Un des écrits anciens du début du deuxième siècle, appelé la Didaché, personnifie l'enseignement des apôtres. Il offre aussi son avertissement à propos du danger d'ignorer le péché:

> Mon enfant, fuis toute chose mauvaise, et tout ce qui lui ressemble. Ne sois pas enclin à colère, car la colère conduit au meurtre. Ne sois ni jaloux, ni querelleur,

ni de tempérament chaud, car tous ces meurtres sont engendrés. Mon enfant, ne sois pas une personne qui convoite, car la convoitise conduit à la fornication. Ne sois pas non plus un parleur immonde, ni celui qui a un regard hautain, car toutes ces choses engendrent l'adultères.[1]

IL N'Y A RIEN DE TELLE QUELA CONVOITISE MAITRISEE

Ce, à quoi nous pensons aujourd'hui pourrait devenir un comportement demain. Les comportements qui nous attireront demain nous ennuieront le surlendemain. Dans son livre, Sins of Body (Péchés du Corps), Terry Muck présente le témoignage d'un responsable d'église, anonyme, qui a découvert cette vérité trop tard:

> J'ai appris rapidement que la convoitise, comme le sexe physique, converge dans un sens unique. Vous ne pouvez pas revenir à un niveau inférieur et restez satisfait. Vous voulez toujours plus. Un magazine excite, un film fait frissonner, un spectacle vivant fait vraiment circuler le sang . . . La convoitise ne satisfait pas; il attise. Je ne me demande plus combien les déviants peuvent s'entrainer dans l'abus d'enfants, le masochisme, et d'autres anomalies. Bien que de tels actes me soient incompréhensibles, je me souviens bien, là où je suis arrivé était aussi incompréhensible que quand j'ai commencé.[2]

Il n'y a pas une telle chose qu'une convoitise coupable maitrisée. Il dégénère toujours. Juste comme le Nouveau Testament présente plusieurs facettes de la convoitise coupable, elle présente aussi plusieurs facettes du comportement immoral. Souvent, ceux-ci mènent l'un à l'autre. Certains sont des grains de sable, le reste des seaux. Tous, mettent en désordre le moteur de nos vies:

- Impureté (Grec: *akatharsia*) (Ephésiens 5:3,5; Colossiens 3:5; Galates 5:19)
- Sensualité/luxure/libertinage/convoitise effrénée (Grec: *aselgeia*) (Galates 5:19; Ephésiens 4:19; 2 Pierre 2:6-8)
- Passion dégradante et vile (Grec: *atimia pathos*) (Romains 1:26)
- Mauvais désir (Grec: *kakos epithumia*) (Colossiens 3:5)
- Passion/affection démesurée (Grec: *pathos*) (Colossiens 3:5)
- Conversations ou actions Impures, immondes, honteuses, obscènes (Grec: *aischrotes*) (Ephésiens 5:4,12)
- Plaisanterie grossière (Grec: *eutrapelia*) (Ephésiens 5:4)
- Actes indécents, inconvenants, scandaleux (Grec: *aschemosune*) (Romains 1:27)
- Comportement impudique (hébreu: *zimmah*) (Lévitique 18:17; Ezechiel 23:21)
- Exposition de nudité honteuse /scandaleuse (hébreu: *ervah'*) (Lévitique 18:6-18)
- Immoralité/fornication (Grec: *porneia*) (Galates 5:19; Colossiens 3:5; 1 Corinthiens 6:18)
- Adultère (hébreu: *na'aph*; Grec: *moicheia*) (Exode 20:14; Marc 7:21)
- Prostitution (hébreux: *zanah*; Grec: *porne*) (Lévitique 19:29; 1 Corinthiens 6:16)
- Viol (c.-à-d. agresser/violer quelqu'un) (Hébreu: *anah '*) (Lamentations 5:11; 2 Samuel 13:1-19)
- Efféminés (Grec: *malakos*) (1 Corinthiens 6:9)
- Homosexualité (Grec: *arsenokoites*) (1 Corinthiens 6:9; 1Timothy 1:10; cf. Leviticus 18:22; 20:13; Romains 1:18-32)
- Inceste (Levitique 18:6-16; 2 Samuel 13 et peut-être 1 Corinthiens 5:1)
- Bestialité (Exode 22:19; Lévitique 18:23; 20:16; Deutéronome 27:21)

Le problème avec ces péchés, c'est qu'ils ne nous corrompent pas seulement, ils nous désensibilisent aussi. Ils ne déchainent pas seulement la passion, ils paralysent aussi notre répulsion contre tout péché, comme une drogue altérant la pensée, qui détruit l'inhibition dans notre cerveau.

JE SUIS UN POTENTIEL DELIQUANT SEXUEL

En 1989 le meurtrier en série Ted Bundy fut exécuté sur la chaise électrique par l'État de Floride. Dans une entrevue publique il a déclaré que sa vie était une convoitise incontrôlée et un engagement dans des activités sexuelles qui ont, éventuellement, abouti à l'assassinat de plus de trente personnes:

> Cela s'est passé par phases, graduellement. Mon expérience avec la pornographie généralement, mais avec une pornographie ayant un degré violent de sexualité . . . Je continuais à chercher des genres de matériels plus forts, plus explicites, plus graphiques . . . vous atteignez un point où, la pornographie atteint ses limites, vous atteignez ce point de saut où vous commencez à vous demander si, peut être en réalité, le faire pourrait donner ce qui est au-delà du fait de juste la lire ou la regarder.[3]

En 1991 le monde a été bouleversé d'apprendre de Jeffrey Dahmer, qui a confessé avoir violé, assassiné, démembré et plus tard consommé la chair de quelques-unes de ses dix-sept victimes. Combien très répulsif! Condamné à quinze durées de vie, totalisant presque mille années, il a été éventuellement matraqué à mort par un compagnon détenu de prison. Sa vie était aussi une histoire de convoitise, péché, et mort.

Pourquoi parler de matières aussi horribles? Chaque fois que nous convoitons, nous mettons un grain de sable dans le réservoir qui pourrait finalement nous changer en un autre Ted Bundy. Chaque fois que nous permettons à l'impudicité de nous contrôler, nous sommes sur la voie de devenir un Jeffrey Dahmer.

Je suis reconnaissant pour le travail convaincant du Saint-Esprit de Dieu, qui demeure dans la vie de chaque croyant. Sans Lui, notre convoitise coupable grandirait en comportements au-delà de l'imagination. Aussi difficile que cela pourrait paraître, nous devons tous admettre, "je suis un potentiel délinquant du sexe."

Chapitre 19

MARCHE DANS MON SALON

Chaque acte immoral commence avec une tromperie. Nous faisons face à une attaque en cours de trois ennemis cruels et implacables.

1. *NOUS SOMMES TROMPES PAR NOTRE PROPRE CHAIR, AVEC SON PENCHANT NATUREL VERS LE PECHE.*

   Or, les œuvres de la chair sont manifestes, ce sont l'impudicité, l'impureté, la dissolution . . . (Galates 5:19).

2. *NOUS SOMMES TROMPE PAR LE MONDE, AVEC SES VALEURS TORDUES.*

   Car tout ce qui est dans le monde, la convoitise de la chair, la convoitise des yeux, et l'orgueil de la vie, ne vient point du Père, mais vient du monde (1 Jean 2:16).

3. *NOUS SOMMES TROMPES PAR LE DIABLE, AVEC UN PLAN SPECIFIQUE DE S'OPPOSER A TOUT CE QUI EST PIEUX.*

   Soyez sobres, veillez. Votre adversaire, le diable, rôde comme un lion rugissant, cherchant qui il dévorera (1 Pierre 5:8).

> Vous avez pour père le diable, et vous voulez accomplir les désirs de votre père. Il a été meurtrier dès le commencement, et il ne se tient pas dans la vérité, parce qu'il n'y a pas de vérité en lui. Lorsqu'il profère le mensonge, il parle de son propre fonds; car il est menteur et le père du mensonge (Jean 8:44).

Que nous fassions face avec une attaque de notre chair, du monde, ou du Diable, nous avons besoin d'avouer honnêtement à Dieu, à l'un l'autre, et à nous-mêmes, que nous sommes plus vulnérables que nous le pensons, face au comportement immoral:

> L'arrogance précède la ruine, Et l'orgueil précède la chute (Proverbes 16:18).

> Ainsi donc, que celui qui croit être debout prenne garde de tomber (1 Corinthiens 10:12).

La plupart d'entre nous n'entrent pas dans le mariage en souhaitant rompre un jour notre alliance maritale ou vœux de fidélité. La plupart de nous, dans le service chrétien à plein temps n'entrent pas dans le ministère avec le rêve de tomber un jour dans l'immoralité et détruire ce que nous avons eu si difficilement à construire. J'aimerais croire que la plupart des Chrétiens ne commencent pas leur journée avec un plan spécifique de tombez moralement. Mais cela arrive—aux chrétiens célibataires, Chrétiens mariés, Pasteurs chrétiens, et chefs d'églises chrétiennes - Le temps que vous prenez dans la lecture de ce livre, un nombre scandaleusement grand de familles de Dieu succomberont au plaisir temporaire d'immoralité et souffriront des conséquences à long terme.

Le vieux poème par Mary Howitt, intitulé, The Spider and the Fly (*l'Araignée et la Mouche*), décrit très bien le processus subtil de tromperie et de séduction. Bien qu'il ait été écrit il y a deux siècles, et l'orthographe un peu archaïque, son message est encore pertinent:

> "Marcheriez-vous dans mon salon?" dit l'Araignée à la Mouche,
> 'C'est le plus joli petit salon que jamais vous avez épié;

Le chemin qui mène dans mon salon est en haut d'une
    marche sinueuse,
Et j'ai un nombre de choses curieuses à montrer
    quand vous êtes là."
"Oh non, non," dit la petite Mouche, "me demander
    est vain,
Car qui monte votre marche sinueuse ne peut en des
    cendre encore." (Traduit de l'Anglais)

Le poème continue. Bien que la mouche résistât, peu à peu, la ruse de l'araignée l'attire vers la toile de destruction jusqu'à ce qu'elle soit collée et finalement mangée vivante—écartée au loin comme une carcasse séchée, pendant que l'araignée attend sa prochaine victime. La dernière partie de cette vieille rime donne la morale de l'histoire:

Et maintenant chers petits enfants, vous qui avez pu
    lire cette histoire,
Pour arrêter, les paroles flatteuses et idiotes, je vous
    prie que vous ne prêtiez jamais attention:
A un mauvais conseiller, fermez le cœur, les oreilles et
    les yeux,
Et tirer leçon de ce conte, de l'Araignée et de la
    mouche.[1]

Mes amis, ce qui est vrai de cette naïve petite mouche arrive à beaucoup d'entre nous aujourd'hui. D'innombrables milliers de Chrétiens naïfs sont entrain d'être attrapés dans la toile de l'immoralité, et sont mangés vivants par la méchanceté du péché.

Comment est-ce que cela se passe alors? Pour plusieurs, cela ne se passe pas du jour au lendemain. C'est beaucoup plus un processus dégénérant, une inclinaison glissante vers la défaite morale.

Marche #1: *Hésiter dans la recherche de la sagesse biblique*

Marche #2: *Défaillance dans le développement d'un mariage sai*

Marche #3: *Fabulation dans l'arène des pensée*

Marche #4: *Flirter avec le monde interdit de la séduction*

Marche #5: *Tomber dans le piège de l'immoralité*

Dans les prochains chapitres nous examinerons ces cinq marches vers l'horrible trou rempli d'ordure de l'immoralité; la promenade subtile dans le salon de consumation de la vie, l'immoralité produisant la mort.

Chapitre 20

MARCHE #1
HESITER DANS LA RECHERCHE DE LA SAGESSE BIBLIQUE

SE METTRE EN ORDRE AVEC DIEU

Tomber dans le piège de l'immoralité commence par une relation brisée avec notre créateur, et une obstruction de la sagesse gratuite débordante qu'il a offert à ses enfants (Jacques 1:5; 3:13-18; 2 Timothée 3:16). C'est correct. Quand nous nous détournons de Dieu, nous cherchons l'intimité dans toutes les mauvaises places. Randy Alcorn pointe sur cela quand il écrit, "Finalement, la bataille pour la pureté est gagnée, ou perdus, dans le silence sur nos genoux, avec Dieu . . . "[1]

Si vous avez marché le long des couloirs sanctifiés du Christianisme pendant longtemps, vous connaissez le plan. Vous devez grandir en sagesse si vous voulez la protection morale nécessaire pour éviter les ruses de l'immoralité. Cela ne se passe pas du jour au lendemain. Je suis, de tout cœur, d'accord avec Alan Redpath, évangéliste et ancien pasteur de l'Église Moody Memorial Church à Chicago: "La conversion de l'âme est le miracle d'un moment, l'édification d'un saint est la tâche de toute une vie."[2]

DE QUELLE VOIX JE TIENS COMPTE AUJOURD'HUI?

J'ai la joie d'être un pasteur titulaire, un enseignant de la Bible, un orateur de conférence, et le président de JARON Ministries International. J'ai aussi une grande activité dans le domaine du conseil pastoral et du ministère de consultation. Mes jours sont souvent remplis de messages verbaux, écrits, et de voix électroniques, qui exigent mon attention immédiate. Bien que j'aime ce que je fais, cela entraine quelquefois mon cœur à crier, "Pas plus, s'il vous plaît!" Même alors, il y a deux voix qui m'appellent tous les jours qui ne doivent jamais être ignorées. Faire ainsi, voudraient signifier le désastre moral, pas seulement pour moi, mais aussi pour mes bien aimés et mon ministère.

Le Roi Salomon rappela à son fils que tous les jours de sa vie, il y aura deux femmes qui réclameront son entière attention (Proverbes 7:4 -5). D'un côté de la rue se trouve la Sagesse. Elle appelle, "Viens, passez la journée avec moi et réjouis-toi des plaisirs que j'ai à t'offrir. Ils conduisent à une vie abondante" (Proverbes 8:1-36). De l'autre côté de la rue se trouve l'Immoralité. Elle appelle aussi, "Viens, passez le jour avec moi. J'ai beaucoup de plaisirs à offrir, aussi bien." Ce qu'elle ne mentionne pas, c'est qu'ils mènent à la mort (Proverbes 2:18). (Je vous encourage à lire Proverbes 5-9 pour une vue d'ensemble).

La sagesse de marcher dans la pureté, vient de l'Esprit de Dieu quand Il utilise la Parole de Dieu Il désire demeurer richement en nous (Colossiens 3:16). Dans ces paroles souvent répétées, "Soit la Bible nous gardera loin du péché, soit le péché nous gardera loin de la Bible." Le message est simple, cependant si souvent négligé.

A quelle voix faisons-nous attention aujourd'hui? Sommes-nous entrain d'écouter notre Bible, allongée sur une étagère distante, poussiéreuse, et inutilisée? L'entendons-nous criant à notre attention, "Viens, passez quelque temps avec moi. Je te montrerai le chemin vers la vie." Ou sommes-nous entrain d'écouter l'appel familier de la télécommande de notre télévision, ou celui de la souris de notre ordinateur, si usagé et utilisé? Elle n'a pas besoin de crier; c'est clairement à notre portée, pendant qu'elle chuchote, "Content de te voir encore. Relaxe-toi, Ne t'inquiète pas. Je nourrirai ton esprit, avec des plaisirs inimaginables." Le livre des Proverbes déclare clairement quel est le meilleur choix:

La crainte du Seigneur est le commencement de la
science;;
Les insensés méprisent la sagesse et l'instruction
(Proverbes 1:7).

La crainte du Seigneur est le commencement de
sagesse,
Et la science des Saints c'est l'intelligence (Proverbes 9:10).

Le Roi Salomon déclare aussi les conséquences morales pour celui qui
ignore la voix de sagesse qui vient de la parole de Dieu:

Il mourra faute d'instruction,
Il chancellera par l'excès de sa folie
(Proverbes 5:23).

Car le précepte est une lampe, et l'enseignement une
lumière, Et les avertissements de la correction sont le
chemin de la vie: Ils te préserveront de la femme
corrompue, De la langue doucereuse de l'étrangère
(Proverbes 6:23-24).

Pour nous protéger de la voix séduisante de l'immoralité nous devons
revenir à l'essentiel de ce que la Bible déclare nécessaires pour rester
spirituellement sain.

MES INDICATEURS DE SANTE SPIRITUELLE

Si je dois remporter la victoire dans la bataille contre le péché sexuel, j'ai
besoin de grandir continuellement dans:

- La Communion Fraternelle — S'engager dans l'amour,
  relations de rencontres-utiles avec d'autres membres du
  corps du Christ.
- La Doctrine — Comprendre et être capable de défendre les
  doctrines de base de la foi chrétienne enseignées dans la
  Parole de Dieu.

- L'Adoration — Répondre dans une variété de manière à l'infinie majesté et aux attributs glorieux de Dieu.
- Le Service — Servir Dieu et les autres, utilisant les dons et talents, qui me sont donnés gracieusement.
- L'Évangélisation — Comprendre le vrai évangile de la grâce seule, à travers la foi seul et partager avec les autres la bonne nouvelle de mon espérance en Christ.
- Le Discipolat — Aider d'autres à devenir aimable, fidèle, et adeptes obéissants de Jésus Christ.
- La Prière — Communiquer avec mon Père céleste dans une sincère louange, repentance et supplication.

Pour faire ceci, je dois:

1. Méditez quotidiennement la Parole de Dieu (Josué 1:8; Psaume 1:2; 119:9-11; 2 Timothée 3:15-17)
2. Avouer, confesser et me détourner honnêtement de mon péché (1 Jean 1:9; Psaume 103:3, 8-14).
3. Prendre mon pouls spirituel régulièrement[3] (Proverbes 4:23).
4. Traiter ma sécheresse spirituelle ouvertement.[4] (Psaume 42:1-11; 51:10-13)

AVEZ-VOUS QUELQUE CHOSE DE SPECIAL DANS VOTRE AGENDA AVEC JESUS AUJOURD'HUI ?

Je ne demande plus à mes enfants adultes, "Avez-vous lu votre Bible et prié aujourd'hui?" Je suppose qu'ils l'ont fait. Plus souvent, ils m'entendront demander, "Avez-vous dit à Jésus que vous l'aimez aujourd'hui?" Tel est ma manière gentille de demander, "Avez-vous quelque chose de spécial dans votre agenda avec Jésus aujourd'hui?" Si ce n'est pas le cas, mon conseil à eux, et à vous c'est de l'avouer à vous même, à quelqu'un près de vous, et, bien sûr, à Dieu.

Il a bien été dit que la négligence spirituelle d'aujourd'hui est la matière de laquelle l'immoralité de demain est faite. Ignorer notre intimité avec Dieu c'est inviter le désastre. Citant ce que j'ai entendu une fois comme étant les dernières paroles écrites d'un pasteur Africain qui a été martyrisé à cause de sa foi, cessons de "faire dés méandres dans la piscine de la médiocrité." Que la confession sincère du Roi David soit aussi la chanson de nos cœurs:

> O Dieu! Crée en moi un cœur pur,
> Renouvelle en moi un esprit bien disposé.
> Ne me rejette pas loin de ta face,
> Ne me retire pas ton esprit saint.
> Rends-moi la joie de ton salut,
> Et qu'un esprit de bonne volonté me soutienne!
> J'enseignerai tes voies à ceux qui les transgressent,
> Et les pécheurs reviendront à toi
> (Psaume 51:10-13).

Chapitre 21

MARCHE #2

ECHOUER DANS LE DEVELOPPEMENT D'UN MARIAGE SAIN

LE MAITREJARDINIER

Je suis un garçon de ville de part en part. Pendant que je fréquentais le séminaire et vivais à Cement-ridden nord Hollywood, en Californie, j'ai essayé de cultiver des carottes dans une boîte jardinière de mon appartement. Je ne pouvais pas comprendre pourquoi elles ne grandiraient pas. Un de mes amis fermier, après avoir entendu mes réponses à sa série de questions, signala que ce serait prudent si j'"arrêtai ma routine journalière de retirer les carottes hors du sol pour les vérifier. Il a aussi expliqué pourquoi je ne devais pas retirer les cheveux minuscules. (Je ne voulais certainement pas des carottes velues.) J'ai appris une leçon précieuse de ce fermier chevronné :

Les choses croissent mieux quand nous leur permettons
de grandir dans un bon sol.

Combien étrange de la part de Dieu, d'envoyer quelqu'un comme moi être pasteur dans une église locale dans la ville de Fresno, localisée dans la région de Californie, que beaucoup considèrent comme étant "le Panier à Pain d'Amérique" agricole. Quand je me suis déplacé dans notre nouvelle maison, j'ai décidé de ne pas ruiner mes chances d'avoir un jardin sain et beau. J'ai embauché un paysagiste qui était un maitre jardinier. Après plusieurs mois et de grandes dépenses, le jardin était absolument beau, la jalousie du voisinage. C'était maintenant mon tour de prendre la relève du devoir de veiller sur les pelouses, buissons, arbres, et parterre. Avec la ferveur d'un garçon de ville, je les ai coupés trop court, les ai trop fertilisés, et les ai trop peu arrosés. J'ai arraché les plantes saines et laissé les mauvaises herbes derrière. J'ai même détaché les fleurs de l'arbre de la pêche, pensant que cela aiderait le vrai fruit à grandir. (Après tout, j'ai planté un arbre à *pêche*, pas un arbre à *fleur*!)

Inutile de dire, l'argent que je dépense maintenant pour les jardiniers le vaut bien. Souvent, Nous apprenons que l'herbe est toujours plus verte de l'autre côté. Cela n'est pas vrai:

L'herbe est plus verte là où on en a pris soin convenablement

Ceci n'est manifestement pas un livre au sujet de l'agriculture. Cependant, tous ces deux principes de bases de l'agriculture, s'appliquent aussi bien au mariage. Les mariages grandissent le mieux quand on leur permet de grandir dans un bon sol. Ils grandissent aussi le mieux quand nous en prenons soin d'une façon adéquate.

C'est dans le sol d'un mariage bien maintenu, grandissant (ou une vue saine du mariage de la part des célibataires) que nous trouvons beaucoup de protection pour notre sécurité morale. C'est l'une des meilleures protections du Maitre Jardinier, contre l'immoralité. Malheureusement, beaucoup trop de partenaires mariés n'ont pas pris soin de leurs mariages d'une manière adéquate. Beaucoup ont oublié de s'assurer que le sol est bien nourri avec les éléments nutritifs adéquats qui aident un mariage, à restez sain et à produire du fruit. Beaucoup trop de célibataires sont devenus cyniques et désintéressés, choisissant la cohabitation à la place.

J'admets que j'ai très peu de chance de devenir un grand paysagiste. Cependant, je pense que je suis entrain d'obtenir un titre sur la croissance du mariage. Bien que mon Père céleste ait planté mon mariage au ciel, je sais aussi que le travail d'entretien doit être fait un jour à un moment ici sur terre. Avec reconnaissance, ma femme et moi récoltons aujourd'hui, ce que nous avons nourri et arrosé, jour après jour durant presque quarante années.

Encore, à travers le stylo du Roi Salomon, le Maitre Jardinier parle à chaque couple marié. Il fournit aussi une pensée pour les célibataires:

> Bois les eaux de ta citerne,
> Les eaux qui sortent de ton puits.
> Tes sources doivent-elles se répandre au dehors?
> Tes ruisseaux doivent ils couler sur les places
>   publiques?
> Qu'ils soient pour toi seul,
> Et non pour des étrangers avec toi.
> Que ta source soit bénie,
> Et fais ta joie de la femme de ta jeunesse,
> Biche des amours, gazelle pleine de grâce:
> Sois en tout temps enivré de ses charmes,
> Sans cesse épris de son amour.
> Et pourquoi, mon fils, serais-tu épris d'une étrangère,
> Et embrasserais-tu le sein d'une inconnue?
> Car les voies de l'homme sont devant les yeux de
>   l'Eternel,
> Qui observe tous ses sentiers.
> Le méchant est pris dans ses propres iniquités,
> Il est saisi par les liens de son péché.
> Il mourra faute d'instruction,
> Il chancellera par l'excès de sa folie
> (Proverbes 5:15-23).

SE METTRE EN ORDRE AVEC NOTRE CONJOINT/ CONJOINTE

Si nous voulons éviter de tomber dans le piège de l'immoralité, nous qui sommes mariés devons évaluer continuellement, et améliorer nos rapport avec notre conjoint. Dans dix, vingt ou trente ansà partir de maintenant, nous pouvons nous attendre à vivre l'investissement que nous faisons dans notre mariage aujourd'hui. Mais, si *nous* ne passons pas du temps à parler à notre conjoint à propos d'entretenir un rapport sain, *quelqu'un d'autre* le fera.

Quelle est le vrai état de votre mariage? Célibataires, quelle est votre attitude face au mariage? Peut-être, est-ce le temps de faire un petit test de sol.

Chapitre 22

MARCHE #3

FANTASMER DANS L'ARENE
DE LA PENSEE

IMAGINATIONS INOFFENSIVES?

"La pensée est une chose à ne pas gaspiller." L'expression vient d'une publicité pour un fonds de collège qui aide les gens à remplir leurs pensées avec une éducation de qualité. Cependant, je crois que le principe peut aussi s'appliqué aux pensées remplies d'un autre genre de gaspillage: rêves sexuels illicites. Si nous sommes négligents en ce qui concerne notre relation avec Dieu et ignorants des rapports avec notre conjoint, c'est un petit pas vers le niveau suivant dans le piège de la mort de l'immoralité: fantasmer dans l'arène de la pensée.

Laissez-moi être direct. Les hommes fantasment, premièrement, au sujet du corps—Le parfait 10, avec juste la bonne dose de ceci, et non trop de cela. Selon mon opinion, c'est certainement une partie de ce à quoi l'apôtre Jean se réfère comme "la convoitise des yeux" (1 Jean 2:15 -17).Les femmes, en revanche, le plus souvent fantasme au sujet des relations—la parfaite romance, le compagnon idéal, un homme qui est plus fort dans les domaines où son mari (ou père) est faible. Quelqu'un de sensible, et disposé à prêter attention à ce qu'elle dit. Je me réfère à ceci comme "la convoitise des oreilles."

Nous faisons face, à un monde d'éducateurs du sexe qui enseignent que, les fantasmes sexuels de tout genre sont, simplement les réponses normales et inoffensives à une libido active.

Ce qui s'ajoute au problème, c'est le monde des média qui remplit nos pensées avec sa cyber-vision de perfection, offrant sa vue tordue selon laquelle le fantasme du sexe est mieux, plus facile, et de loin plus excitant. Il amène certainement moins de dispute.

Dieu a un agenda différent pour nos pensées. Plus tard, nous traiterons des caractéristiques sur, comment garder nos pensées en les protégeant, approvisionnant, purifiant, et en les préparant à traiter les pensées de convoitise et les comportements immoraux. Premièrement, nous avons besoin de comprendre le rapport biblique entre le cœur et la pensée.

Le *cœur*, dans les Ecritures Saintes, fait en réalité référence à la *pensée*, la place où nous prenons les décisions. Avec cela en *pensée*—or devrais-je dire, en le prenant à *cœur*—considérez les avertissements suivants:

> Ne la convoite pas dans ton cœur (c.-à-d. ta pensée),
> Et ne te laisse pas séduire par ses paupières (Proverbes 6:25).

> Que ton cœur (c.-à-d. ta pensée) ne se détourne pas vers les voies d'une telle femme, Ne t'égare pas dans ses sentiers (Proverbes 7:25).

> Mais ce qui sort de la bouche vient du cœur (c.-à-d. pensée), et c'est ce qui souille l'homme. Car c'est du cœur (c.-à-d. la pensée) que viennent les mauvaises pensées, les meurtres, les adultères, les impudicités, les vols, les faux témoignages, les calomnies. Voilà les choses qui souillent l'homme . . . (Matthieu 15:18-20).

> Vous avez appris qu'il a été dit: Tu ne commettras point d'adultère. Mais moi, je vous dis que quiconque regarde une femme pour la convoiter a déjà commis un adultère avec elle dans son cœur. (c.-à-d. da pensée) (Matthieu 5:27-28).

Utilisant différents mots, mais enseignant le même concept, l'apôtre Paul écrit:

> Au reste, frères, que tout ce qui est vrai, tout ce qui est honorable, tout ce qui est juste, tout ce qui est pur, tout ce qui est aimable, tout ce qui mérite l'approbation, ce qui est vertueux et digne de louange, soit l'objet de vos pensées (Philippiens 4:8).

> Mais revêtez-vous du Seigneur Jésus-Christ, et n'ayez pas soin ("prudence," Grec: pronoia) de la chair pour en satisfaire les convoitises (Romains 13:14).

LA CONVOITISE CHERCHANT UNE OCCASION

Lorsque nous permettons à nos pensées de demeurer continuellement dans l'immoralité (c.-à-d. les choses contraire au dessin de Dieu pour l'unité sexuelle), c'est seulement une question de temps avant que nous devenions "une convoitise qui cherche une occasion." Notre état mental deviendra tel que, si nous savions que certainement nous ne pourrions pas être attrapés, nous commettrons l'acte. Malheureusement, beaucoup le font, en sachant même qu'ils seront découverts. En fait, quelques-uns arrivent au point de vouloir être attrapés. Dans leurs pensées, cela apparaît comme la seule vraie échappatoire.

Quand le temps et l'atmosphère sont propices, j'inviterais souvent les hommes qui savent qu'ils sont "au bord" de la fornication ou de l'adultère d'entrer en prière. Incité par leurs cœurs prisonniers et entourés par leurs associés lutteurs, beaucoup l'ont fait! Une de mes grandes joies c'est d'en avoir vu, humblement, demander à Dieu de transformer leurs vies et de renouveler leurs pensées avant que les fantasmes mentaux deviennent une réalité comportementale. Cependant, un des découragements qui brise mon cœur, c'est aussi d'en avoir vu beaucoup trop, qui ont permis à ces fantasmes de produire même plus de fruits dévastateurs. La convoitise cherchant une occasion en trouve facilement une!

Chapitre 23

MARCHE #4
FLIRTER AVEC LE MONDE
INTERDIT DE LA SEDUCTION

Montrez-moi quelqu'un qui ne marche pas dans une intimité authentique avec Dieu, dont l'attitude maritale souffre les tourments de l'indifférence, et dont la pensée est librement engagée dans des fantasmes sexuels illicites, et je vous présenterai quelqu'un qui est entrain de s'engager dans la prochaine marche vers une rupture d'alliance, une rencontre immorale. Cette personne entre dans un limbe relationnel. Quand cela se passe, deux choses en découlent communément.

1. Nous développons un œil errant

Les gens immoraux attirent des gens immoraux. Les gens sur le guet trouvent des gens sur le guet. Le contact de l'œil est fait et le reste c'est de l'histoire. L'apôtre Pierre a parlé de ceux qui ont "Ils ont les yeux pleins d'adultère et insatiables de péché " (2 Pierre 2:14). Le Roi Salomon a correctement averti son fils au sujet de ce regard mortel: "Ne la convoite pas dans ton cœur pour sa beauté, / *ni ne te laisse pas séduire par ses paupières."* (Proverbes 6:25, l'accentuation a été ajoutée). Cela conduit certainement un intérêt en bois dans la déclaration souvent citée: "Je peux regarder mais je ne peux vraiment pas toucher." Nous ferions mieux de ne même pas regarder!

2. Nous développons un style de vie négligent

Nous jetons au vent la prudence. Nous prenons des risques, pensant souvent que rien n'arrivera, parce que nous ne le laisserions jamais cela aller trop loin. Mais cela va trop loin—chemin trop loin— plus loin que jamais imaginé. Nos yeux errants et le style de vie négligent nous rendent très vulnérables aux charmes de la femme ou de l'homme immoral. Nous devenons une proie insouciante pour le fornicateur ou l'adultère, qui est juste à la recherche de la personne que nous sommes devenus. Comme s'il écrivait un scénario théâtral, Le Roi Salomon décrit le scénario mortel en détail dramatique:

J'étais à la fenêtre de ma maison,
Et je regardais à travers mon treillis.
J'aperçus parmi les stupides,
Je remarquai parmi les jeunes gens
un garçon dépourvu de sens.
Il passait dans la rue, près de l'angle
où se tenait une de ces étrangères,
Et il se dirigeait lentement du côté de sa demeure:
C'était au crépuscule, pendant la soirée,
Au milieu de la nuit et de l'obscurité.
Et voici, il fut abordé par une femme
Ayant la mise d'une prostituée et la ruse dans le cœur.
Elle était bruyante et rétive;
Ses pieds ne restaient point dans sa maison;
Tantôt dans la rue, tantôt sur les places,
Et près de tous les angles, elle était aux aguets.
Elle le saisit et l'embrassa, Et d'un air effronté lui dit:
Je devais un sacrifice d'actions de grâces,
Aujourd'hui j'ai accompli mes vœux.
C'est pourquoi je suis sortie au-devant de toi
Pour te chercher, et je t'ai trouvé.
J'ai orné mon lit de couvertures,
De tapis de fil d'Egypte;
J'ai parfumé ma couche De myrrhe, d'aloès et de cinnamome.
Viens, enivrons-nous d'amour jusqu'au matin,
Livrons-nous joyeusement à la volupté.

Car mon mari n'est pas à la maison,
Il est parti pour un voyage lointain;
Il a pris avec lui le sac de l'argent,
Il ne reviendra à la maison qu'à la nouvelle lune.
Elle le séduisit à force de paroles,
Elle l'entraîna par ses lèvres doucereuses
(Proverbes 7: 6-21)

LA NATURE DE LA SEDUCTION ILLICITE: LES INSTRUCTIONS D'UN PÈRE

Comme vous avez le plus probablement conclu, le livre de Proverbes est écrit, à l'origine, comme l'instruction d'un père à un fils (c.-à-d. le Roi Salomon à son fils, Rehoboam). Il est, de manière compréhensible, soucieux en sachant qu'une des plus grandes tentations morales faisant face à son fils, seraient une prostituée ou une femme adultère. Etant donné le nombre de fois qu'il écrit à propos du sujet, cela pourrait être la plus grande inquiétude de Salomon.

La prostituée ou la femme adultère mentionnée dans le livre de Proverbes n'est pas toujours une prostituée payée. Le mot peut se rapporter à toute femme qui essaie de séduire quelqu'un d'autre que son mari, tel qu'un voisin, un collègue ouvrier, l'époux d'une amie, ou quelqu'un d'autre. Quiconque soit-il, elle n'a certainement pas son meilleur intérêt en pensée: "Une adultère chasse la vie précieuse" (Proverbes 6:26). Salomon veut que son fils comprenne, comment une femme immorale pourrait facilement le séduire pour pécher, surtout si sa vie imaginaire l'a déjà prédisposé à se compromettre.

Le livre de Proverbes est fragmenté à dessein, une collection d'un large assortiment de déclaration de sagesse.[1]Toutefois, ce père soucieux, choisit d'écrire de longues sections concernant l'immoralité, dans l'espoir de protéger son fils des ravages d'une séductrice.

COMMENT EST-CE QU'UNE FEMME IMMORALE ATTIRE UN HOMME?

J'ai présenté une fois ce matériel tiré de Proverbes, à une femme qui, avant sa conversion à Christ, avait été une prostituée. Elle a été étonnée, combien cette littérature de la sagesse ancienne était exacte, dans la description de ses méthodes professionnelles anciennes, pour piéger un homme. Bien qu'écrit il y a quelques 3,000 années, elle a insisté sur le fait que, ces mêmes techniques sont encore largement utilisées de nos jours, et pas juste par l'industrie professionnelle du sexe. Je vous encourage de prendre à cœur les avertissements clairs de Salomon à chaque homme. (Avec un peu d'adaptation, ce sont certainement des principes qui peuvent être appliqués aussi aux femmes.)

1. Elle le séduit avec ses charmes physiques

La femme adultère sait que la plupart des hommes sont stimulés visuellement, ainsi elle s'habille et lui apparait de façon séduisante (Proverbes 6:25; 7:10). Le vieux proverbe, relatif à la colère, s'applique ici, "Si les regards pouvaient tuer, combien tueraient avec un regard." Faisons face à cela, sexuellement parlant, il y a certainement ce regard d'assassin.

2. Elle le séduit avec sa personnalité

La prostituée comprend que la plupart des hommes ne se sont pas habitués à être poursuivi sexuellement, donc elle est rusée et imagine des façons de le séduire (Proverbes 7:10). Elle est sexuellement turbulente et de façon séduisante rebelle (Proverbes 7:11; 9:13). Elle est aussi agressive envers lui (Proverbes 7:12-13). Pour les hommes surtout, qui sont habituellement les initiateurs sexuels, cette sorte d'agression sexuelle, peut vraiment déséquilibrer sa boussole morale.

3. Elle le séduit avec ses paroles

La femme immorale sait que l'un de ses outils principaux pour séduire un homme, c'est la flatterie (Proverbes 6:24; 7:5, 14-15, 21; 2:16). En plus, Salomon avertit de sa capacité d'être persuasive (Proverbes 7:21), de parler de façon séduisante (Proverbes 7:18; 5:3), et de le rassurer qu'il n'y a aucun danger (Proverbes 7:18-20). Flatterie, Paroles séduisantes, Assurance que tout sera formidable. Une combinaison mortelle.

4. Elle l'attire en créant une atmosphère séduisante

La femme adultère comprend ce qu'un homme craint et ce qui lui plaît. Pour alléger sa peur, elle l'assure qu'elle et son mari sont séparés, physiquement et émotionnellement (Proverbes 7:11, 19). Pour l'attirer davantage, elle prépare une atmosphère sensuellement, plaisante de vue et d'odeur (Proverbes 7:16-17). Ayant un état d'esprit rempli de fantasme illicite, il y a peu d'hommes qui peuvent résister à ce genre de séduction sans intervention directe de Dieu et d'autres.

GRACE A DIEU, J'AI ETE SAISI AVANT. . .

J'enseignais à une conférence de leadership à Fremont, en Californie. Pendant un mini séminaire sur "Sauvegarder Ma Pureté Morale," j'ai observé un plus vieil homme gigotant irrésistiblement. Il m'a rappelé mes petits enfants prêt à être entrainé à la propreté, juste avant un autre "accident." Il était manifestement inconfortable et les conditions bondées, ont rendu impossible le fait pour lui de rester inaperçu.

Après la session, au lieu de se dépêcher dehors, il traina les pieds vers l'avant. Il me tira à côté, évidemment embarrassé, et dit, "je ne peux pas croire ce qui vient juste de se passer. J'ai toujours lutté contre la dyslexie et j'ai terminé dans la Classe 201, au lieu de la Classe 102. Je ne m'attendais certainement pas à assister à une classe sur la pureté, particulièrement pas aujourd'hui!" Il a pleuré alors, comme il confessait qu'il avait arrangé une liaison extraconjugale, "juste après cette conférence!" En fait, la femme l'attendait dans l'hôtel autour du coin de l'église.

J'ai passé un moment à le conseiller, prier et partager les Saintes Ecritures. Finalement je lui dis, "appelle cette femme tout de suite, et dis-lui que tu as changé d'avis." J'ai regardé avec joie **pendant qu'il le** faisait. Même cet homme dyslexique a compris clairement les paroles de l'apôtre Paul: " Fuis les passions de la jeunesse" (2 Timothée 2:22) et "abstenez-vous de toute espèce de mal" (1Thessaloniciens 5:22).

Peut-être, inaperçu par les foules de vos compagnons Chrétiens, vous êtes au bord d'un accident beaucoup plus dévastateur que l'incontinence. Considérez-vous comme saisi. Faites cet appel. Mieux encore, cours bébé . . . court!

> Que ton cœur ne se détourne pas vers les voies d'une
>   telle femme,
> Ne t'égare pas dans ses sentiers (Proverbes 7:25).

> Eloigne-toi du chemin qui conduit chez elle,
> Et ne t'approche pas de la porte de sa maison
>   (Proverbes 5:8).

Chapitre 24

MARCHE #5

TOMBER DANS LE PIEGE DE L'IMMORALITE

C'ETAIT AMUSANT . . . N'ETAIT CE PAS?

Croire le Playboy original Hugh Hefner et Hollywood, c'est accepter le point de vue selon lequel avoir des relations sexuelles avec autant de gens que possible, a peu de conséquences négatives. Ou quel qu'en soit le prix, c'est négligeable. Après tout, l'adultère peut être amusant pour une saison. La fornication peut vous faire sentir grand pour un moment. Alors la réalité heurte et heurte durement: "Les eaux dérobées sont douces, Et le pain du mystère est agréable! Et il ne sait pas que là sont les morts, Et que ses invités sont dans les vallées du séjour des morts." (Proverbes 9:17-18). Le Nouveau Testament en fait écho en parlant de "un temps la jouissance du péché" (Hébreux 11:25).

SOUDAINEMENT . . . CE N'ETAIT PAS SI SOUDAIN

Si nous ignorons le conseil de la Parole de Dieu, permettant à notre mariage de glisser dans le néant, en permettant aux fantasmes de nous consumer, et flirter avec la tentation sous ses nombreuses formes séduisantes, alors faisons face aux faits. Nous sommes sur le point de prendre le plongeon menaçant la vie!

> Il se mit tout à coup à la suivre,
> Comme le bœuf qui va à la boucherie,
> Comme un fou qu'on lie pour le châtier,
> Jusqu'à ce qu'une flèche lui perce le foie,
> Comme l'oiseau qui se précipite dans le filet,
> Sans savoir que c'est au prix de sa vie
> (Proverbes 7:22-23).

Le choix des paroles du Roi Salomon paraît surprenant à première vue. Etant Donné les pas vers l'immoralité qu'il a décrits dans d'autres portions de Proverbes, comment pourrait-il parler du décès moral *soudain* de ce jeune homme fou. Eh bien, *soudainement* il la suivit. *Soudainement*, il prit la décision d'avoir des relations sexuelles avec elle. Juste aussi *soudainement*, il fit l'expérience des conséquences. Cependant, ce qui précéda ces événements *soudains* était, les plus mauvais choix qui l'ont amené là. Maintenant c'est trop tard. Les dés ont été jetés. C'est temps de payer ce qui est dû.

OH, DIEU. . . OH, DIEU. . . QU'AI-JE FAIT?

Je parlais à un rallye de Promise Keepers (Gardiens de la Promesse) pour hommes, dans la ville Visaliaen Californie. Après avoir prêché sur les conséquences de la défaillance morale, j'ai lancé une invitation aux hommes qui désiraient venir devant pour une prière personnelle. Avant que je ne puisse finir, j'ai entendu un gémissement dramatique venant de quelque part dans ce grand rassemblement. Je ne pouvais pas dire exactement d'où cela venait. Néanmoins, J'ai cessé de parler.

Du milieu de la foule, un jeune homme dans la trentaine se leva soudainement. Il se dépêcha dans l'allée centrale et vint vers le devant. Il tomba immédiatement à mes pieds, avec bras étendus et le visage enfui dans la moquette. Nous tous pouvions entendre ses cris sourd: "Oh, Dieu . . . Oh, Dieu, qu'ai-je fait?" Trois ou quatre hommes quittèrent leurs sièges et étalèrent doucement leurs corps, sur lui, pour le consoler.

Je n m'attendais pas à ce genre de réponse, à cette invitation simple. Cependant, ce qui s'est passé ensuite, m'a vraiment étonné et rendu humble. Le reste des hommes dans cet auditorium bondé, se levèrent dans un silence absolu. Etait-ce par respect pour ce que Dieu faisait? Peut-être. Cependant, parlant avec les hommes plus tard, j'ai appris que la plupart des hommes se levèrent ce jour, parce qu'ils savaient que, ce qui arriva à ce pauvre homme pouvait aussi leur arriver. Cette grave réalité devrait nous faire lever tous, ou peut-être, nous faire tomber sur notre face, même maintenant.

Quelques années plus tard, j'enseignais un séminaire de pureté à Seattle, Washington. Je racontais l'histoire de ce précieux homme de Visalia. Encore une fois j'ai été interrompu. Encore une fois j'ai été surpris, quand un homme au fond cria, "je suis cet homme de Visalia!" Il vint devant et m'embrassa. Nous avons pleuré tous les deux. Il se leva devant cette foule d'hommes et partagea cela, bien que Dieu l'eut pardonné, il éprouva un tas de conséquences. Il commença à exhorter les hommes comme seul celui qui à senti sa douleur le pourrait: "Les gars, cela ne valait pas du tout la peine!"

LA GRAVITE DEGOUTE, MR NEWTON

Isaac Newton ruina ma vie. Il a découvert la gravité. En réalité, la gravité a toujours existé, mais je le blâme encore. C'est ma conscience de la loi de la gravité qui me fait paniquer un peu, quand je regarde les côtés de la falaise, ou quand un avion rencontre un trou d'air et descend brutalement de quelques cent pieds. C'est aussi la connaissance de ma femme de la loi de la gravité qui lui fait penser que je suis fou de grimper sur mon toit à deux étages pour impressionner mes beaux fils. (Apparemment, la testostérone compétitive surmonte ma peur de la hauteur.)

Nous pouvons choisir d'ignorer la loi de la pesanteur, ou apprendre quelques manières créatives d'essayer de réfuter la loi. Cependant, six décennies d'expérience de vie me disent que si je plane trop loin du bord, la loi de la pesanteur aura encore des effets et moi, j'en souffrirai les conséquences.

Il y a une loi spirituelle également irréfutable que beaucoup appelle, "La Loi des semailles et de la moisson." Quel que soit la graine que nous semons, nous pouvons nous attendre à en récolter son fruit. Vous pouvez essayer de le réfuter ou le minimiser, mais vous ne pouvez jamais l'ignorer. L'apôtre Paul déclare un principe sacré: "Ne vous y trompez pas: on ne se moque pas de Dieu. Ce qu'un homme aura semé, il le moissonnera aussi" (Galates 6:7).

D'autres Ecritures renforcent les paroles de Paul:

> Pour moi, je l'ai vu, ceux qui labourent l'iniquité
> Et qui sèment l'injustice en moissonnent les fruits
> (Job 4:8).

> Mais celui qui sème la justice a un salaire véritable
> (Proverbes 11:18).

> Puisqu'ils ont semé du vent, ils moissonneront la
> tempête (Osée 8:7).

Une personne sage et mûre, est celle qui fait attention aux conséquences de ses actions avant qu'elle agisse. Une personne immature est celle qui ignore les conséquences et vit pour le moment. C'est un autre des grands thèmes du livre de Proverbes. Dans les proverbes de notre propre jour, un homme sage regarde avant qu'il ne bondisse. En fait, après qu'il ait regardé, il décide le plus souvent, de ne pas bondir.

LE PRIX QUE NOUS PAYONS

La Bible est remplie d'avertissements aimables mais sévères, au sujet des dangers de l'immoralité. Ce sont les lois irréfutables, comme un manuel venant de notre Père céleste pour nous protéger des nombreuses conséquences du péché:

> Car sa maison penche vers la mort (Proverbes 2:18).

> Mon fils, sois attentif à ma sagesse,
> Prête l'oreille à mon intelligence,
> Afin que tu conserves la réflexion,
> Et que tes lèvres gardent la connaissance.
> Car les lèvres de l'étrangère distillent le miel,
> Et son palais est plus doux que l'huile;

Mais à la fin elle est amère comme l'absinthe,
Aiguë comme un glaive à deux tranchants.
Ses pieds descendent vers la mort,
Ses pas atteignent le séjour des morts.
Afin de ne pas considérer le chemin de la vie,
Elle est errante dans ses voies, elle ne sait où elle va.
Et maintenant, mes fils, écoutez-moi,
Et ne vous écartez pas des paroles de ma bouche.
Eloigne-toi du chemin qui conduit chez elle,
Et ne t'approche pas de la porte de sa maison,
De peur que tu ne livres ta vigueur à d'autres,
Et tes années à un homme cruel;
De peur que des étrangers ne se rassasient de ton bien,
Et du produit de ton travail dans la maison d'autrui;
De peur que tu ne gémisses, près de ta fin,
Quand ta chair et ton corps se consumeront,
Et que tu ne dises: Comment donc ai-je pu haïr la
    correction,
Et comment mon cœur a-t-il dédaigné la réprimande?
Comment ai-je pu ne pas écouter la voix de mes
    maîtres,
Ne pas prêter l'oreille à ceux qui m'instruisaient?
Peu s'en est fallu que je n'aie éprouvé tous les
    malheurs
Au milieu du peuple et de l'assemblée
(Proverbes 5 :1-14)

Quelqu'un mettra-t-il du feu dans son sein,
Sans que ses vêtements s'enflamment?
Quelqu'un marchera-t-il sur des charbons ardents,
Sans que ses pieds soient brûlés?
Il en est de même pour celui qui va vers la femme de
    son prochain:
Quiconque la touche ne restera pas impuni.
(Proverbes 6:27-29).

Le Seigneur tire vengeance de toutes ces choses,
comme nous vous l'avons déjà dit et attesté
(1 Thessaloniciens 4:6).

Celui donc qui rejette ces préceptes ne rejette pas un homme, mais Dieu, qui vous a aussi donné son Saint-Esprit (1Thessaloniciens 4:8).

Que le mariage soit honoré de tous,
et le lit conjugal exempt de souillure,
car Dieu jugera les impudiques et les adultères
(Hébreux 13:4).

Chapitre 25

QUE CELA VAILLE VRAIMENT LA PEINE

LES CONSEQUENCES SPECIFIQUES DE L'IMMORALITE

J'espère que vous connaissez la publication de Martin Luther, au seizième siècle, sur ses avertissements contre l'abus ecclésiastique, cloué à la porte du Château de Wittenberg, en Allemagne. J'ai souvent pensé à afficher les avertissements de Salomon contre l'abus sexuel, aux portes des boîtes de nuit et bars. Ils devraient l'être aussi sur les portes de chaque église locale. Dieu, certainement, les veut cloués sur la porte de chaque cœur.

VIEUX AVERTISSEMENTS; RISQUES ACTUELS

Avant que nous décidions d'avoir des relations sexuelles avec quelqu'un d'autre que notre conjoint, considérons les risques que nous sommes entrain de courir. Avant que nous choisissions de pécher contre Dieu, nous-mêmes, notre conjoint, et nos bienaimés, calculons le coût réel. Alors posons-nous la question, "est-ce que celavaut-il la peine? "

RISQUE #1
SEVERES CONSEQUENCES PHYSIQUES

Salomon avertit à propos de donner "ta vigueur à d'autres, Et tes années à un homme cruel;" (Proverbes 5:9). L'Immoralité est douloureusement cruelle. Dans le Psaume 38, un des psaumes pénitentiels, le Roi David reconnaît les conséquences sérieuses de son péché. Considérez combien de ces conséquences étaient physiques:

Eternel! Ne me punis pas dans ta colère,
Et ne me châtie pas dans ta fureur.
Car tes flèches m'ont atteint,
Et ta main s'est appesantie sur moi.
Il n'y a rien de sain dans ma chair à cause de ta colère,
Il n'y a plus de vigueur dans mes os à cause de mon
        péché.
Car mes iniquités s'élèvent au-dessus de ma tête;
Comme un lourd fardeau, elles sont trop pesantes
pour moi.
Mes plaies sont infectes et purulentes,
Par l'effet de ma folie.
Je suis courbé, abattu au dernier point;
Tout le jour je marche dans la tristesse.
Car un mal brûlant dévore mes entrailles,
Et il n'y a rien de sain dans ma chair.
Je suis sans force, entièrement brisé;
Le trouble de mon cœur m'arrache des gémissements.
Seigneur! Tous mes désirs sont devant toi,
Et mes soupirs ne te sont point cachés.
Mon cœur est agité, ma force m'abandonne,
Et la lumière de mes yeux n'est plus même avec moi.
Mes amis et mes connaissances s'éloignent de ma
        plaie;
Et mes proches se tiennent à l'écart (Psaume 38:1-11).

En plus de la grossesse inattendue de Bathsheba, David a expérimenté un nombre de problèmes physiques non spécifiés dans son propre corps. Aussi troublant que cela puisse paraître à quelques-uns de mes collègues commentateur de la Bible, je me suis souvent demandé si Le psaume 38 pourrait décrire plus que sa douleur spirituelle et émotive. Cela ne peut-il pas aussi décrire sa souffrance physique; même les résultats de son péché sexuel? Imaginez David visitant un médecin des jours modernes et présentant les symptômes suivants:

- "Il n'y a plus de vigueur (c.-à-d. intégrité) dans mes os."
- "Mes plaies sont infectes et purulentes, Par l'effet de ma folie."

- "Je suis courbé, abattu au dernier point."
- "Car un mal brûlant dévore mes entrailles."
- "Je suis sans force (c.à.d engourdi), entièrement brisé."
- "Mon cœur est agité (c.-à-d. palpite)."
- "ma force m'abandonne."
- "Et la lumière de mes yeux n'est plus même avec moi."
- "Mes amis et mes connaissances s'éloignent de ma plaie (c.-à-d. maladie, plaies)."

Peut-être quelques-uns ou tout ces symptômes ne sont juste que des figures de style, les symptômes, de l'esprit brisé de David. Peut-être qu'ils sont plus que cela et David a expérimenté quelques maladies physiques dramatiques. Peut-être c'est un mélange des deux. Ce que je sais pour certain est que le Psaume 38:3 peut être traduit correctement, "Il n'y a pas de shalom dans mes os." Son corps était dans le tourment à cause de son péché.

Le péché sexuel peut résulter en quelques conséquences physiques très sévères. Dans notre monde de médecine avancée, nous sommes devenus conscients de quelque jolies initiales terrifiantes:

- S.T.D. (Sexually Transmitted Disease / Maladies Sexuellement Transmise, telle que syphilis, gonorrhée, herpès, Chlamydia)
- V.D. (Veneral Disease / Maladie vénérienne)
- H.P.V. (Human Papilloma Virus / Virus Humain Papilloma)
- P.I.D. (Pelvic Inflammatory Disease / Maladie inflammatoire Pelvienne)
- N.S.U. (Non Specific Urethritis / Urethritis Non spécifique)
- H.I.V. (Human Immunu deficiency Virus / Virus Immuno -déficient Humain V.I.H.)
- A.I.D.S. (Acquired Immune Deficiency Syndrome / Syndrome Immuno Déficient Acquis S.I.D.A.)

J'ai été chagriné parles nouvelles tristes d'un jeune homme qui, après une éphémère relation extraconjugale, contracta le VIH. Il transmit le virus à sa femme et, finalement, leur enfant non encore né a été infecté. Tous les trois moururent du S.I.D.A. Son péché a laissé un autre garçon, né avant la liaison, un orphelin. Ne soyez pas insensé en pensant que Dieu vous protégera de telles sévères conséquences physiques.

RISQUE #2
PERTE D'HONNEURET DISGRACE PUBLIQUE

Quand j'étais en faculté de théologie, un professeur renommé de Bible se tint devant les étudiants, leva deux livres noirs épais. Un des livre était la Bible; et l'autre contenait les noms de dirigeants chrétiens qui sont tombés dans l'immoralité et ont quitté le ministère. Je me souviens avoir prier silencieusement,

> *Seigneur, merci du fait que mon nom est écrit dans le Livre de l'Agneau de vie.*
> *Mais que mon nom ne soit jamais écrit dans le livre de cet homme "Livre des déchus."*

Parlant comme venant du cœur d'un de ses compagnons adorateurs qui est tombé dans l'immoralité, Le Roi Salomon écrit, " Peu s'en est fallu que je n'aie éprouvé tous les malheurs / Au milieu du peuple et de l'assemblée." (Proverbes 5:14). Il continue pour présenter les conséquences de toute une vie, non seulement dans l'assemblée de Dieu, mais dans la communauté entière: "Il n'aura que plaie et ignominie, / Et son opprobre ne s'effacera point." (Proverbes 6:33).

RISQUE #3
PERTE D'ARGENT ET PAUVRETEPOTENTIELE

Soyez avertis. Commettez l'adultère et "des étrangers se rassasieront de ton bien " (Proverbes 5:10). Pourquoi? "Car pour la femme prostituée on se réduit à un morceau de pain" (Proverbes 6:26).

L'immoralité coûte chère. Demandez juste à ceux-là qui ont souffert à travers des billets médicaux pour grossesse ou maladies, redevances légales, pension alimentaire, et paiement de prise en charge d'enfants. Beaucoup ont consenti même à payer "l'argent du silence" pour un avortement qu'ils n'ont jamais souhaité.

J'ai entendu un rapport au sujet d'un mari à San Francisco Bay Area qui appela sa femme pour annoncer qu'il la quittait pour une plus jeune femme. Essayant de partir comme un type agréable, il demanda à sa femme de vendre sa nouvelle voiture de sports et il lui donnerait immédiatement la moitié de l'argent. Dans une vengeance tranquille, elle publia un avis dans le journal. Elle vendit la voiture couteuse et lui envoya la moitié du revenu—cinquante centimes!

RISQUE #4
PIEGE DANS LE PECHE HABITUEL

L'immoralité conduit à plus d'immoralité. Peut-être quelqu'un est assez fou pour penser qu'il ou elle sera impliqué juste pour "ce temps-ci, et c'est tout." La Bible présente la vérité au sujet de l'esclavage qui peut suivre juste un acte immoral: "Il est saisi par les liens de son péché . . . Il chancellera par l'excès de sa folie" (Proverbes 5:22-23). Hébreux 3:13 parle du danger d'être "endurci par la séduction du péché." Jérémie, le prophète de l'Ancien Testament, écrit au sujet de ceux qui ont commis l'adultère et "affluent"(c.-à-d. "prendre le chemin," Hébreu: gadad) vers la maison de la prostituée" (Jérémie 5:7). Beaucoup trop de personnes qui pensaient que leur liaison se terminerait avec une rencontre viennent d'emprunter un vieux chemin qui conduit vers les nombreuses portes ouvertes de l'infidélité. J'ai conseillé un homme qui avait eu dix-sept liaisons différentes en quinze années de mariage!

L'immoralité conduit aussi à d'autres péchés. L'apôtre Paul rappela aux Romains comment leur impudicité a abouti à "l'iniquité" (davantage d'anarchie) (Romains 6:19). L'immoralité du Roi David a conduit au mensonge, à la déception et même au meurtre d'Urie, le mari de Bathsheba. Son immoralité a aussi ouvert la porte du péché dans la vie d'autres membres de sa famille. Le fils du Roi David, Absalom, assassina son frère, Amnon, pour avoir violé sa sœur (2 Samuel 13:1-39). Dans ce cas, les péchés du père ont vraiment été transmis à la génération suivante.

RISQUE #5
VENGEANCE DES PERSONNES OFFENSEES

Vous pouvez penser que vous êtes à l'abri de la vengeance d'un partenaire délaissé, un amant jaloux, ou d'un parent fâché. Vous pouvez penser que votre infidélité ne reviendra pas vous hanter. Cependant, Le Roi Salomon présente un avertissement clair:

> Il n'aura que plaie et ignominie,
> Et son opprobre ne s'effacera point.
> Car la jalousie met un homme en fureur,
> Et il est sans pitié au jour de la vengeance;
> Il n'a égard à aucune rançon,
> Et il est inflexible, quand même tu multiplierais les dons
> (Proverbes 6:33-35).

La plupart d'entre nous avons lu des récits de "crimes de passion" quand un conjoint fâché, blesse ou tue un conjoint ou l'amant d'un conjoint. Tôt dans mon ministère, j'ai officié aux obsèques d'une jeune femme, qui était tuée par balle, par un petit ami jaloux. Il tourna ensuite le pistolet sur lui-même.

En dehors de la vengeance physique, considérez la vengeance scandaleuse du fils du Roi David, Absalom qui eut des relations sexuelles sur le sommet du toit avec toutes les concubines du Roi, pour que tous témoignent sa haine contre son père, comme prophétisé dans 2 Samuel 12:12 et exécutée dans 2 Samuel 16:21-22.

RISQUE #6
MORT PHYSIQUE

Le livre de Proverbes donne l'avertissement générale: "Mais celui qui commet un adultère avec une femme est dépourvu de sens, / Celui qui veut se perdre agit de la sorte" (Proverbes 6:32). Bien qu'il y ait beaucoup de manière par lesquelles l'immoralité peut détruire une vie, il y a aussi une évidence biblique claire de ceux qui, comme une conséquence de leur péché sexuel, ont provoqué leur propre mort physique ou celles des autres. Aussi bouleversant que cela puisse paraître, un tel jugement sacré de Dieu n'est pas à éliminer:

- Dieu a menacé le Roi Abimelech de mort s'il avait des relations avec Sarah, la femme d'Abraham (genèse 20:3).
- Sous la loi de l'Ancien Testament, l'adultère était punissable de mort (Lévitique 20:10; Deutéronome 22:22).

À propos de l'homme impénitent et immoral dans l'Église de Corinthe, l'Apôtre Paul écrit des paroles choquantes, montrant le sérieux de l'offense aux yeux de Dieu: "qu'un tel homme soit livré à Satan pour la destruction de la chair, afin que l'esprit soit sauvé au jour du Seigneur Jésus" (1 Corinthiens 5:5, l'accentuation a été ajoutée). Réfléchissez aussi sur l'histoire dramatique de Phinée le Prêtre, comme il affrontait les Israélites qui commettaient une immoralité flagrante avec les femmes Moabites:

> Israël demeurait à Sittim; et le peuple commença à se livrer à la débauche avec les filles de Moab . . . Et voici, un homme des enfants d'Israël vint et amena vers ses frères une Madianite, sous les yeux de Moïse et sous les yeux de toute l'assemblée des enfants d'Israël, tandis qu'ils pleuraient à l'entrée de la tente d'assignation. A cette vue, Phinées, fils d'Eléazar, fils du sacrificateur Aaron, se leva du milieu de l'assemblée, et prit une lance, dans sa main Il suivit l'homme d'Israël dans sa tente, et il les perça tous les deux, l'homme d'Israël, puis la femme, par le bas-ventre. Et la plaie s'arrêta parmi les enfants d'Israël (En compte 25:1, 6-8).

Je me suis souvent demandé, quel genre de réaction j'obtiendrais si je lisais ce passage à une foule, avec une lance voix en main! Aucun commentaire supplémentaire ne serait nécessaire.

Je ne crois vraiment pas que Dieu nous appelle, à ré-instituer la peine de mort pour adultère aujourd'hui. Cependant, je crois qu'Il voudrait juste que nous voyions comment l'offense d'immoralité est mortelle. Certainement, qu'il y a d'autres risques, tel que la mort suite à une maladie sexuellement transmise ou le courroux d'un partenaire jaloux. Bien sûr, nous devons considérer aussi la plus triste et la plus commune des conséquences mortelles—des millions de bébés innocents tués dans les avortements!

> Sa maison, c'est le chemin du séjour des morts;
> Il descend vers les demeures de la mort
> (Proverbes 7:27).

RISQUE #7
EFFETS SPIRITUELS DEVASTATEURS

Il y a des conséquences spirituelles substantielles à l'immoralité, telle que la perte de la communion avec notre Créateur, le durcissement de notre cœur envers Dieu, la perte de crédibilité dans notre église locale, et la perte d'efficacité dans la prière. Au-delà de ceci, considérez la réduction de notre réputation aux yeux des incrédules. Prenez garde aux paroles sérieuses de Nathan le prophète au Roi David l'adultère: "tu as fait blasphémer les ennemis de l'Eternel" (2 Samuel 12:14). Un monde immoral écoutera avec peine, une église immorale. En fait, il aime se moquer de notre hypocrisie!

Considérez aussi la dévastation au sein de l'église. Partant de ma recherche en doctorat et de beaucoup d'années de conseil et consultation, j'ai observé que cela prend, pour la plupart des églises et ministères para ecclésiastiques, environ sept années pour commencer à guérir substantiellement quand un leader clé, dans leur milieu, tombe moralement. Entre-temps, plusieurs conséquences de courte durée se déroulent, lesquelles ont des impacts inattendus, à long terme sur le ministère. Dénégation, méfiance, fausses accusations, abus de pouvoir et décisions absurdes. Beaucoup espèrent que, amener un remplacement pieux et "continuer" les aidera à guérir rapidement. La guérison peut et va se produire. Rarement, cela arrivera rapidement. (Je vous renvoi à mes matériels sur «*Immorality in the Ministry: The Pitfalls of Pastorah*» (Immoralité dans le Ministère: Les Pièges du Pouvoir Pastorale) disponible auprès des Ministères JARON International.)

RISQUE #8
AUTRES EFFETS SOCIAUX

Souvenez-vous de l'histoire de l'homme qui m'appela d'une station-service. Il me demanda pourquoi il ne pouvait pas avoir de relations sexuelles avec une femme puisqu'il l'avait déjà convoitée dans son cœur. J'ai signalé la vaste différence entre l'adultère dans la pensée et l'adultère dans l'action, particulièrement en relation avec le nombre de personnes qu'il affecte. Je conclu avec l'exhortation que les pensées de convoitise sont juste entre lui et Dieu; ses actions immorales ne le sont pas.

La relation sexuelle illicite n'est pas une affaire privée. Elle affecte l'homme lui-même, la femme, elle-même, les parents de l'homme, les parents de la femme, la famille immédiate de L'homme, la famille immédiate de la femme, la compagne future de l'homme, le compagnon future de la femme, les futurs beaux-parents de l'homme, les futurs beaux-parents de la femme, les futurs enfants de l'homme, les futurs enfants de la femme, la famille spirituelle de l'homme, et la famille spirituelle de la femme. Par des évaluations très conservatrices nous parlons de centaines de personnes, peut-être même des milliers. Je dis souvent aux pasteurs, missionnaires, et autres dans le ministère vocationnel, "Si vous voulez devenir célèbre, commettez juste l'adultère. Votre nom s'étendra partout dans le monde. Le meilleur choix est d'être fidèle."

Prenez à cœur les paroles de Salomon quand il décrit ce qui se passe quand le péché est découvert et est exposé publiquement: "Peu s'en est fallu que je n'aie éprouvé tous les malheurs Au milieu du peuple et de l'assemblée." (Proverbes 5:14). Nathan, le prophète qui a affronté le péché du Roi David, l'a mis succinctement: "Car tu as agi en secret; et moi, je ferai cela en présence de tout Israël et à la face du soleil." (2Samuel 12:12). Peut-être la lamentation de David dans le Psaume 38:11 reflète cette sévère conséquence devenu vrai: "Mes amis et mes connaissances s'éloignent de ma plaie, / Et mes proches se tiennent à l'écart." (Psaume 38:11). L'apôtre Paul appelle même les croyants à ne pas associer (c.-à-d. "garder compagnie / avoir une intime communion," Grec: *sunanamignumi*) avec des gens immoraux qui se réclament être croyants mais refusent de se repentir de leur péché sexuel (1 Corinthiens 5:9-10).

RISQUE #9
REJET

Lisez la triste histoire de Tamar qui a été violé par une personne qui a déclaré être amoureuse d'elle. Après avoir profité d'elle sexuellement, Amnon la rejeta. Bien que ce soit une histoire tragique d'inceste et de viole, la réaction d'Amnon est malheureusement courante, même quand la rencontre sexuelle illicite est consensuelle:

> Puis Amnon eut pour elle une forte aversion, plus forte que n'avait été son amour. Et il lui dit: Lève-toi, va-t'en! Elle lui répondit: N'augmente pas, en me chassant, le mal que tu m'as déjà fait. Il ne voulut pas l'écouter, et appelant le garçon qui le servait, il dit: Qu'on éloigne de moi cette femme et qu'on la mette dehors. Et ferme la porte après elle ! Elle avait une tunique de plusieurs couleurs; car c'était le vêtement que portaient les filles du roi, aussi longtemps qu'elles étaient vierges. Le serviteur d'Amnon la mit dehors, et ferma la porte après elle. Tamar répandit de la cendre sur sa tête, et déchira sa tunique bigarrée; elle mit la main sur sa tête, et s'en alla en poussant des cris (2 Samuel 13 :15-18)

Une fois qu'une personne a été satisfaite, elle peut devenir facilement désintéressée. L'émotion de la conquête sexuelle est partie. Il y a d'autres victimes à conquérir. Beaucoup ont appris la folie de telles paroles trompeuses comme, "Si tu m'aimes, tu auras des relations sexuelle avec moi" ou "le Sexe rendra notre amour plus fort." Détrompez-vous.

RISQUE #10
LE REFUS DE CHANGER

Aussi dur que l'on puisse le croire, même après avoir souffert plusieurs des résultats vu ci-haut, quelques-uns deviennent même plus raide. Salomon comprit ceci aussi: "Et que tu ne dises: Comment donc ai-je pu haïr la correction, Et comment mon cœur a-t-il dédaigné la réprimande! Comment ai-je pu ne pas écouter la voix de mes maîtres, Ne pas prêter l'oreille à ceux qui m'instruisaient!" (Proverbes 5:12-13). L'auteur aux Hébreux aussi le compris: "Mais exhortez-vous les uns les autres chaque jour, aussi longtemps qu'on peut dire: Aujourd'hui ! afin qu'aucun de vous ne s'endurcisse par la séduction du péché" (Hébreux 3:13). Combien nous sommes comme Esaü, voulant vendre tout ce que nous avons pour "un simple repas" (Hébreux 12:16; Genèse 25:30-34). Cependant, si nous devons persévérer dans le conseil de Dieu, alors, nous devons considérer soigneusement la possibilité que, à moins que la miséricorde de Dieu prédomine, nous pourrions éprouver beaucoup, si pas tout, de ces résultats troublants, de l'immoralité.

Mon ami, est-ce que toute rencontre sexuelle vaut vraiment la peine? Si c'est ainsi, alors tout ce que Je peux dire c'est que cela pourrait être le meilleur acte sexuel que vous n'ayez jamais eu; ce sera certainement le plus couteux! Comme un homme à notre séminaire de pureté le dit si habilement, "je pense que vous essayé d'effrayer les palpitations sur nous." Qu'il en soit ainsi.

Pour conclure, à ceux d'entre vous qui continuent à penser que les plaisirs compensent les risques, marchons à travers un scénario.

COMMENT VOUS SENTEZ-VOUS?

- Vous avez juste finit une rencontre adultère avec une autre femme. Cette "eau volée" en réalité, n'était pas aussi sucré que vous vous attendiez, mais ce qui est fait est fait. *Comment vous sentez-vous?*

- Vous quittez la pièce et vous dirigez vers votre voiture, seul, très seul. Là sur le siège arrière, se trouve votre Bible. Etalé en haut le bulletin du service de l'église du dernier week-end. Votre esprit projette des chants au sujet de la sainteté de Dieu et le message clairement présenté venant de la Parole de Dieu. *Comment vous sentez-vous?*

- Vous arrivez à la maison auprès de votre femme et de vos enfants, qui vous saluent à la porte avec d'exceptionnellement longues étreintes. Elle demande, "Comme était ta journée? Tu es en retard. Est-ce que quelque chose est arrivée?" Vous bredouillez une excuse improvisée pour votre retard.
Comment vous sentez-vous?

- Le dîner est prêt et votre femme vous demande de prier pour le repas du soir. Vous tâtonnez à travers quelque formule de bénédiction routinière de repas, en essayant difficilement de ne pas trop penser au sujet de Sa bénédiction sur vous, avec une maison, une femme, et une famille.
Comment vous sentez-vous?

- Vous avez mis les gosses au lit, mais votre femme remarque que vous êtes un petit indifférent. "qu'est ce qui ne va pas?" elle demande. Elle vient à votre côté et touche votre bras, comme pour dire, "les gosses sont endormis. Est-ce que tu veux . . . ?" Vous vous débarrassez d'elle avec, "je suis juste trop fatigué ce soir."
Comment vous sentez-vous?

- Les semaines passent, et un jour vous recevez un appel inattendu sur le téléphone portable, venant de cette "autre" femme. Vous sentez une boule dans votre estomac quand elle vous informe qu'elle est enceinte. Elle demande une aide financière ou elle le dira à votre femme et votre famille.
Comment vous sentez-vous?

- Elle décide tout de même de dire à votre femme et l'appelle un soir pendant que vous êtes là. Votre femme vous affronte avec un regard et des paroles que vous n'aviez jamais imaginées avant. Avec un gémissement de colère et bouleversement profond, elle s'écrie, "Commentas-tu pu faire ceci? Est-ce que je ne suis pas assez bonne pour toi?"
Comment vous sentez-vous?

- Les enfants entendent l'agitation et entrent dans la pièce. Votre femme leur donne les nouvelles. Leur silence initial et larmes précédent leur réaction, "Papa, comme as-tu pu faire ceci à Maman et à nous?" Vous demandez pardon à votre famille, mais vos paroles sont traitées avec dédain.
Comment vous sentez-vous?

- Vous appelez votre pasteur et lui dites seulement une partie de l'histoire horrible et implorez son aide immédiate. Il vient dans l'heure et vous le saluez à la porte. Votre femme et les enfants sont toujours dans l'autre pièce, pleurant. Après avoir partagé les détails Triste et entendu son conseil, vous annoncez que vous allez suspendre votre ministère à l'église. Votre pasteur n'essaie pas de vous dissuader de la décision.
Comment vous sentez-vous?

- Pendant des semaines, vous recevez des conseils sur le mariage et, par la grâce et la miséricorde de Dieu, votre femme décide de vous pardonner. En fait, plutôt que de divorcer d'avec vous, elle renouvelle ses vœux et même, vous autorise à reprendre l'intimité sexuelle avec elle.
Comment vous sentez-vous?

- Des jours plus tard, vous observez quelques signes physiques inquiétants. Est-ce que ce pourrait être une maladie sexuellement transmise? Les tests révèlent que c'est bien cela. Vous dites à votre femme qu'elle, aussi, doit maintenant être testée.
Comment vous sentez-vous?

- Bientôt, vous recevez une lettre de l'autre femme, détaillant ce que dont elle aura besoin comme argent. C'est beaucoup d'argent. Sur la liste, se trouve le coût d'un avortement. À propos, son père fâché a décidé de "dire au monde," si vous n'amenez pas rapidement l'argent.
Comment vous sentez-vous?

- Bien que votre famille essaie de garder cette douleur secrète, les paroles d'une façon ou d'une autre sortirent, pas seulement à église mais au travail. Cet homme spirituellement réceptif au travail, avec qui vous partagiez l'évangile, vous confronte maintenant comme le nouvel hypocrite dans sa vie et une autre raison pour qu'il n'accepte pas "votre genre de Christianisme."
  Comment vous sentez-vous?

- Votre fille adolescente est attrapée dans une relation sexuelle inappropriée avec son petit ami. Vous et votre femme essayez de lui parler. Sa réaction est douloureusement directe, "Pourquoi ne devrais-je pas le faire, Papa? Tu l'as fait!"
  Comment vous sentez-vous?

- Plus tard, vous conduisez, descendant la route et remarquez quelque chose de mauvais. Votre femme essuie les larmes de ses yeux. Vous savez ce dont elle se souvient. Elle chuchote à elle-même, non intéressé si vous entendez ou non, "Comment as-tu pu?"
  Comment vous sentez-vous?

- Votre monde s'est écroulé à cause de quelques minutes de plaisir sexuel illicite.
  Comment vous sentez-vous?

- Bien que vous sachiez que Dieu a pardonné votre péché, vous vous attendez aussi, à des conséquences à long terme.
  Comment vous sentez-vous?

Les paroles anciennes du roi Salomon sont devenues votre plus récente réalité:

> Mais celui qui commet un adultère avec une femme
> est dépourvu de sens,
> Celui qui veut se perdre agit de la sorte;

Il n'aura que plaie et ignominie,
Et son opprobre ne s'effacera point
(Proverbes 6:32-33).

Comment vous sentez-vous?

QUATRIEME PARTIE:

LA VOIE DESORTIE

Chapitre 26

C'EST UN COMBAT QUI PEUT ETRE REMPORTE

Pendant la Guerre du Vietnam, j'ai servi à bord de l'USS Kitty Hawk, un porte avion. Bien que notre bateau ait été hautement reconnu pour son efficacité dans l'effort de guerre, je me souviens encore des sensations de frustration que moi, et beaucoup de mes compagnons membres d'équipage ressentions. Il nous était demandé de participer à une guerre, que beaucoup croyaient être "à moitié livrée" et perdue.

Nous sommes dans un combat contre l'immoralité, tous les jours de nos vies. C'est un implacable ennemi avec des missiles mortels pointés et prêt à frapper. Bien que le conflit sévisse sur toute une vie, il y a des batailles que nous pouvons gagner quotidiennement, si nous combattons selon la voie de Dieu. Des demi-mesures ne fonctionneront jamais. Ses "règles d'engagement" sont clairement définies.

L'histoire révèle quelques tactiques étranges, que des hommes ont utilisées dans leur combat personnel contre la convoitise charnelle. Le théologien du troisième siècle, Origen, prit littéralement le texte de Matthieu 19:12 et se permit lui-même d'être castré. Je suspecte, que la lutte a continué dans ses pensées. Au moyen âge, moines et ecclésiastiques, dans l'esprit de 1 Corinthiens 9:27, ont essayé de gagner la lutte en s'infligeant des actes cruels de pénitence sur eux-mêmes. Je n'ai aucun doute que la bataille a continué à faire rage dans leurs esprits et corps. Je ne peux même pas commencer à énumérer toutes les tactiques bizarres qui sont utilisées de nos propres jours.

Nous n'avons pas été des laissés seuls à combattre contre cet ennemi de toute la vie. Nous pouvons être assurés vraiment que c'est un combat qui peut être remporté, si nous suivons les méthodes clairement définies, données par Celui qui nous a enrôlés et nous a appelés à un service actif. Considérez-les comme nos ordres d'ordre:

> Vous n'aurez point à combattre en cette affaire: présentez-vous, tenez-vous là, et vous verrez la délivrance que l'Eternel vous accordera . . . ne craignez point et ne vous effrayez point . . . l'Eternel sera avec vous (2 Chroniques 20:17).

> Aucune tentation ne vous est survenue qui n'ait été humaine, et Dieu, qui est fidèle, ne permettra pas que vous soyez tentés au delà de vos forces; mais avec la tentation il préparera aussi le moyen d'en sortir, afin que vous puissiez la supporter (1 Corinthiens 10:13).

> Au reste, fortifiez-vous dans le Seigneur, et par sa force toute-puissante. Revêtez-vous de toutes les armes de Dieu, afin de pouvoir tenir ferme contre les ruses du diable (Ephésiens 6:10,11).

> C'est pourquoi, prenez toutes les armes de Dieu, afin de pouvoir résister dans le mauvais jour, et tenir ferme après avoir tout surmonté (Ephésiens 6:13).

> Souffre avec moi, comme un bon soldat de Jésus-Christ. Il n'est pas de soldat qui s'embarrasse des affaires de la vie, s'il veut plaire à celui qui l'a enrôlé (2 Timothée 2:3-4).

> Soyez sobres, veillez. Votre adversaire, le diable, rôde comme un lion rugissant, cherchant qui il dévorera. Résistez-lui avec une foi ferme, sachant que les mêmes souffrances sont imposées à vos frères dans le monde (1 Pierre 5:8-9).

Nous sommes pleinement équipés avec le pouvoir de Dieu et pleinement renforcé par la présence de Dieu. Maintenant, nous nous préparons à la bataille en installant trois lignes de défense: garder nos pensées, garder nos corps et garder nos compagnons.

Chapitre 27

LIGNE DE DEFENSE #1
GARDER MA PENSEE

Une monitrice d'Ecole du dimanche annonça à un groupe d'adolescents, "la semaine Prochaine je vais apporter un organe sexuel en classe." Le mot s'est répandu rapidement. Parents et pasteurs l'ont affrontée. Elle leur montra rapidement une bouteille contenant un cerveau humain.

Le péché sexuel commence dans la pensée. Jésus a dit:

> Car c'est du dedans, c'est du cœur des hommes, que sortent les mauvaises pensées, les adultères, les impudicités, les meurtres, les vols, les cupidités, les méchancetés, la fraude, le dérèglement, le regard envieux, la calomnie, l'orgueil, la folie. Toutes ces choses mauvaises sortent du dedans, et souillent l'homme (Marc 7:21-23).

J'aime l'histoire du garçon à qui le père a dit de s'asseoir. Deux fois le garçon a refusé. Le père exaspéré attrapa son fils par l'épaule et le força à s'asseoir. Le fils rebelle riposta, "Papa, je peux m'asseoir de l'extérieur, mais je me lève de l'intérieur." Il y avait un changement de comportement mais certainement pas un changement de cœur.

Certains d'entre nous, pouvons paraitre moralement victorieux de l'extérieur, mais nous pouvons certainement être entrain de perdre la bataille de l'intérieur. Nos corps peuvent fuir l'immoralité, mais nos pensées sont encore là. Ainsi, aucun changement permanent, ne se passe.

LE DIABLE NE M'A PAS VRAIMENT FAIT FAIRE CELA

Supposez que j'étais entrain de vous demander d'arrêter de lire,et de tapoter votre tête. Qu'est-ce qui vous fera vraiment faire cela? Moi? Non, je vous ai juste "tenté". Votre esprit a dit à votre main de toucher votre tête. Votre esprit aurait pu de même juste refusersimplement, et instruireà votre main de ne pas se déplacer.

Le Diable, le monde, et la chair ne nous font pas tomber dans l'immoralité. Ils nous tentent certainement, mais nous choisissons de suivre. La tentation, en elle-même n'est pas le péché. Cependant, lui céder l'est. Céder commence dans la pensée. Mon corps ne fera que ce que mon esprit lui dit de faire. La conduite pieuse est le produit de la pensée pieuse. Les paroles de Salomon sont tellement instructives: "Garde ton cœur (c.-à-d. "pensée, valeurs," Hébreu: *leb*) plus que toute autre chose (c.-à-d. "comme un poste de garde," Hébreu: mishmar), Car de lui viennent les sources (c.-à-d. "les débits," hébreu: towtsa'ah) de la vie.

Garder ma pensée, comme Dieu comme première règle de défense de Dieu contre le combat journalière contre la convoitise et l'immoralité, implique protéger, approvisionner, purifier, et préparer ma pensée. Dans les chapitres suivants nous les examinerons en détail.

Chapitre 28

PROTEGER MA PENSEE

J'ai conseillé beaucoup de personnes qui, après une chute morale, ont dit, "je ne sais juste pas, comment cela s'est passé." J'ai souvent répondu, "Si, vous le savez. Votre corps a fait exactement ce que votre esprit voulait qu'il fasse." Quelquefois ils ne font pas toujours le rapport et je continue avec une question, "Avec quoi nourrissiez-vous votre pensée avant que vous ayez fait le choix regrettable?" Pendant qu'ils racontent leurs histoires d'années d'idées immorales venant de choses telles que la télévision, l'internet, les livres, et magazines, dans mon cœur je veux crier, "A quoi vous attendiez-vous ?"

Même ce garçon de ville sait que si nous plantons des semences de carotte nous pouvons nous attendre à ce que des carottes croissent. Plantons les graines mentales de pensées impures et nous récolterons finalement le fruit amer du comportement immoral. Chaque propriétaire d'ordinateur frustré, devrait connaitre aussi le principe. Continuons à ajouter des données corrompues dans le disque dur de notre esprit, et nous pouvons nous attendre à un accident moral de proportions colossales. Nous récoltons ce que nous semons! Ordures dedans; ordures dehors!

Dans la deuxième Partie: Le Dessin de Dieu, nous avons abordé comment notre Créateur a conçu l'union sexuelle dans l'alliance du mariage, comme un moyen par lequel nous, les êtres humains, démontrons Son unité. Nous avons aussi appris dans la troisième partie: *Les Abus de l'Homme*, que toute pensée, parole ou action contraire au plan de Dieu pour l'unité maritale est, par définition, immoralité. Nous devons, par conséquent, gardez nos esprits de n'importe quoi qui déforme notre pensée conformément à ce but décrété divinement. Ceux-ci sont les mauvaises graines, les ordures qui polluent nos pensées.

IL N'Y A RIEN DE TEL QU'UN EXAMEN INFORMEL

Je suis reconnaissant pour l'avancée technologique et beaucoup de nouveaux outils électroniques disponibles. Avec eux je peux communiquer plus vite et plus loin. Je peux étudier et apprendre avec une plus grande facilité et vitesse. Je peux même prendre plaisir de quelques moments de récréation avec mes petits-enfants technologiquement astucieux. Je n'ai pas écrit ce livre en utilisant un stylo à plume et du papier de parchemin. Je suis tellement reconnaissant pour le traitement et la correction de texte Word.

Toutefois, je suis aussi bien conscient que nous vivons dans une période où nous ne pouvons plus utilisez ces outils sans faire attention. Randy Alcorn pose une question fondamentale: "Comment quelque chose bouleversant et scandaleux d'une certaine façon devient acceptable parce que nous le regardons à travers une télévision au lieu d'une fenêtre?" Il continue à déclarer, "Les parents qui ne rêveraient pas de laisser un adulte aux sales pensées garder leurs enfants, le font chaque fois qu'ils laissent leurs enfants surfer d'un canal à un autre. Je ne peux pas imaginer permettre à quelqu'un de forniquer dans mon salon, juste devant moi. Pourquoi autoriserais-je des images vidéo de même activité immorale?"[1]

De même que ce serait fou de penser se détendre dans un stand de tir, nous ne pouvons plus laisser notre garde baissée, devant de n'importe quoi, qui lance des mots et des images. Pour n'importe qui, qui s'inquiète de leur pureté morale, peut être aucune surveillance occasionnelle de télévision ou film, aucune utilisation aveugle de l'internet d'un site, aucune lecture inattentive de livres ou magazines. Dans ce monde de "télé-ordure"[2] nous devons être à tous moments sur nos gardes, protégeant nos pensées de n'importe quoi qui déforme le dessin parfait de Dieu pour notre sexualité.

Il y a plusieurs années, un cher ami était l'un des premiers que je connaissais à avoir obtenu une alimentation satellite pour sa télévision. J'ai exprimé l'inquiétude au sujet de la facilité avec laquelle il pouvait maintenant être en face de grandes tentations visuelles de centaine de chaines. Je l'ai encouragé à inscrire quelques mots d'avertissement sur la télécommande. Peut-être vous pourriez vouloir faire de même sur tout vos matériels et quoi que vous autorisiez à entrer dans vos pensées. Considérez ces quelques suggestions:

- "Quant à moi et ma *souris*, nous servirons le Seigneur."
- "Seigneur, ne me laissez pas noyer ma vie dans le changement de chaine."

Peut-être vous préféreriez écrire quelque passage clef de la Parole de Dieu, écrit pas seulement sur votre matériel électronique mais sur votre cœur soumis et obéissant. En voici quelques-uns:

- Vous serez sain car je suis sain (1 Pierre 1:16)
- Je ne mettrai rien de mauvais devant mes yeux (Psaume 101:3).
- Glorifiez donc Dieu dans votre corps (1 Corinthiens 6:20).

Je m'empresse d'ajouter un autre rappel. Peu importe la marque de moyen de communication que nous utilisons, ils ont tous la même chose en commun—un interrupteur de mise hors tension! Utilisez-le souvent et puisse " la paix de Dieu . . . garder vos cœurs et vos pensées en Jésus-Christ " (Philippiens 4:7).

Chapitre 29

NOURRIR MA PENSEE

Je suis devenu un Chrétien né de nouveau à l'âge de vingt et un an quand j'ai cru en Jésus Christ, seul, pour le salut dont ma vie coupable avait désespérément besoin. C'était par pure grâce séparément de tout ce que je pourrais gagner ou mériter (Ephésiens 2:8-9; Tite 3:5; Jean 6:44).

Ceci n'est pas pour dire que ces premières années étaient faciles. Comme un nouveau croyant, j'ai lutté contre les mémoires pornographiques d'une vie précédente dans l'esclavage du péché. Je remercie Dieu pour le conseil que j'ai reçu, me défiant à mémoriser et méditer un grand nombre de passages d'Ecriture sainte. Je savais à peine combien cela allait changer ma vie à l'envers et m'aider à gagner "le combat intérieur"—même la bataille dans mes rêves (2 Corinthiens 3:18; Romains 12:2).

J'ai lu récemment, "Nous ne sommes plus responsables pour les mauvaises pensées qui traversent nos esprits autant qu'un épouvantail pour les oiseaux qui volent sur la parcelle de graine qu'il doit garder. L'unique responsabilité dans chaque cas est de les empêcher de s'y poser."[1] Assez vrai. Cependant, je crois que nous devons prendre une certaine responsabilité pour ce qui entre et sort de nos pensées. Je crois que nous pouvons influencer nos pensées, même nos subconscients, en les infusant avec l'Ecriture sainte. L'apôtre Paul l'a dit de cette manière:

Si nous marchons dans la chair, nous ne combattons pas selon la chair. Car les armes avec lesquelles nous combattons ne sont pas charnelles; mais elles sont puissantes, par la vertu de Dieu, pour renverser des forteresses. Nous renversons les raisonnements et toute hauteur qui s'élève contre la connaissance de Dieu, et nous amenons *toute pensée captive à l'obéissance de Christ* (2 Corinthiens 10:3-5).

Une nuit j'ai fait un rêve horriblement graphique qui est beaucoup trop profane à décrire. Au milieu de ce rêve, cependant, j'ai commencé à citer le troisième chapitre de Colossiens, que ma famille et moi étions engagés à mémoriser cette semaine:

Si donc vous êtes ressuscités avec Christ, cherchez les choses d'en haut, où Christ est assis à la droite de Dieu. Affectionnez-vous aux choses d'en haut, et non à celles qui sont sur la terre. Car vous êtes morts, et votre vie est cachée avec Christ en Dieu. Quand Christ, votre vie, paraîtra, alors vous paraîtrez aussi avec lui dans la gloire

Sans pause, mon rêve continua à partir du cinquième verset:

Faites donc mourir les membres qui sont sur la terre, l'impudicité, l'impureté, les passions, les mauvais désirs, et la cupidité, qui est une idolâtrie. C'est à cause de ces choses que la colère de Dieu vient sur les fils de la rébellion, parmi lesquels vous marchiez autrefois, lorsque vous viviez dans ces péchés. Mais maintenant, renoncez à toutes ces choses, à la colère, à l'animosité, à la méchanceté, à la calomnie, aux paroles déshonnêtes qui pourraient sortir de votre bouche. Ne mentez pas les uns aux autres, vous étant dépouillés du vieil homme et de ses œuvres, et ayant revêtu l'homme nouveau, qui se renouvelle, dans la connaissance, selon l'image de celui qui l'a créé. Il n'y a ici ni Grec ni Juif, ni circoncis ni incirconcis, ni barbare ni Scythe, ni esclave ni libre; mais Christ est tout et en tous.

Je n'avais pas terminé. C'était presque comme si j'enfonçais un pieu dans le cœur des mauvaises pensées comme je continuais à partir du verset douze:

Ainsi donc, comme des élus de Dieu, saints et bien-aimés, revêtez-vous d'entrailles de miséricorde, de bonté, d'humilité, de douceur, de patience. Supportez-vous les uns les autres, et, si l'un a sujet de se plaindre de l'autre, pardonnez-vous réciproquement. De même que Christ vous a pardonné, pardonnez-vous aussi. Mais par-dessus toutes ces choses revêtez-vous de la charité, qui est le lien de la perfection. Et que la paix de Christ, à laquelle vous avez été appelés pour former un seul corps, règne dans vos cœurs Et soyez reconnaissants. Que la parole de Christ habite parmi vous abondamment; instruisez-vous et exhortez-vous les uns les autres en toute sagesse, par des psaumes, par des hymnes, par des cantiques spirituels, chantant à Dieu dans vos cœurs.

À mon étonnement, je me suis réveillé récitant le dix-septième vers:

Et quoi que vous fassiez, en parole ou en œuvre, faites tout au nom du Seigneur Jésus, en rendant par lui des actions de grâces à Dieu le Père.

Au lieu de me sentir vaincu, comme je le sens souvent quand ces rêves se sont produits, Je me levais de mon lit, proclamant une victoire étonnante. J'ai aussi appris une leçon que Je n'ai jamais oubliée. La Parole de Dieu peut devenir vraiment profondément cachée dans les recoins intérieurs de mon cœur, exactement là où j'en ai le plus besoin. La promesse du psaume 119:9-11 n'avait jamais été plus réelle:

Comment le jeune homme rendra-t-il pur (c.-à-d. "propre," Hébreu: *zakah*) son sentier? En se dirigeant d'après ta parole. Je te cherche de tout mon cœur: Ne me laisse pas égarer loin de tes commandements! Je serre ta parole (c.-à-d. "caché," hébreu: tsaphan) dans mon cœur (c.-à-d. "esprit," hébreu: leb), Afin de ne pas pécher contre toi (Psaume 119:9-11).

COMMENT NOUS DEBARRASSER DE CES PENSEES IMPURESA JAMAIS?

Quelle est la meilleure façon de retirer l'air d'un verre? Un vide? Non, cela peut briser le verre et rendre la vaisselle inutile. La meilleure façon d'enlever l'air est de remplir le verre avec quelque chose. Ainsi en est-il avec l'immoralité qui a rempli nos pensées avec sa boue.

L'apôtre Paul écrit: "Je dis donc: Marchez selon l'Esprit, et vous n'accomplirez pas les désirs de la chair" (Galates 5:16). Notez que quand nous marchons dans le pouvoir du Saint-Esprit, nos passions coupables sont gérées par Lui—les désirs charnels comme l'immoralité, l'impudicité et la sensualité, pour nommer juste quelques-uns sur la liste (Galates 5:19-21).

Ce n'est pas assez de débarrasser juste nos pensées des ordures des pensées immorales. Faire ainsi crée juste un vide pour d'autres péchés de la pensée. Nous devons remplir nos pensées avec la vérité, spécialement concernant ce que Dieu dit au sujet de l'immoralité. Oui, je parle de mémoriser l'Ecriture sainte.

MAIS JE NE PEUX PAS MEMORISER

Je peux imaginer quelques-unes de vos pensées, "je ne peux pas mémoriser l'Ecriture sainte." Vous le pouvez certainement. Le Dieu tout-puissant nous a donné la capacité de mémoriser une grande quantité de données, au-delà de la capacité de tout ordinateur connu. La plupart d'entre nous, avons mémorisé l'information nécessaire pour conduire une voiture, cuisinier un repas, jouer un sport, et résoudre un problème de math, tout cela avec peu d'effort. Regardez un adolescent écrivant un texto, en regardant la télévision, et en faisant les devoirs, tout cela en même temps!

Il y a deux principes de base qui viennent de l'étude de la mnémonique, techniques pour améliorer la mémoire. Ils sont spécialement supportés dans la pensée quand nous discutons de la mémorisation des Ecritures.

PRINCIPE MNEMONIQUE #1
NOUS MEMORISONS CE QUI A DE LA VALEUR POUR NOUS

Je suis étonné du nombre d'hommes qui peuvent réciter la moyenne des courses gagnées par de nombreux lanceurs de base-ball, la dimension des moteurs et le maximum de cheval-vapeur dans un grand nombre de courses automobiles très anciennes, ou l'augmentation moyenne des taux d'intérêt sur les cinq années passées. Ces mêmes hommes me disent qu'ils ne peuvent pas mémorisez l'Ecriture sainte. Oh, vraiment? Je suis impressionné par la capacité de la plupart des femmes de se souvenir exactement de ce que quelqu'un a dit il y a des années. Ces mêmes femmes essaient de me convaincre qu'elles ne pourraient jamais garder l'Ecriture sainte dans leurs cœurs. J'en disconviens!

Examinez les nombres suivants: 20 - 57 - 12 - 35. Si j'étais entrain de vous dire que c'est la combinaison d'un coffre-fort qui contient un million de dollars pour tout celui qui peut l'ouvrir, combien rapidement pensez-vous que votre esprit allait mémorisez ces chiffre? Cette combinaison n'est plus seulement un tas de nombres aléatoires; elle a maintenant la valeur d'un changement de vie.

Ce que la Bible dit concernant notre pureté morale, est plus précieux "Que mille objets d'or et d'argent." (Psaume 119:72), surtout s'il nous sauve des conséquences douloureuses du péché sexuel. La mémoire de l'Ecriture sainte est précieuse. Moralement parlant, cela devient une question de vie ou de mort.

PRINCIPE MNEMONIQUE #2
NOUS MEMORISONS CE QUE NOUS REPETONS PLUSIEURS FOIS

Les experts de la mémoire disent que si nous répétons quelque chose quarante fois, il devient imprimé pour la vie. Les enseignants et entraineurs sages savent cela; les annonceurs comptent sur cela. Bombardez une audience quarante fois avec le même message et ils n'oublieront jamais le produit. Qui parmi nous ne reconnais pas la bouteille de Coca cola sur les voûtes d'or de McDonalds? Comment cela s'est-il passé? Répétition!

Pour illustrer ce principe dans nos séminaires, je récite souvent de mémoire les paroles de publicité d'une marque particulière de dentifrice qui, "a été montrée pour être une effective dentifrice préventive qui peut être d'une valeur significative, quand elle est utilisée dans un programme consciencieusement appliqué d'hygiène orale et de soin professionnelrégulier". Cela apporte habituellement les applaudissements. Quelques-uns pensent que j'ai besoin d'obtenir une vie.

Je peux vous assurer que je n'ai pas projeté de mémoriser cela. C'est à peine une information qui a de la valeur pour moi. Alors, comment est-ce que cela s'est passé? La plupart des fois que Je me suis baissé sur l'évier pour brosser mes dents, ces mots sont tiré du bas du tube de dentifrice et dans mon cerveau ressemblant à l'éponge. Si mon cerveau vieillissant rapidement peut mémoriser de telles futilités avec si peu d'effort, imaginez tout ce que nos pensées peuvent faire avec un petit peu d'effort comme nous mémorisons la Parole de Dieu qui transforme la vie.

Vous pouvez vouloir commencer avec 1 Thessaloniciens 4:3-8. Relisez ce passage au moins quarante fois. Ce sera le vôtre pour la vie. Ensuite avancez sur d'autres versets Biblique.[2] Notre sécurité morale dépend de ces lignes d'Ecriture sainte, enracinées pour la vie.

Chapitre 30

PURIFIER MA PENSEE

X-CELLENT!

Un des entraînements que nous avons fait dans ma maison, aux conférences, et dans les églises, c'est d'engager les gens à ce que j'appelle "Adoration Alphabétique." Commençant avec la première lettre de l'alphabet, j'encourage les gens à réciter quelques-uns des noms et caractéristiques de Dieu. Vous l'essayez:

> "Merci, Dieu, d'être A _____."
> "Je te loue, Père céleste, pour B _____."
> "Merci, Jésus, de me montrer ta/ton C _____."

Comme je menais cet exercice à un camp de jeunesse, une jeune dame a répondu à la lettre X avec un mot profond de louange, "Merci, Dieu, pour votre vision aurayon-X dans ma vie." Son petit ami de lycée ajouta rapidement sa simple perspicacité, "Merci, Seigneur, d'être si X-cellent." Ce n'était pas le temps de corrigez son orthographe; son cœur avait raison!

Comment cessons-nous de regarder le monde à travers "des lunettes teinté de porno?"[1] au-delà du fait de protéger et nourrir nos pensées, nous devons purifier aussi notre pensée. La Bible déclare que cela est accompli en allant au-delà de la simple mémorisation, à une méditation substantielle et en réfléchissant profondément sur qui est Dieu, et ce qu'Il a dit dans Sa Parole:

Heureux l'homme qui ne marche pas selon le conseil
　des méchants,
Qui ne s'arrête pas sur la voie des pécheurs,
Et qui ne s'assied pas en compagnie des moqueurs,
Mais qui trouve son plaisir dans la loi de l'Eternel,
Et qui la médite ("réfléchit," hébreu: *hagah*) jour et nuit
(Psaume 1:1-2).

Que ce livre de la loi ne s'éloigne point de ta bouche;
médite-le ("réfléchir," hébreu: hagah) jour et nuit, pour
agir fidèlement selon tout ce qui y est écrit; car c'est
alors que tu auras du succès dans tes entreprises, c'est
alors que tu réussiras (Josué 1:8).

Ne vous conformez (Grec: *suschematizo*) pas au siècle
présent, mais soyez transformés par le renouvellement
(Grec: *anakainosis*) de l'intelligence, afin que vous
discerniez quelle est la volonté de Dieu, ce qui est bon,
agréable et parfait (Romains 12:2.

L'apôtre Paul rappelle à ses compagnons Chrétiens que nous
avons "la pensée de Christ." (1 Corinthiens 2:16) et par conséquent
nous devons nous assurer que nous "amenons toute pensée captive à
l'obéissance de Christ." (2 Corinthiens 10:5). Il écrit aussi une des
déclarations les plus claires de ce qui doit être le point central de nos
pensées:

Au reste, frères, que tout ce qui est vrai, tout ce qui est
honorable, tout ce qui est juste, tout ce qui est pur, tout
ce qui est aimable, tout ce qui mérite l'approbation, ce
qui est vertueux et digne de louange, soit l'objet ("pesez
lourdement, Méditez sur," Grec: *logizomai*) de vos
pensées (Philippiens 4:8).

Comment est-ce que nous méditons Parole de Dieu? Comme
renouvelons-nous des pensées qui ont accumulé des années de saleté
et d'ordures? Comment pensons-nous comme ceux qui ont l'esprit du

Christ? Comment amenons-nous chaque pensée illicite et vile, captive à l'obéissance du Christ? Ce n'est pas assez d'être capable de récitez les attributs communicables et incommunicables de Dieu. Cela est ce que nous, enseignants de la Bible, appelons quelquefois Théologie Adéquate. Ce n'est pas même suffisant de faire des études de mot sans fin sur les noms de Dieu, aussi merveilleux que cela puisse être. Si nous devons purifier nos pensées de la saleté, nous devons aussi engager nos pensées dans la Théologie Pratique, dans ce que j'aime appeler, "Alors quelle Théologie." Par exemple:

DIEU EST...	ALORS QUOI ?
• Dieu est tout-puissant.	*Par conséquent, Il eut me rendre puissant pour faire face à mes luttes.*
• Dieu est saint.	*Par conséquent, Il m'appelle à une marche de sainteté personnelle.*
• Dieu est partout.	*Par conséquent, Il voit ce que je fais, même quand les autres ne le voient pas.*
• Dieu est patient.	*Par conséquent, Il ne abandonnera pas.*
• Dieu est miséricordieux.	*Par conséquent, Il ne me punit pas comme je le mérite.*
• Dieu est mon créateur.	*Par conséquent, Il n'a pas fait une erreur en me concevant pour que je sois saint.*
• Dieu est gracieux.	*Par conséquent, Il me donne tout ce dont J'ai besoin pou être pieux.*
• Dieu est amour.	*Par conséquent, Il a donné Son Fils pour portez mon péché sur la croix.*

Maintenant, c'est votre tour.

- Dieu est _____
  Par conséquent, Il _____

> Je parlerai de toutes tes œuvres,
> Je raconterai tes hauts faits (Psaume 77:12).

> Je me souviens des jours d'autrefois,
> Je médite sur toutes tes œuvres,
> Je réfléchis sur l'ouvrage de tes mains (Psaume 143:5).

Chapitre 31

PREPARER MA PENSEE

Comme la plupart des pasteurs, j'ai marché avec des gens à travers quelques-unes des circonstances les plus horribles de la vie. J'ai eu à voir les visages ensanglantés des victimes d'accidents. J'ai été témoin des visages déformés des parents sursautant pour ce premier souffle, après avoir entendu la nouvelle que leur enfant a été tué. J'ai tenu fermement une jeune mère comme elle caressait le corps sans vie de son bébé de trois mois. Cependant, durant toutes mes années de ministère, je n'ai jamais vu un visage aussi dévasté par l'horreur, que ce matin particulier dans mon bureau d'église.

Assis de l'autre côté de mon bureau se trouvait un couple marié il y a dix-sept ans de cela. Il avait appelé la rencontre. "Pasteur Jim, je veux dire quelque chose à ma femme en votre présence." Sa voix trembla quand il s'est tourné vers elle et a confessé, "Chérie, Je t'ai été infidèle—encore!"

Il y eu un silence complet alors qu'elle croisait ses bras, en se tenant délicatement comme un petit bébé. Alors elle remua la tête et gémit. C'était la voix tragique que J'entendis un grand nombre de fois dans les maisons funéraires et les hôpitaux, "Oh Dieu! Non!" Elle le regarda alors et cria, "j'aurais préféré plutôt entendre que tu étais mort!" j'aurais souhaité avoir une image du visage chagriné de cette femme pour vous pour regarder chaque fois que vous êtes tentés de pécher. Mieux encore, je souhaite que vous puissiez voir un tas d'images des visages choqués de vos propres bienaimés.

CONSTRUIRE VOTRE PROPRE ALBUM D'HORREUR

Dans la troisième partie, les Abus de l'Homme, j'ai présenté un scénario imaginaire des conséquences de l'infidélité d'un homme, intitulé, Comment te sens-tu? C'était, bien sûr, un conte d'évènements fictifs bien qu'il ait été basé sur beaucoup d'années d'observation et de conseil conjugal. Une protection même plus effective est, pour chacun de nous, de concevoir un album plein d'images mentales des effets potentiels de notre propre immoralité.[1] Chacun de nous peux alors porter cet album d'horreur dans son cœur et son esprit.

Il y a plusieurs années, il m'a été demandé d'animer un séminaire de la pureté pour un groupe de Chrétiens banquiers, avocats, et hommes d'affaires dans le district financier de San Francisco. Ce séminaire s'était tenu dans un beau bureau qui domine sur "The City by the Bay." (La Cité près de la Baie) Chaque homme, était bien endimanché.

En plein séminaire, j'ai donné approximativement vingt minutes aux hommes pour décrire ce qu'ils pensaient se passerait s'ils avaient été surpris dans l'acte d'adultère. Je quittais la pièce et revint pour trouver ce que je n'aurais jamais attendu dans un tel contexte professionnel.

Silence complet. Des hommes avec les têtes enfuies dans leurs mains. Un homme allongé sur la moquette, pleurant. Ils n'étaient pas entrain de discuter des taux d'intérêt ou quelque index de probabilité. Là, dans ce bureau élevé et décoré minutieusement, ces puissants hommes de finance sont venus s'empoigner avec le coût élevé du péché.

Chapitre 32

LIGNE DE DEFENSE #2
GARDER MON CORPS

MAISONS D'IMMORALITE?

J'ai une idée de collecte de fonds qui ferait gagner une grande quantité d'argent à votre église. Mettez de côté une pièce, achetez quelques vieux lits de camp de l'armée, embauchez un petit nombre de prostituées, et récoltez leur salaire. Est-ce que cela rapporterait de l'argent? Absolument. Quelqu'un, avec un esprit correct, pourrait-il transformer le bâtiment d'une église locale en une maison de prostitution? Bien sûr que non! Nous sommes bouleversés, même si c'est une suggestion. Alors, pourquoi sommes-nous peu dérangés au sujet de transformer nos corps, le temple du Saint-Esprit, en maisons de prostitution? Cela paraît un peu contradictoire, n'est ce pas? Lisez attentivement les paroles de l'apôtre Paul, en observant tout ce qu'il dit au sujet de nos corps:

> Tout m'est permis, mais tout n'est pas utile; tout m'est permis, mais je ne me laisserai asservir par quoi que ce soit. Les aliments sont pour le ventre, et le ventre pour les aliments; et Dieu détruira l'un comme les autres. Mais le corps n'est pas pour l'impudicité. Il est pour le Seigneur, et le Seigneur pour le corps. Et Dieu, qui a ressuscité le Seigneur, nous ressuscitera aussi par sa puissance. Ne savez-vous pas que vos corps sont des

membres de Christ? Prendrai-je donc les membres de
Christ, pour en faire les membres d'une prostituée?
Loin de là! Ne savez-vous pas que celui qui s'attache à
la prostituée est un seul corps avec elle? Car, est-il dit,
les deux deviendront une seule chair. Mais celui qui
s'attache au Seigneur est avec lui un seul esprit. Fuyez
l'impudicité. Quelque autre péché qu'un homme
commette, ce péché est hors du corps; mais celui qui se
livre à l'impudicité pèche contre son propre corps. Ne
savez-vous pas que votre corps est le temple du Saint-
Esprit qui est en vous, que vous avez reçu de Dieu, et
que vous ne vous appartenez point à vous-mêmes? Car
vous avez été rachetés à un grand prix. Glorifiez donc
Dieu dans votre corps et dans votre esprit, qui
appartiennent à Dieu (1 Corinthiens 6:12-20,
l'accentuation a été ajoutée).

Comme nous l'avons vu dans les derniers chapitres, notre première
ligne de défense contre la convoitise et l'immoralité est de garder nos
pensées. Nous faisons cela en protégeant, nourrissant, purifiant, et
préparant nos pensées. Notre deuxième ligne de défense comporte le
fait de garder nos corps. Cela s'accomplit en présentant, promettant, et
protégeant nos corps. Comme disciple du Christ, nos corps ont été
conçus pour être des vases d'honneur:

Dans une grande maison, il n'y a pas seulement des
vases d'or et d'argent, mais il y en a aussi de bois et de
terre; les uns sont des vases d'honneur, et les autres
sont d'un usage vil. Si donc quelqu'un se conserve pur,
en s'abstenant de ces choses, il sera un vase d'honneur,
sanctifié, utile à son maître, propre à toute bonne
œuvre. Fuis les passions de la jeunesse, et recherche la
justice, la foi, la charité, la paix, avec ceux qui
invoquent le Seigneur d'un cœur pur
(2 Timothée 2:20-22).

Chapitre 33
PRESENTER MON CORPS

QUI ME POSSEDE VRAIMENT?
DIEU POSSÈDE LE TITRE DE PROPRIETE CÉLESTE POUR MON CORPS

Si je loue une voiture, je n'ai aucun droit de faire avec cela ce que je désire. Si je loue une maison, je ne peux pas changer sa structure sans l'autorisation du propriétaire. Il en est de même avec le Créateur qui me possède (1 Corinthiens 6:19-20). Je n'ai pas le droit d'utiliser ce corps pour n'importe quoi d'autre que ce que le propriétaire autoriserait. Ce corps, qui loge mon esprit et le Saint-Esprit, est une maison de location. Dieu tient le titre de propriété céleste. La prochaine fois que je voudrais faire quelque chose d'immoral, il serait mieux que je demande au Propriétaire. Bien sûr, si je connais déjà Sa réponse, pourquoi même demander?

REVOIR LE CONTRAT

Comme une sauvegarde de notre sécurité morale et la protection de nos corps, cela nous ferait du bien, si nous nous rappelons quotidiennement que nous ne nous appartenons pas. En fait, ça c'est exactement ce que Dieu nous appelle à faire.

L'épître de l'apôtre Paul aux Romains nous commande à maintes reprises, de présenter nos corps comme une offrande à Dieu Lui-même. En fait, le verbe Grec qu'il utilise d'un bout à l'autre du Chapitre 6 et au début du Chapitre 12 (paristemi) est le même mot utilisé pour placer une offrande de sacrifice sur un autel. Il est aussi utilisé métaphoriquement pour parler de quelque chose apportée dans une communion intimAlors que nous sommes habitués à nous offrir nous-mêmes comme esclaves à l'immoralité impie, à cause de notre nouvelle relation avec Dieu en Christ, nous pouvons maintenant offrir nos corps au seul vrai, saint, et miséricordieux Dieu. Réfléchissons sur ses paroles avec soin:

> Ainsi vous-mêmes, regardez-vous comme morts au péché, et comme vivants pour Dieu en Jésus-Christ. Que le péché ne règne donc point dans votre corps mortel, et n'obéissez pas à ses convoitises. Ne livrez pas vos membres au péché, comme des instruments d'iniquité; mais donnez-vous vous-mêmes à Dieu, comme étant vivants de morts que vous étiez, et offrez à Dieu vos membres, comme des instruments de justice. Car le péché n'aura point de pouvoir sur vous, puisque vous êtes, non sous la loi, mais sous la grâce . . . Ne savez-vous pas qu'en vous livrant à quelqu'un comme esclaves pour lui obéir, vous êtes esclaves de celui à qui vous obéissez, soit du péché qui conduit à la mort, soit de l'obéissance qui conduit à la justice? . . . De même donc que vous avez livré vos membres comme esclaves à l'impureté et à l'iniquité, pour arriver à l'iniquité, ainsi maintenant livrez vos membres comme esclaves à la justice, pour arriver à la sainteté (Romains 6:11-14, 16, 19).

> Je vous exhorte donc, frères, par les compassions de Dieu, à offrir vos corps comme un sacrifice vivant, saint, agréable à Dieu, ce qui sera de votre part un culte raisonnable (Romains 12:1).

A quand remonte la dernière fois que vous avez présenté votre corps entier comme une offrande formelle et intime, aussi bien qu'un sacrifice vivant et saint, au Dieu qui vous a rachetés avec le sang de Son Fils? Cela ne devrait pas être simplement un évènement ponctuel, mais une pratique journalière. Peut-être devriez-vous prendre un temps pour le faire maintenant:

UNE PRIERE DE DEDICACE AU DIEU A QUI J'APPARTIENS

> *"Seigneur Dieu Tout Puissant, je te présente le titre de propriété céleste de mon corps. Je me présente comme un sacrifice vivant et saint, acceptable à Toi. Me voici, Seigneur. Tout ce que je suis, je te le donne en ce moment. Aides moi à utiliser ce corps aujourd'hui comme Tu l'utiliserais. Dans le Nom de Jésus. Amen."*

Nous avons tenu une Cérémonie privée de Bague de Pureté pour chacune de nos jeunes filles adolescentes. Après avoir expliqué (une fois encore) la valeur de rester sexuellement pur avant le mariage, nous avons placé une bague sur le doigt de chaque fille et avons fait une prière de dédicace. Quand ma fille la plus âgée m'a étreint après, elle remarqua le petit (très petit!) diamant et s'exclama, "Oh, je l'ai obtenu. Chaque fois que j'étreins un garçon, je verrai cette bague et cela me rappellera que je dois rester pur." Oui, en effet!

MON CONJOINT A LES DROITS TERRESTRES SUR MON CORPS

Bien que Dieu possède le titre de propriété céleste, ma femme possède les droits terrestres sur mon corps. Si j'étais célibataire, les droits terrestres appartiendraient à mon futur époux ou à Dieu, si j'étais resté célibataire:

> Que le mari rende à sa femme ce qu'il lui doit, et que la femme agisse de même envers son mari. La femme n'a pas autorité sur son propre corps, mais c'est le mari; et pareillement, le mari n'a pas autorité sur son propre corps, mais c'est la femme.
> (1 Corinthiens 7:3-4).

Une autre sauvegarde morale est de considérer sérieusement l'autorité que notre conjoint a sur notre corps. Plus clairement, je défie régulièrement les couples mariés de se regarder dans les yeux et demander, "Chérie, puis-je commettre l'adultère?" Vous pouvez bien imaginer la réponse. Une femme a dit à son mari, "Va de l'avant, mais alors je te tuerais!" je pense qu'elle plaisantait.

Au-delà de connaitre l'autorité de notre conjoint (ou futur conjoint) sur notre corps, garder notre corps implique aussi, exprimer régulière-ment notre attachement à cette compréhension. Si vous êtes marié, ap-portez ceci à votre conjoint afin que vous deux puissiez parachever cette tâche pieusement:

UNEPAROLE DE DEDICACEAU CONJOINTA QUI J'APPARTIENS

> *"Je présente le titre de propriété céleste de mon corps à Mon Sei-gneur. Je t'accorde à toi, mon époux/épouse, les droits terrestres de mon corps. Je renouvelle mon engagement d'être fidèle à Dieu et à toi."*

Puisque Dieu possède le titre de propriété céleste et mon conjoint les droits terrestres sur mon corps, alors je suis juste un gérant de ce qui leur appartient. Tous les deux propriétaires attendent de moi que je sois un économe ou un gérant fidèle de leur propriété. Dans des mots simples et éternels de l'apôtre Paul, "Du reste, ce qu'on demande des dispensateurs, c'est que chacun soit trouvé fidèle" (1 Corinthiens 4:2).

Chapitre 34

PROMETTRE MON CORPS

Job, le patriarche des âges, est connu dans toute l'Ecriture Sainte pour sa patience et son endurance surtout au milieu de la souffrance. Cependant, il a aussi lutté contre la convoitise. Pas surprenant, étant donné son courage spirituel, il la traita franchement comme l'ennemi mortel qu'elle est. En particulier, Job s'est engagé à la pratique de faire des alliances avec les parties spécifiques de son corps qui le tentaient à trébucher. C'est évident qu'il a vu ceci comme une exigence pour sa sécurité morale, aussi bien que pour la protection de sa conjointe:

> J'avais fait un pacte avec mes yeux,
> Et je n'aurais pas arrêté mes regards sur une vierge . . .
> Si mon cœur a été séduit par une femme,
> Si j'ai fait le guet à la porte de mon prochain,
> Que ma femme tourne la meule pour un autre,
> Et que d'autres la déshonorent!
> Car c'est un crime, Un forfait que punissent les juges;
> C'est un feu qui dévore jusqu'à la ruine,
> Et qui aurait détruit toute ma richesse
> (Job 31:1, 9-12).

Dieu n'est pas seulement intéressé par notre corps entier, mais aussi par chacune des parties. Esaïe le prophète, a parlé de celui qui "secoue les mains pour ne pas accepter un présent . . . ferme l'oreille pour ne pas entendre des propos sanguinaires, Et qui se bande les yeux pour ne pas voir le mal" (Esaîe 33:15). Dans Proverbes 4:20-27 Salomon a abordé l'importance de garder nos oreilles, nos yeux, nos cœurs, (c.-à-d. pensée), nos bouches, nos lèvres, aussi bien que nos pieds. Jésus, parlant métaphoriquement, nous avertis que si notre main ou pied ou œil nous conduit à trébucher, coupez-le ou arrachez le". (Matthieu 18:8-9). L'apôtre Paul écrit à propos de la nécessité de présenter continuellement les parties de nos corps à Dieu:

> Ne livrez pas vos membres au péché, comme des instruments d'iniquité; mais donnez-vous vous-mêmes à Dieu, comme étant vivants de morts que vous étiez, et offrez à Dieu vos membres, comme des instruments de justice (Romains 6:13).

> De même donc que vous avez livré vos membres comme esclaves à l'impureté et à l'iniquité, pour arriver à l'iniquité, ainsi maintenant livrez vos membres comme esclaves à la justice, pour arriver à la sainteté (Romains 6:19).

Un des façons de sauvegarder notre pureté morale est de conclure des accords d'alliance avec Dieu, à propos de chaque partie de nos corps. Personnellement, j'ai suivi cette pratique pendant plusieurs années et je peux témoigner de son utilité.

AU DESSUS DU COU!

Il y a plusieurs années, j'ai fait une alliance formelle avec mes yeux pour ne pas dévisager des femmes inopportunément. C'est un contrat avec moi-même que j'appelle Au dessus du coup.[1] Cela est la seule partie du corps que mes yeux pouvaient regarder sur femme autre que la mienne—cou et au-dessus! La façon dont certaines femmes s'habillent peut vraiment mettre cette alliance à l'épreuve.

Une jeune femme et son mari sont venus à mon bureau pour un conseil conjugal. Il enleva son manteau et elle se tourna pour être en face de moi. Seul un aveugle aurait manqué de remarquer que sa robe était très décolletée." Seul un menteur nierait ce premier regard. Elle était si flagrante, Je pensais honnêtement que c'était une plaisanterie cruelle. Franchement, cela a cessé rapidement d'être attirant et m'a rendu fâché d'être placé dans une telle situation. J'avais un cou raide gardant ma ligne de conduite de Au dessus du cou. Dans ce cas, j'ai même refusé de regardez son visage. Je devins, à l'instant, engagé à Rien du dessus.

MES AUTRES ALLIANCES

Suivant l'exemple de Job et l'exhortation de l'apôtre Paul dans Romains, j'ai conclu un tas d'alliance avec les parties de mon propre corps. Par exemple:

- J'ai fait un accord avec mes pieds de ne pas marcher près des étalages de journaux, surtout dans les villes étrangères, pour éviter la tentation de regarder les magazines et cartes postales où sont affiché une pornographique criante.
- J'ai fait un contrat avec mes mains de ne jamais cliquer sur les sites internet pornographiques, une alliance avec mes oreilles de ne pas écouter des plaisanteries impures, et un contrat avec ma bouche de ne pas m'engager dans plaisanterie grossière.
- J'ai même un accord avec mes genoux pour prier pour la protection morale de ma femme et ma famille.

Je me suis engagé à ne pas laisser mon œil droit, mon oreille gauche, ou mon gros orteil, compromettre mon appel d'apporter la gloire à Dieu. Je vous encourage à faire de même.[2] Commencez par le sommet de votre tête et, pieusement, travaillez de votre façon jusqu'au fond de votre pied droit. Le but ultime, souvenez-vous, est de "glorifiez Dieu dans votre *corps*" (1 Corinthiens 6:20).

Chapitre 35

PROTEGER MON CORPS

Si vous suivez un régime (d'accord, un programme de gestion de nourriture) n'allez pas prier pour une boulangerie devant des beignets au chocolat plein de crème. Une personne intelligente, au régime se tient loin. Dans les situations moralement précaires, les gens mûres ne restent pas dans les parages et espèrent que les choses n'iront pas trop loin hors de contrôle. Ils partent de là, maintenant.

Dieu nous appelle à protéger nos corps de la chute dans l'immoralité enfuyant le mal. Faites attention à l'instruction claire de l'Ecriture Sainte:

> Fuyez l'impudicité (1 Corinthiens 6:18).

> Fuis les passions de la jeunesse (2 Timothée 2:22).

> Abstenez-vous de toute espèce de mal
> (1 Thessaloniciens 5:22).

> Que ton cœur ne se détourne pas vers les voies d'une
> telle femme, Ne t'égare pas dans ses sentiers
> (Proverbes 7:25).

VOYEZ JOSEPH. VOYEZ MME POTIPHAR. VOYEZ JOSEPH FUIR!

Vous êtes très probablement au courant l'histoire de Joseph, le fils de Jacob, que les frères jaloux avaient vendu à l'esclavage (Genèse 37:28). Joseph n'était pas seulement béni avec un esprit aiguisé; il a aussi été béni avec un corps formidable et un bon aspect. Cependant, ce n'était pas toujours une bénédiction:

> Or, Joseph était beau de taille et beau de figure. Après ces choses, il arriva que la femme de son maître porta les yeux sur Joseph, et dit: Couche avec moi! Il refusa, et dit à la femme de son maître: Voici, mon maître ne prend avec moi connaissance de rien dans la maison, et il a remis entre mes mains tout ce qui lui appartient. Il n'est pas plus grand que moi dans cette maison, et il ne m'a rien interdit, excepté toi, parce que tu es sa femme. Comment ferais-je un aussi grand mal et pécherais-je contre Dieu? Quoiqu'elle parlât tous les jours à Joseph, il refusa de coucher auprès d'elle, d'être avec elle. Un jour qu'il était entré dans la maison pour faire son ouvrage, et qu'il n'y avait là aucun des gens de la maison, elle le saisit par son vêtement, en disant: Couche avec moi! Il lui laissa son vêtement dans la main, et s'enfuit au dehors (Genèse 39:6-12).

Jour après jour, Joseph a essayé de raisonner Mme Potiphar. Elle fut fatiguée de l'attendre et essaya de déchirer ses vêtements. Le temps de la conversation était passé. Sa seule protection était de fuir.

LE PRINCIPE DE "UN PAS EN ARRIERE"

Joseph s'enfuit. Le Roi David ne l'a pas fait. Le fils de David, Salomon a été contraint à prévenir son fils: "Eloigne-toi du chemin qui conduit chez elle, Et ne t'approche pas de la porte de sa maison" (Proverbes 5:8, l'accentuation a été ajoutée). Noter qu'il n'a pas averti son fils de rester loin de son lit. Le sage Salomon savait que si son fils s'avance jusqu'à la porte il n'aurait aucune force de résister à son *lit*. C'est un principe que j'appelle "Un Pas En arrière." Toutes les fois que nous sommes dans une position moralement dangereuse, nous avons besoin de réfléchir sur la vraie intention de Proverbes 5:8:

- Ne va pas près de la *porte*, près du lit dans sa *maison*,
- Ne va pas près de la *rue*, près de la *porte*, près du *lit* dans sa maison.
- Ne va pas près de la *ville*, près de la *rue*, près de la *porte*, près du lit dans sa maison.

Quelque soit les sauvegardes exigées pour éviter une chute, utilisez-les. Etablissez quelques règles que vous vous imposerez vous-même, que vous pouvez enfreindre sans tomber dans le péché. En d'autres termes, établissez des limites qui donnent le temps au Saint-Esprit de vous parler dans cette "petite voix" et bien avant qu'Il doive crier, "Sortez de là!"

BIEN, JUSQU'OU ALLER?

J'ai été honoré de parler sur le sujet de la pureté morale à un nombre d'universités et collèges chrétiens. Les étudiants m'ont souvent posé la question, "Jusqu'où aller?" (je souhaite qu'ils se renseignaient sur leur buts éducationnels.)

Ces étudiants chrétiens admettent leur compréhension des interdictions de la Bible contre la fornication et l'adultère, mais ne sont pas éclairés au sujet de ces "autres" matières. Ils se renseignent surtout sur ces nombreuses autres activités sexuelles n'impliquant pas un rapport sexuel.

Ma prudence *biblique* ressort du conseil de Salomon dans Proverbes 5:8, "Eloigne-toi du chemin qui conduit chez elle / Et ne t'approche pas de la porte de sa maison," Ma prudence *générale* est simple, "ne stimulez pas des désirs que vous ne pouvez pas satisfaire avec justesse." Mes prudences *spécifiques* sont tout ce que ce livre aborde.[1]

ALORS QUE DIRE DES "CARESSES ?"

"Que dire au sujet de stimuler les organes sexuels de quelqu'un d'autre que votre conjoint?" Ca c'est une autre question commune que plusieurs posent, surtout à la lumière de la déclaration de l'ancien Président américaine Bill Clinton disant qu'il n'a pas considéré une telle activité comme "avoir du sexe." Considérons un passage qui peut éclairer le sujet.

Dans Ezéchiel 23 Dieu parle symboliquement de l'idolâtrie d'Israël comme un comportement immoral (c.-à-d. son adultère spirituel). Notez Sa description:

> Elles se sont prostituées en Egypte, Elles se sont prostituées dans leur jeunesse; Là leurs mamelles ont été pressées, Là leur sein virginal a été touché (Ezéchiel 23:3).

> Elle n'a pas renoncé à ses prostitutions d'Egypte: Car ils avaient couché avec elle dans sa jeunesse, Ils avaient touché son sein virginal, Et ils avaient répandu sur elle leurs prostitutions (Ezéchiel 23:8).

> Ils ont découvert sa nudité, (Ezéchiel 23:11).

> Tu t'es souvenue des crimes (hébreu: zimmah) de ta jeunesse, Lorsque les Egyptiens pressaient tes mamelles, A cause de ton sein virginal (Ezéchiel 23:21).

Israël (l'épouse de Dieu) laisse quelqu'un (l'Egypte qui n'était pas son époux) la toucher de façon inappropriée. Le fait que Dieu utilise ceci comme un symbole de comportement impudique, immoral, et non chaste (hébreu: zimmah),me suggère que caresser des poitrines, découvrir la nudité de quelqu'un d'autre et d'autres actes sexuellement stimulants ne sont pas une partie du dessin de Dieu, en dehors de l'alliance du mariage.

JUSTE UN PEU EVIDENT

Je ne pouvais pas en croire mes oreilles, lorsque l'homme désespéré demanda mon conseil, "Pasteur, chaque fois je vais à la plage, je lutte. S'il vous plaît, dites-moi que faire!" Vous pouvez bien imaginez ce que j'ai dit. Je l'ai regardé sévèrement et dit, "Bien alors, n'allez pas à la plage!" je me demande encore s'il avait jamais saisi la sottise de sa question et la simplicité de mon conseil. Un autre exprima sa bataille journalière, "Il y a cette femme, au travail, qui s'assied à son bureau avec sa jupe ayant une longue fente. Qu'est que je fais? J'ai dit, "Évitez son bureau." Il a répondu rapidement, "La seule façon de le faire ce serait d'aller à l'extérieur du bâtiment et revenir par une autre porte." Constatant son problème de poids évident, je lui ai chuchoté, "Écoutez-moi attentivement. Vous n'avez pas seulement besoin de fuir cette situation pour votre sécurité morale; vous pouvez considérer ce va et vient, comme un exercice physique. C'est une solution gagnant-gagnant, mon frère."

A quelles situations moralement dangereuses faites-vous face? Qu'est ce vous avez besoin de fuir à la maison, au travail, dans la communauté, à l'église, ou pendant que vous voyagez? Vous savez quoi faire pour les éviter. Comme Joseph, ne rester pas debout à discuter l'évidence. Sortez de là maintenant!

Chapitre 36

LIGNE DE DEFENSE #3
GARDER MES COMPAGNONS

UN MUR DE BOUCLIERS

L'ancienne armée romaine était connue pour ses tactiques de combat efficaces. Chaque soldat était équipé d'un bouclier incurvé appelé le *scutum* qui avait approximativement, la dimension d'une petite porte. Comme l'armée marchait en formation dans le cœur de la bataille, les hommes en avant, plaçaient leurs boucliers devant eux-mêmes, les hommes sur les côtés plaçaient leurs boucliers du côté extérieur, et les hommes au milieu plaçaient leurs boucliers au-dessus de leurs têtes. Cela était appelé le *testudo*, ou tortue. Peu de choses pouvaient traverser ce mur de boucliers qui avançait vers l'ennemi.

Ainsi en est-il avec le corps du Christ. Comme soldats dans l'Armée de Dieu, nous ne pouvons pas résister seul, à la tentation. Notre bouclier de foi ne protège pas notre flanc contre les tactiques destructrices et les flèches enflammées de l'Ennemi (Ephésiens 6:11,16), nul n'a été conçu pour faire ainsi. Pour ma protection, j'ai besoin de vous, avec votre bouclier de foi levé. Pour votre protection, vous avez besoin de moi pour en faire de même. Chacun de nous, avons besoin du reste de nos frères en Christ positionnés correctement comme un *testudo* spirituel—une forteresse de foi. C'est alors, que nous aurons l'occasion de résister aux attaques du Diable (1 Pierre 5:8-9) et c'est ainsi que nous réussirons dans notre assaut des portes de l'enfer (Matthieu 16:18). En outre, si nous sommes blessés dans la bataille, ou que nous laissons tomber notre bouclier individuel de foi, Nos compagnons soldats peuvent nous déplacer au centre de la troupe où nous pouvons être protégés d'un mal supplémentaire (1 Thess-aloniciens 5:14). J'ai besoin de vous. Vous avez besoin de moi. Nous avons besoin les uns des autres.

NOUS AVONS BESOIN LES UNSDES AUTRES . . . POUR ETRE PROTEGER DE LA CHUTE

Si Dieu avait choisi de répondre à la question de Caïn dans Genèse 4:9 quand il a demandé, "Est-ce que je suis le gardien de mon frère?" qu'est-ce que Dieu aurait pu dire? "Absolument!" Nous sommes les gardiens de nos frères. Laissez-moi m'empresser de dire que nous ne sommes pas seulement les gardiens de nos frères; nous sommes aussi les gardiens de nos sœurs. Bien sûr, cela peut signifier notre famille terrestre, aussi bien que notre famille spirituelle.

Je trouve un grand encouragement dans les Cantiques de Salomon. Au Chapitre 8, les frères de la fiancée de Salomon rappellent comment ils ont protégé leur petite sœur du danger moral jusqu'à ce qu'elle fût prête à se marier:

> Nous avons une petite sœur,
> Qui n'a point encore de mamelles;
> Que ferons-nous de notre sœur,
> Le jour où on la recherchera? Si elle est un mur,
> Nous bâtirons sur elle des créneaux d'argent;
> Si elle est une porte,
> Nous la fermerons avec une planche de cèdre
> (Cantiques de Salomon 8:8-9).

Ces frères, plus âgés avaient une stratégie pour protéger leur petite sœur. Si elle, même à un jeune âge, avait démontré un désir sincère de devenir un mur imprenable de vertu morale, ils continueraient à construire dans sa vie tout ce dont elle aurait besoin pour livrer bataille, et la récompenser en conséquence. Cependant, si elle montrait des signes qu'elle était une porte ouverte à l'immoralité, ils se seraient engagés à barricader leur petite sœur avec toute la protection dont elle avait besoin, même contre sa *propre* volonté. J'aime sa réponse comme elle examine son passé:

> Je suis un mur, Et mes seins sont comme des tours
> (c.-à-d. hors de limites aux autres);
> J'ai été à ses(c.-à-d. mon mari, Salomon)
>   yeux comme celle qui trouve la paix
> (Cantiques de Salomon 8:10).

Voilà une femme reconnaissante envers ses frères qui ont gardé sa pureté. Voilà une jeune femme qui éprouve maintenant la récompense d'avoir un mari qui a vu le *shalom* de Dieu dans sa vie. Je pense qu'elle savait aussi qu'une récompense éternelle serait donnée à ses frères qui ont risqué même ses accès de colère de jeunes pour le plus grand bien. Ces frères étaient des exemples vivants des paroles de Salomon:

> Mieux vaut une réprimande ouverte
> Qu'une amitié cachée (Proverbes 27:5).

> Celui qui reprend les autres trouve ensuite plus de
>   faveur,
> Que celui dont la langue est flatteuse (Proverbes
>   28:23).

> Un homme qui flatte son prochain
> Tend un filet sous ses pas (Proverbes 29:5).

J'ai reçu la lettre suivante d'un homme qui habite sur une petite île. Évidemment, ce frère reconnaissant, me donnait plus de crédit que je ne le mérite. Tous les remerciements vont au Seigneur, Celui qui nous a donné une telle instruction, non équivoque, concernant comment gagner la bataille.

Je remercie Dieu pour la manière dont votre ministère a touché ma vie. J'étais à la maison malade aujourd'hui . . . et j'étais tenté de pécher. J'ai mis votre série vidéo sur construire la pureté morale et je l'ai regardé tout l'après-midi, en m'arrêtant pour réfléchir, prier, et lire ma Bible, pendant que ma femme était en ville avec nos gosses. Quelle bénédiction d'avoir les conseils de Dieu à travers un homme qui partage correctement la Parole de Dieu. Je vous en remercie.

Normalement, je n'allais pas partager une telle note, mais au milieu de l'encouragement personnel ce frère a illustré les clefs pour sauvegarder notre pureté morale:

- réflexion personnelle sur le coût de l'immoralité
- prière pour sa propre sécurité morale
- passer du temps dans la Parole de Dieu
- chercher ouvertement l'aide des autres
- permettre aux autres d'être utilisés par Dieu pour aider

Cet homme peut habiter sur une île, mais il n'est pas une île lui-même.

Nous devons prendre la responsabilité pour la bataille contre l'immoralité à laquelle font face tous les hommes et femmes, surtout nos compagnons membres du corps du Christ. Quelques rappels de l'Ecriture sainte:

Ainsi le corps (c.-à-d. l'église) n'est pas un seul membre, mais il est formé de plusieurs membres . . . que les membres aient également soin les uns des autres. Et si un membre souffre.
(1 Corinthiens 12:14, 25-26).

Comme le fer aiguise le fer, Ainsi un homme excite la colère d'un homme (Proverbes 27:17).

Nous vous en prions, frères, avertissez l'indiscipliné, encouragez l'abattu, aidez le faible (1 Thessaloniciens 5:14).

Mais exhortez-vous les uns les autres chaque jour, aussi longtemps qu'on peut dire: Aujourd'hui! Afin qu'aucun de vous ne s'endurcisse par la séduction du péché (Hébreux 3:13).

Veillons les uns sur les autres, pour nous exciter à la charité et aux bonnes œuvres. N'abandonnons pas notre assemblée, comme c'est la coutume de quelques-uns; mais exhortons-nous réciproquement, et cela d'autant plus que vous voyez s'approcher le jour (Hébreux 10:24-25).

Soyez sobres, veillez. Votre adversaire, le diable, rôde comme un lion rugissant, cherchant qui il dévorera. Résistez-lui avec une foi ferme, sachant que les mêmes souffrances sont imposées à vos frères dans le monde (1 Peter 5:8-9).

NOUS AVONS BESOIN L'UN DE L'AUTRE . . . QUAND NOUS TOMBONS

Plus tard, dans la cinquième partie, nous examinerons les plans spécifiques de Dieu pour la restauration. En avance, de cette étude, je veux renforcer notre responsabilité de nous aider les uns les autres, même ceux qui tombent victimes de la bataille contre l'immoralité:

Deux valent mieux qu'un, parce qu'ils retirent un bon salaire de leur travail. Car, s'ils tombent, l'un relève son compagnon; mais malheur à celui qui est seul et qui tombe, sans avoir un second pour le relever! De même, si deux couchent ensemble, ils auront chaud; mais celui qui est seul, comment aura-t-il chaud? Et si quelqu'un est plus fort qu'un seul, les deux peuvent lui résister; et la corde à trois fils ne se rompt pas facilement (Ecclésiastes 4:9-12)

Frères, si un homme vient à être surpris en quelque faute, vous qui êtes spirituels, redressez-le avec un esprit de douceur. Prends garde à toi-même, de peur que tu ne sois aussi tenté (Galates 6:1).

Mes frères, si quelqu'un parmi vous s'est égaré loin de la vérité, et qu'un autre l'y ramène, qu'il sache que celui qui ramènera un pécheur de la voie où il s'était égaré sauvera une âme de la mort et couvrira une multitude de péchés (Jacques 5:19-20).

Chapitre 37

INTERCEDER POUR MES COMPAGNONS

Un membre d'église se leva à notre retraite des hommes et partagea sa profonde inquiétude: "Frères, voudriez-vous prier pour moi? Je vais effectuer un voyage d'affaire en Europe, et il y a une femme dans notre groupe de travail qui est très attirante. J'ai lutté avec mes pensées et je suis vraiment effrayé de ce qui pourrait se passer."

J'étais content de ce que plusieurs de nos hommes se sont engagés immédiatement à l'appeler en Europe, surtout au moment spécifique où il leur a dit qu'il serait plus vulnérable. Le reste du groupe se mit à genoux et pria sur le champ. Inutile de le dire, le voyage fut un grand succès, du moins dans les limites de sa pureté morale. Voici un groupe d'hommes qui a vu la puissance de la prière et la responsabilité d'aider un frère à gagner une bataille décisive.

Dans le contexte de revêtir l'armure de Dieu pour livrer bataille dans notre combat spirituel, l'apôtre Paul nous rappelle l'importance de prier les uns pour les autres: "Faites en tout temps par l'Esprit toutes sortes de prières et de supplications. Veillez à cela avec une entière persévérance, et priez pour tous les saints" (Ephésiens 6:18). Dans Son Sermon sur la Montagne, Jésus nous a enseigné de prier pour la protection des uns et des autres: "ne nous induis pas en tentation, mais délivre-nous du malin" (Matthieu 6:13).

Si nous voulons voir un réveil de pureté morale dans notre milieu, nous devons prendre l'engagement solennel de prier régulièrement pour nos compagnons Chrétiens. Comme cela est mis si à propos, "Quand tout est dit et fait, quand il s'agit de la prière, beaucoup plus est dit que fait." que cela ne soit pas vrai pour nous.

Je vous encourage à dresser une liste de ceux pour qui vous priez, surtout en ce qui concerne pureté individuelle. En plus de votre famille, vos amis, et les membres compagnons d'église, souvenez-vous de prier pour que votre église et les dirigeants du gouvernement mènent aussi des vies pieuses:

> J'exhorte donc, avant toutes choses, à faire des prières, des supplications, des requêtes, des actions de grâces, pour tous les hommes, pour les rois et pour tous ceux qui sont élevés en dignité, afin que nous menions une vie paisible et tranquille, en toute piété et honnêteté (1 Timothée 2:1-2).

Alan Redpath, dans son livre, The Making of the Man of God (*La création de l'Homme de Dieu*), fait cette observation avisée, concernant le besoin de prier, surtout pour nos dirigeants:

> Oh, de quelles hauteurs de bénédiction est-il possible pour un homme de tomber! À quelles profondeurs de péché un homme peut-il descendre, même avec tout cet arrière plan spirituel! Plus élevé est le sommet de bénédiction, autorité, et publicité qu'il atteint par grâce, plus profond et plus chancelant peut être sa chute subite. Il n'y a jamais un jour dans la vie où l'être humain ne dépend de la grâce de Dieu pour son pouvoir, ainsi que, du sang de Jésus pour sa pureté. Lorsque vous intercédez pour les dirigeants Chrétiens, vous intercédez pour ceux qui sont les cibles spéciales de l'attaque du Diable.[1]

Plutôt que de continuer, pourquoi ne pas prendre quelques minutes maintenant pour prier pour la sécurité morale des personnes suivantes:

- Votre conjoint(e) ou futur(e) conjoint(e)
- Vos enfants et petits-enfants (et même la génération suivante)
- Les amis de vos enfants (surtout ceux ont une grande influence morale dans leurs vies)
- Vos autres membres de famille
- Vos amis
- Votre église et les responsables de ministère
- Vos dirigeants locaux, d'état et nationaux
- D'autres personnes que Dieu met dans votre cœur

Chapitre 38

PROTEGER MES COMPAGNONS

Tôt dans mon ministère pastoral, j'ai entendu quelqu'un dire, "Si vous tenez votre tête au-dessus de la mêlée, quelqu'un va jeter une brique sur elle." A peine je réalise comment ces paroles s'appliquent à notre rôle Don de Dieu, de gardiens de nos frères. Il y a même plus que garder nos compagnons, que prier les uns pour les autres; nous devons aussi être disposés à tendre nos cous et nous protéger les uns les autres, même quand le faire est très risquant. Cela amène en surface, tout le sujet concernant le fait d'être redevable personnellement. Malheureusement, comme la prière, le sujet a résulté plus en badinage qu'en comportement.

LE FAIT D'ETRE REDEVABLE N'EST PAS UN JEU?

Je parlais avec un célèbre Enseignant Biblique de la radio qui regrettait que ce qu'il a senti, était la grande faiblesse du fait d'être redevable. Il me dit, "qu'est ce qui vous fait penser que quelqu'un qui commet l'adultère ne mentirait pas à son partenaire redevable?" Premièrement j'étais étonné, admettant qu'il avait raison en quelque sorte. Cependant, si j'en avais encore l'occasion, j'allais maintenant lui répondre, "être fidèle dans peu c'est être fidèle dans beaucoup. Si nous commençons à maintenir la pratique de l'honnêteté et du fait d'être redevable, je crois que deux choses se passeront: En premier, nous devrions être prompts à partager, le soupçon le plus minime d'une lutte. Deuxièmement, à cause d'une pratique régulière de ce genre d'honnêteté, nous serons moins enclins à mentir au sujet d'un compromis même le plus sérieux."

LES TROIS FACETTES DU FAIT D'ETREREDEVABLE

Laissez-moi faire ma propre distinction entre *responsabilité* et le fait d'être *redevable*. J'entends souvent des ministres de Dieu et des missionnaires me dire, "je suis redevable à mon comité." je suis prompt à leur dire, "Est-ce que votre comité est vraiment libre de vous demander de profondes questions au sujet de votre vie personnelle? Et le fait-il? Etes-vous régulièrement honnête avec eux au sujet de vos luttes contre l'impudicité, l'avidité, l'ambition égoïste, la colère, la peur, la solitude, ou la jalousie? Si non, vous pouvez être professionnellement responsable, mais je doute si vous êtes personnellement redevable."

Un compagnon, ministre de Dieu, partagea avec moi ses aperçus utiles dans ce qu'il croit être les trois facettes du fait d'être redevable. Le connaissant bien, ce ne sont pas seulement des ébauches de points; ce sont des principes vitaux de la vie:

1. Le fait d'être Redevable de manière consistante: "Sachant que je serai tenté, j'ai besoin de rencontrer *régulièrement quelqu'un.*"

2. Le fait d'être Redevable de manière défensive: "*Avant que je ne sois tenté, je veux partager mes luttes particulières avec quelqu'un.*"

3. Le fait d'être Redevable de manière Offensive: "Je suis tenté à cet instant. Que quelqu'un m'aide s'il vous plaît."[1]

LES AVANTAGES DU FAIT D'ETRE REDEVABLE

La convoitise prospère dans le secret. Rien ne le diffuse comme l'exposition.[2]
    -Randy Alcorn-

Au début de mon ministère un journal a soufflé contre la porte de devant de mon bureau d'église. Je me suis rendu compte aussitôt, que c'était la section de publicité d'un tabloïd pornographique. Je me suis trouvé curieusement à la porte lisant la publicité ridicule et obscène. Après quelques minutes, ma conscience et le Saint-Esprit ont attiré mon attention. J'ai confessé mon péché et j'ai prié. J'ai demandé alors, "Maintenant qu'est ce que je fais Seigneur?" L'Esprit me convainc à prendre le journal à la maison et confesser à ma femme ce que j'avais fait. J'étais si honteux. Karon et moi avons prié ensemble pendant que nous étions entrain de brûler ce "journal d'enfer" dans notre cheminée.

Cela n'était pas encore assez. Je n'avais pas la paix pour continuer ma journée. Je demandais, "que faire maintenant, Seigneur?" et j'ai senti Dieu me pousser à appeler le Président du Comité des Anciens. J'ai aussi confessé auprès de lui. Après, nous avons prié, il a prononcé des mots simples, "Jim, tu sais, je t'aime. Mais ne fais plus jamais cela!"

J'ai pensé que l'affaire était classée, jusqu'à ce que j'aie senti l'Esprit de Dieu disant, "Maintenant, tu es sur la bonne voie, mais il y a un appel de plus que tu as besoin de faire. Ta femme et le président du comité te connaissent et ils sont tout à fait disposés à pardonner. Ils sont tes refuges sûrs. Cependant, pour attirer vraiment ton attention, je veux que tu appelles et confesses ce que tu as fait à Arzella."

"Arzella!" J'ai crié dans mon esprit. C'était là une de ces précieuses plus vieilles saintes qui m'ont placé sur un vrai et immérité piédestal de perfection pastorale. Quand elle m'appelait, "Pasteur Jim" c'était comme si des fleurs coulaient de ses lèvres.

Je ne pouvais pas croire que l'Esprit de Dieu demandait que je confesse mon péché à cette chère dame. Après beaucoup de minutes de débat dans mon cœur, et tentative de renvoyer cela comme une impulsion diabolique, je me suis soumis à Lui et l'ai appelée. Comme je racontais à Arzella l'horrible histoire, il n'y avait pas de fleur dans sa voix comme elle dit doucement, "Oh, Pasteur Jim. Comment as-tu pu ?" À ma surprise, elle était complètement entrain de comprendre et entendre mon cœur brisé, elle m'accorda son pardon. Cependant, je pouvais entendre le bruit sourd comme je tombais de ce piédestal.

J'étais humilié, émotionnellement épuisé, et dégoûté entièrement de mon mauvais choix. Après ce long et embarrassant supplice, j'ai fait une observation de changement de vie. Lire simplement ce matériel de sensation de péché ne valait pas la peine!

Qu'est-ce qui est arrivé à cette chère vieille femme? M'a-t-elle repoussé comme un dépravé pastorale? Au contraire. À partir de ce jour-là elle devint un de mes plus grands intercesseurs jusqu'à sa mort quelques années plus tard. En fait, sur son lit de mort, j'ai tenu ses mains et ai chuchoté dans son oreille, "Arzella, nous avons eu des moments très précieux ensemble. Tu vas me manquer. Je vais surtout manquer de savoir que tu pries pour ma sécurité morale. J'ai une dernière demande.

Quand tu arriveras au ciel, pourrais-tu dire à Jésus que je l'aime? Pourrais-tu lui demander une mesure supplémentaire de pouvoir pour affronter le péché dans ma vie et prêcher la Parole à partir d'une vie pure?" Bien que je ne sois pas exactement sûr de ce qui s'est passé, quand elle arriva au Ciel quelques heures plus tard, je sais que Dieu a gracieusement reçu le message de mon cœur repentant.

LA PRATIQUE DU FAIT D'ETRE REDEVABLE

Tout cela s'est passé il y a plus de vingt -cinq ans. Jusqu'à ce jour je suis profondément engagé dans une pratique régulière du fait d'être redevable personnellement. Quand je lutte contre la tentation ou la chute dans un compromis, peu importe combien petit cela peut paraître à mon entendement, je le partage avec ma *testudo*—ma femme, un collègue berger, un ami, un membre du comité ou un collègue. Cela peut être embarrassant, mais cela maîtrise les choses. Je m'attends complètement à ce que, si je suis fidèle à partager les petits compromis, j'aurai une meilleure opportunité de ne jamais partager des gaffes morales énormes.

Du fond de mon cœur et de mon âme, je veux faire une forte suggestion; appelez-le un ordre, si cela marche le mieux pour vous. Je vous préconise de programmer une réunion hebdomadaire avec quelques compagnons de confiance du même sexe—votre testudo choisi avec soin. Pendant ce temps, posez-vous les uns aux autres, des questions conçues pour vérifier votre pulsion spirituelle, mentale, physique, maritale, et d'intégrité. Voici quelques-unes que j'utilise et que vous pouvez aussi utiliser:

MES QUESTIONS DU FAIT D'ETRE REDEVABLE PERSONNELLEMENT?

1. Avez-vous été fidèle dans la Parole et la prière? Grandissez-vous dans votre intimité avec Dieu?

2. Avez-vous été sensible aux besoins de votre conjoint(e)? Votre famille?

3. Avez-vous lutté contre les pensées impures?

4. Avez-vous regardé des matériels contestables qui apporteraient la honte au Seigneur?

5. Avez-vous été seul avec quelqu'un dans tout genre de situation quand vos sensations ou actions sont devenues peu appropriées ou, où d'autres aurait pu suspecter quelque chose de mauvais?

6. Eprouvez-vous des problèmes physiques? Mangez-vous normalement? Prenez-vous du repos adéquat et de l'exercice suffisant?

7. Faites-vous face à des défis qui affectent négativement votre bien-être physique, émotif, ou spirituel?

8. Avez-vous menti ou compromis votre réponse à une des questions précitées?[3]

Chapitre 39

AFFRONTER MES COMPAGNONS

"JE SAVAIS QUE CELAARRIVERAIT!"

Mon sang Italien s'échauffe quand j'entends des gens dire de telles choses au sujet d'un compagnon Chrétien qui a succombé au péché sexuel. Essayant difficilement de ne pas être trop intimidant, Je demande, "Si vous saviez que cela allait arriver, pourquoi n'avez-vous pas essayé de l'arrêter?" je retiens mon souffle attendant la réponse courante, "Qui suis-je pour juger des gens?" Ensuite je saute pour répondre: "Chaque croyant est appelé par Dieu à juger, aussi longtemps que nous jugeons d'après Ses standards; pas les nôtres propres. Est-ce que l'immoralité viole Ses standards? Sioui, alors Dieu l'a déjà jugé. Nous avons tous les droits de prononcer Son jugement sur le péché."

Je leur rappelle alors, ce que l'apôtre Paul dit à ses compagnons Chrétiens, "Ne savez-vous pas que nous jugerons les anges? Et nous ne jugerions pas, à plus forte raison, les choses de cette vie?" (1Corinthiens 6:3). Je leur montre aussi ce que Jésus a dit au sujet de se mettre à l'écart et laisser des choses arriver, qui offensent le cœur de Dieu. De son point de vue il y a vraiment un péché de tolérance.[1]

Si nous ne sommes pas disposés à confronter convenablement et bibliquement nos frères et sœurs en Christ, alors nous n'avons simplement pas les inquiétudes de Dieu dans nos pensées. Nous ne les aimons pas non plus. Un couple de rappels bibliques:

Les blessures d'un ami prouvent sa fidélité, Mais les baisers d'un ennemi sont trompeurs (Proverbes 27:6).

Frères, si un homme vient à être surpris en quelque faute, vous qui êtes spirituels, redressez-le avec un esprit de douceur. Prends garde à toi-même, de peur que tu ne sois aussi tenté. Portez les fardeaux les uns des autres, et vous accomplirez ainsi la loi de Christ. (c.-à-d. *aimer notre voisin*) (Galates 6:1-2).

ATTAQUEZ-VOUS À EUX ET ENCHAÎNEZ-LES

Dans sa première lettre aux Thessaloniciens, l'apôtre Paul fait un appel passionné à ces nouveaux croyants à être impliqués dans l'aide de leurs frères, "Nous vous en prions aussi, frères, avertissez ceux qui vivent dans le désordre, consolez ceux qui sont abattus, supportez les faibles" (1 Thessaloniciens 5:14). Plutôt que de faire une exposition étendue de ce passage étonnant, laissez-moi suggérer ma propre paraphrase, basé sur la signification de chacun de ces mots Grecs et ce que je crois être l'intention de l'apôtre Paul:

> Je vous supplie de prévenir ceux-là qui sont hors du chemin, venez à côté de ceux qui ont des cœurs brisés, de petites âmes et accrochez-vous à ceux qui sont des faibles émotifs et spirituels. Si vous avez à le faire, attaquez-vous à eux et enchaînez-les pour les empêcher de se faire du mal (1 Thessaloniciens 5:14, paraphrase personnelle).

REVISER NOS TACTIQUES

Bien que souvent ignoré, notre Dieu de grâce nous a donné un plan infaillible pour combattre l'immoralité dans nos vies. Il ne nous a pas laissé seuls dans notre bataille quotidienne contre la convoitise.

Notre première ligne de défense dans notre combat contre l'immoralité est en gardant nos pensées. Comme nous l'avons vu, nous faisons ceci en:

- Protégeant nos pensées de tout ce qui déforme notre compréhension du dessin de Dieu pour notre sexualité.
- Approvisionnant nos pensées avec ce que Dieu dit au sujet de l'immoralité.
- Purifiant nos pensées en méditant sur ce que Dieu dit de Lui-même.
- Préparant nos pensées en considérant les résultats dévastateurs de l'immoralité.

Notre deuxième ligne de défense dans notre bataille contre le péché sexuel est en gardant nos corps. Nous faisons cela en:

- Présentant nos corps quotidiennement à Dieu et régulièrement à notre conjoint.
- Promettant nos corps en faisant des alliances avec Dieu concernant chaque partie de notre corps.
- Protégeant nos corps en fuyant les situations moralement dangereuses.

Notre troisième ligne de défense dans ce conflit de toute la vie est en gardant nos compagnons. Nous faisons ceci en:

- Priant pour eux.
- Les tenant comme redevables.

Nous avons tout ce dont nous avons besoin pour livrer les batailles journalières et finalement gagnez le combat. J'ai trouvé un grand encouragement des paroles de l'apôtre Pierre à tous ses camarades spirituels d'armes. Il commence avec la provision de Dieu:

> Que la grâce et la paix vous soient multipliées par la connaissance de Dieu et de Jésus notre Seigneur! Comme sa divine puissance nous a donné tout ce qui contribue à la vie et à la piété, au moyen de la connaissance de celui qui nous a appelés par sa propre gloire et par sa vertu, lesquelles nous assurent de sa

part les plus grandes et les plus précieuses promesses, afin que par elles vous deveniez participants de la nature divine, en fuyant la corruption qui existe dans le monde par la convoitise (2 Pierre 1:2-4).

L'apôtre Pierre continue avec notre responsabilité dans le processus:

A cause de cela même, faites tous vos efforts pour joindre à votre foi la vertu, à la vertu la science, à la science la tempérance, à la tempérance la patience, à la patience la piété, à la piété l'amour fraternel, à l'amour fraternel la charité. Car si ces choses sont en vous, et y sont avec abondance, elles ne vous laisseront point oisifs ni stériles pour la connaissance de notre Seigneur Jésus-Christ. Mais celui en qui ces choses ne sont point est aveugle, il ne voit pas de loin, et il a mis en oubli la purification de ses anciens péchés (2 Peter 1:5-9).

SALUANT NOTRE COMMANDANT

Dans l'automne 2003 j'ai été invité en Afrique du Sud pour parler à Pan-Africa Christian Police Association Conference (PACPAC) (Conférence de l'Association de Police Chrétienne Pan-Africaine). Au cours du premier soir, des centaines de participants marchèrent dans l'auditorium dans un large assortiment d'uniformes de police. À une version réduite d'hymne national de chaque pays, chaque escouade saluait le drapeau de son pays. A peu près une douzaine de pays étaient représentés cette nuit, principalement d'Afrique. J'ai été impressionné parle nombre de drapeaux multicolore et hymnes nationaux uniques. Je n'avais jamais vu autant de différents styles de salutation. J'ai été frappé par la beauté de leur diversité. J'ai aussi été marqué profondément par les paroles de Mike Harris, président du comité de PACPAC: "Nous devons être réveillés avant que nous puissions être une partie du réveil; nous devons être changé avant que nous puissions faire le changement."[2] J'ai passé les jours suivants parlant au sujet d'un réveil de pureté personnelle parmi les dirigeants évangéliques comme une partie majeure de la réponse de Dieu aux nombreux problèmes en Afrique.

Au cours de mon dernier jour d'enseignement, j'ai partagé combien j'étais impressionné par la cérémonie de la première nuit. "Cependant," j'ai continué, "je suis même plus impressionné par l'unité chrétienne que j'ai vu parmi vous, même parmi autant de différences culturelles." j'ai demandé s'ils seraient disposés à se lever, unis avec moi, non pas pour saluer un drapeau national, ni un officier supérieur humain, mais pour saluer le Roi des Rois et Seigneur des Seigneurs. Je n'oublierai jamais cette foule d'officiers de police Chrétiens, maintenant habillé dans les vêtements civils, se joignant à moi, pour saluer notre Souverain Seigneur et Sauveur, Jésus Christ.

Dieu a une armée puissante de Son peuple, unis par Son Esprit et rendu puissant par la Parole de Dieu, qui se lèvera avec nous dans cette bataille de pureté personnelle et de sainteté. Ensemble, nous saluons Son autorité et suivons Ses ordres. Ensemble, nous gardons nos pensées, gardons nos corps, et nous nous gardons les uns les autres. Ensemble, nous nous aidons les uns les autres pour n'être jamais empêtré dans la toile de l'impudicité. Notre objectif mutuel est de plaire à Celui qui nous a enrôlés, pour être une partie de Son armée (2 Timothée 2:3-4) et dire avec l'apôtre Paul, "J'ai combattu le bon combat, j'ai achevé la course, j'ai gardé la foi" (2 Timothée 4:7). En avant Soldats Chrétiens! Marchons de l'avant, Ambassadeurs de Pureté!

CINQUIEME PARTIE:

LE CHEMIN DE RETOUR

Chapitre 40

UN MOT AUX BLESSES ET TOMBES

Plusieurs d'entre nous avons été blessés par nos propres mauvais choix. Certains d'entre nous sommes tombés la tête la première dans la bataille contre l'immoralité. Malheureusement, mon observation a été que le Christianisme est la seule armée, dans le monde, qui tire sur ses blessés, et ignore ceux qui sont tombés. Ce n'est pas étonnant, pourquoi certains ont modifié le commandement pour dire, "Tu n'admettras pas l'adultère." Beaucoup trop de nos frères et sœurs en christ, blessés ou tombés refusent de chercher de l'aide. De même que, triste est le nombre de nos compagnons Chrétiens qui refusent de secourir ceux qui sont souffrants à cause de leur péché. Combien cela est contraire à l'instruction de l'Ecriture sainte:

> Frères, si un homme vient à être surpris en quelque faute, vous qui êtes spirituels, redressez-le avec un esprit de douceur. Prends garde à toi-même, de peur que tu ne sois aussi tenté (Galates 6:1)

> Nous vous en prions aussi, frères, avertissez ceux qui vivent dans le désordre, consolez ceux qui sont abattus, supportez les faibles, usez de patience envers tous (1 Thessaloniciens 5:14).
> Si ton frère a péché, va et reprends-le entre toi et lui seul. S'il t'écoute, *tu as gagné ton frère* (Matthieu 18:15).

Mes frères, si quelqu'un parmi vous s'est égaré loin de la vérité, et qu'un autre l'y ramène, qu'il sache que celui qui ramènera un pécheur de la voie où il s'était égaré sauvera une âme de la mort et couvrira une multitude de péchés (Jacques 5:19-20).

Pour les soldats blessés ou tombés, dans l'armée de Dieu, la guérison et le processus de restauration est clairement défini. Nous qui sommes forts sommes appelés à être une partie de ce processus comme nous venons aux côtés de ceux qui sont faibles. Nous devons accepter ce mandat de "ne laisser aucun soldat derriere." A la place, avec Bibles en mains, nous devons choisir de dire à nos combattants blessés et tombés, "le secours arrive!"

LE PECHE SEXUEL N'EST PAS LE "PECHÉ IMPARDONNABLE"

Soyez assurés, compagnons pécheurs. Si nous sommes des croyants nés de nouveau qui avons sincèrement confiance en Jésus Christ, seul, pour notre salut, nous sommes dans une relation d'alliance permanente avec Dieu. Nous sommes Sa brebis et personne ne peut nous enlever hors de Sa main (Jean 10:27-29). Celui que le Seigneur appelle à être Sien, sera toujours Sien. Notre vie éternelle est gardée en secret, pas par notre propre puissance, mais par la puissance de Dieu (1 Pierre 1:5). Rien ne peut changer cela, même pas notre péché le plus profond (Romains 8:28-39). Ceci est la grande nouvelle au sujet de la grâce; la réelle bonne nouvelle de l'évangile.

Cependant, notre sécurité en Christ ne nous donne pas l'excuse d'être "ceux qui abuse de la grâce" Les paroles de l'apôtre Paul sont assez clairs: "Demeurerions-nous dans le péché, afin que la grâce abonde? Loin de là! Nous qui sommes morts au péché, comment vivrions-nous encore dans le péché?" (Romains 6:1-2). Bien que notre péché ne soit pas une cause de rejet éternel par Dieu, c'est une cause de fissure temporaire dans notre relation avec Lui. La plupart d'entre nous savons comment cet éloignement est ressenti. Je conserve encore solidement le vieux proverbe, "Si nous ne nous sentons pas près de Dieu, devinez qui s'est déplacé?"

L'HISTOIRE DE ROBERT ROBINSON

Très peu, connaissent l'histoire de la vie de l'écrivain de cantique, Robert Robinson qui vécu il y a presque deux cents ans. Bien que sa vie soit inconnue, ses sensations au sujet de son éloignement par rapport à Dieu, ne le sont pas:

C'était un brillant dimanche matin du 18e siècle à Londres, mais l'humeur de Robert Robinson était tout sauf ensoleillée. Tout le long de la rue il y avait des gens qui se dépêchaient pour l'église, mais au milieu de la foule, Robinson était un homme esseulé. Le son des cloches de l'église lui rappela les années passées quand sa foi en Dieu était forte et l'église était une partie intégrante de sa vie. Cela faisait des années depuis qu'il avait mis ses pieds dans une église—des années de vagabondage, désillusion, et défection graduelle du Dieu qu'il a aimé, jadis. Cet amour pour Dieu— autrefois ardent et passionné—avait lentement brûlé hors de lui, le laissant sombre et froid au-dedans. Robinson entendit le clip-clop d'un fiacre tiré par un cheval, s'approcher derrière lui. Se tournant, il leva sa main pour interpeller le conducteur. Mais ensuite il vit que le taxi était occupé par une jeune femme habillée dans une parure pour le jour du Seigneur. Il fit signe au conducteur de continuer, mais la femme dans le carrosse ordonna que le carrosse soit stoppé. "Monsieur, je serais heureux de partagez ce carrosse avec vous", elle dit à Robinson. "Etes-vous entrain d'aller à église? "Robinson allait décliner, alors il fit une pause. "Oui", dit-il enfin. "Je vais à l'église." Il fit un pas dans le carrosse et s'assit à côté de la jeune femme. Comme le carrosse avançait, Robert Robinson et la femme échangèrent des présentations. Il y avait un éclair de reconnaissance dans ses yeux quand il déclara son nom. "Ceci est une coïncidence intéressante", dit-elle, prenant son porte-monnaie. Elle en retira un petit livre de versets d'inspiration, l'ouvrit à un ruban signet, et lui donna le livre. "J'étais juste entrain de lire un verset d'un poète nommé Robert Robinson. Cela pourrait être . . . ?" Il prit le livre, faisant un signe de la tête. "Oui, j'ai écrit ces paroles il y a des années." "Oh, comme c'est merveilleux!" s'exclama-t-elle. "Imaginez! Je partage un carrosse avec l'auteur de ces mêmes lignes!" Mais Robinson l'entendit à peine. Il était absorbé par les paroles qu'il lisait. C'étaient des paroles qui allaient un jour être mises en musique et devenir un formidable cantique de la foi, familier à des générations de Chrétiens :

> *Viens! Toi la Source de toute bénédiction,*
> *Règle mon cœur pour chanter ta grâce,*
> *Ruisseaux de miséricorde, ne cesse jamais,*
> *Appel pour chansons de louange la plus bruyante.*

Ses yeux glissèrent au bas de la page où il lu:

> *Enclin à divaguer, Seigneur, je le sens—*
> *Enclin à quitter le Dieu que j'aime;*
> *Voici mon cœur, O prends et scelle-le,*
> *Scelle-le pour ton palais en haut.*

Il pouvait à peine lire les dernières lignes à travers les larmes qui débordaient de ses yeux. "J'ai écrit ces paroles et j'ai vécu ces paroles, 'Enclin à divaguer . . . enclin à quitter le Dieu que j'aime.'" La femme comprit soudainement. "Vous avez aussi écrit, 'Voici mon cœur, O prends et scelle le.' Vous pouvez offrir votre cœur encore à Dieu, M. Robinson. Ce n'est pas trop tard." Et ce n'était pas trop tard pour Robert Robinson à ce moment il tourna son cœur de retour vers Dieu et marcha avec Lui le reste de ses jours.[1]

Comme Mr. Robinson, nous sommes tous enclins à divaguer. Cependant, beaucoup trop d'entre nous, sommes, de la même manière, enclin à penser à la repentance comme étant : "je suis désolé" au ciel et quelques mots de remords à ceux que nous avons blessés sur la terre. Pourtant, Dieu ne nous abandonnera jamais, notre péché interrompt notre amitié avec notre Père céleste. Cela affecte aussi nos rapports avec les autres. Uniquement après avoir restauré notre amitié avec Lui, pouvons-nous jamais espérer raccommoder, vraiment, nos rapports avec ceux que nous avons blessés. Nous sommes fous de penser que la vraie restauration de l'intimité peut être accomplie avec un simple pansement, quand une chirurgie de champ de bataille est exigée. Le problème ne repose pas tellement dans la bonne volonté de Dieu de se rapprocher de nous, mais dans notre bonne volonté de nous rapprocher de Lui pour plus qu'un instant. Dans son épître, Jacques présente le processus de restauration:

> Approchez-vous de Dieu, et il s'approchera de vous. Nettoyez vos mains, pécheurs; purifiez vos cœurs, hommes irrésolus. Sentez votre misère; soyez dans le deuil et dans les larmes; que votre rire se change en deuil, et votre joie en tristesse. Humiliez-vous devant le Seigneur, et il vous élèvera (Jacques 4:8-10).

Comme un matériel de champ de médecin militaire, déballons cette portion d'Ecriture Sainte. Si nous nous approchons de Dieu, nettoyons nos mains du péché, et purifions nos cœurs de la rébellion, notre amitié avec Dieu sera restaurée. Si nous sommes profondément chagrinés au point d'être misérable et même pleurer sur notre péché, Il fera attention à nos pleurs pour le pardon. Si nous nous humilions devant Dieu, alors Il s'approchera de nous et même, nous élèvera. En d'autres termes, Il permettra aux gens de nous voir d'un regard différent, même ceux que notre péché a blessé si profondément. J'aime les paroles d'espoir que le Seigneur exprime à travers le prophète Esaïe:

> Car ainsi parle le Très-Haut, Dont la demeure est éternelle et dont le nom est saint: J'habite dans les lieux élevés et dans la sainteté; Mais je suis avec l'homme contrit et humilié, Afin de ranimer les esprits humiliés, Afin de ranimer les cœurs contrits (Esaïe 57:15).

Avez-vous saisi cela? Le Dieu Saint demeure avec ceux qui sont sincèrement humbles, pécheurs contrits, aux cœurs brisés. C'est Son désir de raviver (c.-à-d. les amener à la vie et à la santé", Hébreu: chayah) ceux qui s'approcheront de Lui dans une vraie repentance. Dans la parabole du fils prodigue, trouvez dans Luc 15:11-32, le jeune homme rebelle a gaspillé la richesse de son père avec les prostituées, mais il a été pardonné finalement, et restauré dans la communion avec son Père. La même chose peut nous arriver.

Alors pourquoi est-ce si difficile? Parce que nous pensons que tout se passent en un instant. Nous voulons la restauration à la micro-onde pour le péché qui a été cuit pendant des années. Les remords peuvent se passer dans cet instant quand finalement nous faisons face au poids de notre péché. Cependant, la vraie restauration de notre relation avec Dieu et avec les autres implique un plus long processus *d'admettre* notre péché, *en confessant* notre péché, en *nous détournant* de notre péché et, par la grâce de Dieu, en fortifiant les autres qui ont été blessés. J'appelle ces quatre étapes, "The A.C.M.S. de la Repentance".

Chapitre 41

A.C.M.S. DE LA REPENTANCE

ETAPE #1
ADMETTRE MON PECHE (Grec: metanoeo)

J'aime l'histoire du roi Prussien, Frederick le Grand, visitant une prison à Berlin. Les prisonniers tombèrent sur leurs genoux devant lui et déclarèrent leur "innocence"—tous sauf un homme qui resta silencieux. Le Roi Frederick l'appela, "Pourquoi es-tu ici?" "Vol à main armée, Votre Majesté", était la réponse. "Et êtes-vous coupable?" demanda le Roi. "Oui en effet, Votre Majesté, je mérite ma punition." Frederick appela alors le geôlier et lui ordonna, "Libérez ce misérable coupable à l'instant. Je ne voudrais pas le garder dans cette prison où il va corrompre toutes les formidables personnes innocentes qui l'occupent".[1]

Nous les êtres humains, avons maîtrisé l'art de la dissimulation et de la négation. Et quand notre péché est découvert nous avons recours à la condamnation, en minimisant et en rationalisant. Nous avons bien appris les voies de nos ancêtres et contemporains. Malheureusement, nous n'avons pas bien appris les voies de notre Maître.

La Bible est claire comme à la première étape à la vraie repentance et la restauration—pleine admission. Dans tout le Nouveau Testament nous trouvons beaucoup de références concernant l'importance d'être complètement honnête à propos de notre péché et ses conséquences. Le mot qui est souvent utilisé est *metanoeo* ou dans sa forme de nom *metanoia*. Cela fait référence aux matières qui, une fois caché, sont amenées au premier rang de notre pensées où elles peuvent être traitée ouvertement. Très simplement énoncé, c'est le désir de Dieu que nous cessions de réprimer et supprimer notre péché.

Après avoir réprimandé les Chrétiens Corinthiens pour leur péché, l'apôtre Paul, écrit une lettre suivante, dans laquelle il exprime sa joie, du fait que sa confrontation a fait plus que leur causer du chagrin sur les conséquences de leur péché. Cela les a aussi amenés au point d'admettre qui était vraiment à condamner. En faisant ainsi, ils étaient entrain d'accomplir la volonté de Dieu:

> Je me réjouis à cette heure, non pas de ce que vous avez été attristés, mais de ce que votre tristesse vous a portés à la repentance ("un changement de pensée", Grec: metanoia); car vous avez été attristés selon Dieu, afin de ne recevoir de notre part aucun dommage. En effet, la tristesse selon Dieu produit une repentance à salut dont on ne se repent jamais . . .
> (2 Corinthiens 7:9-10).

Avec le désir de Dieu en pensée, divisons cette étape de l'admission (metanoeo) en trois composantes: refuser de cacher mon péché, cesser de blâmer les autres pour mon péché et prendre le deuil sur mon péché.

REFUSER DE CACHER MON PECHE

Cacher notre péché est aussi humain que les êtres humains peuvent l'être. En fait, Adam était notre exemple humain. Découvert par Dieu, il présente sa raison pour s'échapper," j'ai eu peur . . . et je me suis caché" (genèse 3:10). En d'autres termes, "Seigneur, je sais ce que, Vous m'avez dit, seraient les conséquences si je vous désobéissais. Je l'ai quand même fait et j'ai fui, dans la peur de ce qui pourrait arriver." Reconnaissant cette propension très humaine à cacher notre péché dans la peur des conséquences, Job, commenta:

> Si, comme les hommes, j'ai caché mes transgressions,
> Et renfermé mes iniquités dans mon sein,

Parce que j'avais peur de la multitude,
Parce que je craignais le mépris des familles,
Me tenant à l'écart et n'osant franchir ma porte?
(Job 31:33-34).

Chers amis, le temps de jouer à cache-cache avec Dieu est révolu. Ce n'est pas un jeu. Il nous attrapera toujours. Le premier acte de vraie repentance implique d'*admettre* nos péchés—tous; ceux que nous savons que nous cachons et ceux qui sont des secrets dont nous attendons la révélation de Dieu.

Dans le Psaume 19:12 le Roi David écrit, "Pardonne-moi (hébreu: cathar) ceux (péchés) que j'ignore (Psaume 19:12). Essentiellement il dit, "Seigneur, parfois je ne sais pas quelles erreurs j'ai commises; parfois je le sais. Amène au premier rang de ma pensée, ces péchés *cachés* que je ne connais pas, aussi bien que ces péchés secrets que je connais, ainsi je pourrais les traiter tous et être purifié par Toi."

Ceci est l'essence de la prière de David dans le Psaume 139:23-24. Plutôt que de lire juste des mots familiers, pourquoi ne pas en faire la prière de votre cœur maintenant?

Sonde-moi, ô Dieu, et connais mon cœur!
Eprouve-moi, et connais mes pensées!
Regarde si je suis sur une mauvaise voie,
Et conduis-moi sur la voie de l'éternité
(Psaume 139:23-24).

CESSER DE CONDAMNER LES AUTRES POUR MON PECHE

Nous habitons dans un monde de condamnation. "Ce n'est pas vraiment ma faute", est devenu le mantra de plusieurs. Je pourrais écrire des volumes sur les excuses célèbres que nous, pécheurs, avons données. Plusieurs dans ma génération se souviennent "The Twinkie Défense" dans laquelle un changement dans le régime alimentaire partant des produits diététiques aux produits sucrés était dit être la cause sous-jacente des meurtres et autres comportements criminels. Les Excuses lâches pour un comportement coupable n'est pas un phénomène moderne. Encore une fois, tout a commencé avec Adam, le premier faiseur d'excuse: "La femme que tu as mise auprès de moi m'a donné de l'arbre, et j'en ai mangé." (Genèse 3:12).

Est-ce que vous avez saisi ses paroles? "Seigneur, je sais cela semble mauvais parce que je cache mais vraiment, ce n'est pas ma faute. C'est la faute de la *femme*. *Elle* m'a donné le fruit. Non . . . attendez une minute! Dieu, *Tu* es Celui qui m'a donné cette femme. C'est *Ta* faute! " Ecoutez, nous avons perfectionné la fabrication d'excuse d'Adam, depuis. Il est temps que nous mettions fin à cela, du moins dans nos propres vies. Une partie de l'étape d'admission est d'arrêter le jeu de condamnation. Le Diable, la chair et le monde ne m'ont pas fait pécher. G.K. Chesterton a été questionné une fois, "Qu'est ce qui est anormal dans le monde?" Il répondit, "Je le suis." La Bible consent:

> Mais chacun est tenté quand il est attiré et amorcé par sa propre convoitise. Puis la convoitise, lorsqu'elle a conçu, enfante le péché; et le péché, étant consommé, produit la mort. Ne vous y trompez pas, mes frères bien-aimés (James 1:14-16).

FAIRE LE DEUIL SUR MON PECHE

Dans Ephésiens 4:30, l'apôtre Paul présente une image graphique, faisant remarquer que quand nous péchons nous chagrinons en réalité le Saint-Esprit de Dieu. Le mot Grec *lupeo* signifie causer une peine profonde, comme le chagrin que nous avons pu ressentir à la mort d'un bien aimé. La vraie repentance commence en reconnaissant combien notre péché a chagriné le Seigneur. Cela exige aussi que nous cessions de traiter notre péchez légèrement. A la place, nous devons nous joindre à Dieu dans le deuil et pleurer sur notre mauvais choix (Jacques 4:9). N'importe quoi de moins, ne le chagrine pas seulement davantage, mais cause que nos compagnons croyants pleurent aussi pour notre manque de repentance sincère (2 Corinthiens 12:21).

Bien-aimé, le Dieu qui cherche et connait nos cœurs nous appelle à dire la vérité entière. La solution de cacher est une révélation pleine. Il ne faut plus jamais faire semblant ou cacher. Il ne faut plus jamais couvrir, rationaliser, faire des excuses ou minimiser la sévérité de notre péché. Il est temps d'écouter Les plus profondes suggestions du Saint-

Esprit. Sans un plaidoyer coupable, il ne peut y avoir aucun vrai changement, et nous ne pouvons non plus, nous attendre à recevoir la plus pleine bénédiction de Dieu. Le Roi David nous a bien enseigné, "Heureux celui . . . dans l'esprit duquel il n'y a point de fraude!" (Psaume 32:1-2). Ainsi l'a fait Salomon, son fils: "Celui qui cache ses transgressions ne prospère point" (Proverbes 28:13).

ETAPE #2
CONFESSER MON PECHE (Grec:homologeo)

Peut-être que vous avez entendu certaines formes de l'expression, "De ma bouche aux oreilles de Dieu." Cela est une jolie description dela prochaineétape dans le processus de restauration. Aprèsavoir *admis* notre péché dans notre *pensée*, nous devons maintenant confesser notre péché avec notre bouche:

> Je t'ai fait connaître mon péché,
> je n'ai pas caché mon iniquité;
> J'ai dit: J'avouerai mes transgressions à l'Eternel!
> Et tu as effacé la peine de mon péché. Pause.
> (Psaume 32:5).

> Car je reconnais mon iniquité, Je suis dans la crainte à
> cause de mon péché. (Psaume 38:18).

> Si nous confessons nos péchés, il est fidèle et juste
> pour nous les pardonner, et pour nous purifier de toute
> iniquité. (1 Jean 1:9).

Ici dans 1 Jean 1:9 nous trouvons le mot Grec *homologeo*. Il vient de deux mots, *homo* et *logeo*, signifiant exprimer les mêmes mots. Théologiquement parlant, *confesser* quelque chose c'est exprimer *les mêmes mots* que Dieu dirait. Ainsi l'apôtre Paul déclare, "Si tu confesses (*homologeo*) de ta bouche le Seigneur Jésus" (Romains 10:9). Jésus est Seigneur—Les mêmes mots que notre Père céleste confesserait au sujet de Son Fils, Jésus Christ. Une sincère confession ce n'est pas dire:

"Je suis *désolé* j'ai été attrapé . . . "
"Seigneur, *si* je t'ai offensé . . . "
"*Peut-être* c'était mauvais, *mais* . . . "

La vraie confession exprime ce que notre Dieu Saint dirait au sujet de ce péché: "Ce péché que tuas finalement admis diminue Mon caractère, Mes attributs, Ma gloire. C'est contradictoire avec ce que tu es comme Mon enfant et me chagrine profondément."

Quand j'avais neuf ans j'ai mémorisé une prière qui, dans certaines traditions, est appelé l'Acte de Contrition. Il remue encore mon cœur, juste comme il le fit quand je l'ai apprise il y a cinquante ans:

> *O mon Dieu, je suis de tout cœur désolé de t'avoir offensé, et je déteste tous mes péchés à cause de Tes punitions juste, mais par dessus tout parce qu'ils t'ont offensé, mon Dieu, Qui est tout bon et qui mérite tout mon amour. Je résous fermement, avec l'aide de Ta grâce, de ne plus pécher et d éviter les occasions proches de péché.*

ETAPE #3
ME DETOURNER DE MON PECHE (Grec: epistrepho)

Un moniteur d'Ecole du Dimanche demanda à sa classe ce que le mot repentance voulait dire. Un étudiant répondit, "C'est être désolé pour vos péchés." Un autre parla à haute voix, "Non, c'est être assez désolé pour cesser!" Notre troisième étape de restauration nous déplace de *l'admission* du péché dans la *pensée*, la *confession* du péché avec notre *bouche*, à nous *détourner* du péché dans notre manière—transformant nos actions.

Dans son livre, I Surrender (*Je m'abandonne),* Patrick Morley écrit au sujet de la grande fausse conception «que nous pouvons ajouter Christ à nos vies, mais ne pas soustraire le péché. C'est un changement dans la croyance sans une transformation du comportement." Il continue pour dire, "C'est un réveil sans réforme, sans repentance". [2]

Un de mes passages favoris de l'Ecriture Sainte contient les paroles réconfortantes de Jésus à Simon Pierre juste avant que l'apôtre zélé ne commette sa dénégation infâme du Christ:

Simon, Simon, Satan vous a réclamés,
pour vous cribler comme le froment.
Mais j'ai prié pour toi, afin que ta foi ne défaille point;
et toi, quand tu seras converti, affermis tes frères
(Luc 22:31-32).

Ici nous trouvons le mot Grec *epistrepho* qui tout à fait littéralement signifie *tourner autour, retourner* ou, dans ce contexte, *se repentir*. Il m'a été dit que ce même mot fut utilisé pour être imprimé sur les bouteilles soda recyclables en Grèce. Si c'est vrai, cela a un sens. Le mot epistrepho peut certainement signifier, "Retour pour plénitude."

Le péché nous vide du fruit de l'Esprit et de notre intimité avec Dieu. Nous pouvons nous sentir facilement comme une bouteille de soda vide, étendue dans la saleté. Cependant, une fois que nous *admettons* et confessons notre péché, nous pouvons nous dé*tourner* de ce péché et *retourner* à Dieu pour la plénitude. Il nous nettoie, nous remplit de Son Esprit, et nous réutilise pour rafraîchir les autres. Le mot *epistrepho* implique aussi que quand nous *retournons* à Dieu pour la plénitude, nous faisons ainsi avec la résolution de ne jamais *retourner* encore à ce péché:

Sonde-moi, ô Dieu, et connais mon cœur!
Eprouve-moi, et connais mes pensées!
Regarde si je suis sur une mauvaise voie,
Et conduis-moi sur la voie de l'éternité
(Psaume 139:23-24).

La voie éternelle parle d'un nouveau mode de vie—une vie de soumission et obéissance à la volonté de Dieu au milieu de notre lutte en cours. William Booth, fondateur de l'Armée du salut, l'a bien dit, "La grandeur du pouvoir d'un homme est la mesure de sa soumission."[3] Ce tournant à Dieu et loin du péché—cette soumission totale—doit être faite immédiatement. Comme je l'ai souvent dit à mes enfants et mon église locale, "Retarder l'obéissance, c'est juste une autre forme de désobéissance."

ETAPE #4
SOUTENIR D'AUTRES PECHEURS (Grec: sterizo)

La confession est bonne pour l'âme. C'est aussi bon pour les âmes d'autres gens. L'un des nombreux résultats d'admettre *(metanoeo)*, confesser *(homologeo)*, et tourner *(epistrepho)* du péché est une accentuation renouvelée dans le fait de soutenir (sterizo) les autres. Pour continuer l'allitération, la vraie repentance va de la *pensée,* à la *bouche,* à la *manière* et, finalement au *ministère.* En d'autres termes, le processus de la restauration résulte dans le fait d'être encore utilisé dans les vies, des autres, même ceux que notre péché a blessés. Il ouvre aussi les portes pour atteindre ceux-là qui ne connaissent pas le Seigneur. La célèbre prière du Roi David nous donne l'espoir:

> Rends-moi la joie de ton salut,
> Et qu'un esprit de bonne volonté me soutienne!
> J'enseignerai tes voies à ceux qui les transgressent,
> Et les pécheurs reviendront à toi
> (Psaume 51:12-13).

A côté du Roi David, les Saintes Ecritures sont remplies d'exemples de gens repentants qui continue à servir puissamment le Seigneur. La Bible ne dit pas que Simon Pierre a commis l'adultère ou assassiné quelqu'un comme David l'a fait. Cependant, il fit quelque chose que la Bible n'a jamais mentionné que même David n'a jamais fait. Simon Pierre nia qu'il connaissait même le Seigneur Trois fois en une nuit! (Luc 22:34; Matthieu 26:69-75). Il aurait vraiment pu avoir écrit les paroles, "Enclin à divaguer, Seigneur je le sens. Enclin à quitter le Dieu que J'aime." Encore, comme David, Dieu n'a pas abandonné Simon Pierre. Considérez encore ce que Jésus lui a dit:

> Simon, Simon, regarde, Satan a demandé l'autorisation
> de te cribler comme du blé; mais j'ai prié pour toi,
> afin que ta foi ne chute pas; et toi, quand une fois
> tu te sera tourné encore (Grec: epistrepho), fortifie
> (Grec: sterizo) tes frères (Luc 22:31-32).

Même avant que Pierre ait péché, Jésus promit que sa foi n'allait pas complètement chuter ("s'éteindre ou s'éclipser", Grec: eclipso). Ca c'est une bonne nouvelle. Une fois que Pierre a admis le péché, a confessé, et s'est repenti du péché, Jésus lui ouvrirait les portes pour fortifier les autres. Essentiellement, il était entrain de dire, "Simon, tu vas gâcher. Mais une fois que tu reviendras à tes sens et que tu traiteras ouvertement et honnêtement ton péché, je t'ouvrirai les portes pour me servir en édifiant les autres."

Je vous rappelle l'histoire que j'ai racontée plus tôt au sujet de l'homme de Visalia qui aide maintenant des hommes à remporter la victoire sur la tentation sexuelle. Son admission honnête a tourné à la confession sincère, qui a mené à se détourner de ce péché et finalement servir ses frères. Il était un objet de la miséricorde de Dieu et cette miséricorde l'a stimulé à un plus grand ministère dans la vie des autres. Cela peut en être de même pour nous:

> Par conséquent je vous prie, frères, par les
> miséricordes de Dieu, à présenter vos corps, un
> sacrifice vivant et saint, acceptable, à Dieu qui est votre
> *service spirituel d'adoration* (Romains 12:1).

Chapitre 42

L'HISTOIRE DE DAVID LES COIFFE TOUTES

Les histoires abondent, concernant ceux-là qui ont souffert des conséquences du péché sexuel et ont suivi le processus curatif de la restauration. "Ils sont nos combattants blessés et tombés qui sont maintenant restaurés et sont revenus aux fonctions actives. Choisir une histoire à raconter, c'est ignorer les nombreuses autres. Mais, il y a un conte qui les surmonte tous—l'histoire de l'adultère de David, ses péchés subséquents, et sa restauration. C'est le conte d'un soldat tombé qui, encore une fois, devient un Ambassadeur de Pureté.

Le dossier réel des péchés de David et leurs conséquences est, à l'origine, trouvé dans plusieurs chapitres, commençant dans 2 Samuel 11. Cependant, comment David se sentit au sujet de tout cela, est décrit dans ses propres mots dans des psaumes pénitentiels comme Psaume 32, 38, et 51. En fusionnant ces passages, nous voyons clairement, la progression de sa rébellion spirituelle, le modèle de son renouvellement spirituel, et les résultats de sa restauration spirituelle. Comme nous examinons la vie de David et considérons ses paroles, je crois que nous allons aussi trouver notre plus forte illustration de l'efficacité, de toute une vie, de l'A.C.T.S. de Repentance. Ceci est plus que juste un dossier historique. Le Dieu Saint présenta ce conte pour notre bénéfice:

> Or, ces choses sont arrivées pour nous servir d'exemples, afin que nous n'ayons pas de mauvais désirs, comme ils en ont eu . . . Ne nous livrons point à l'impudicité, comme quelques-uns d'eux s'y livrèrent, de sorte qu'il en tomba vingt-trois mille en un seul

jour. Ne tentons point le Seigneur, comme le tentèrent quelques-uns d'eux, qui périrent par les serpents. . . . Ces choses leur sont arrivées pour servir d'exemples, et elles ont été écrites pour notre instruction, à nous qui sommes parvenus à la fin des siècles. Ainsi donc, que celui qui croit être debout prenne garde de tomber! Aucune tentation ne vous est survenue qui n'ait été humaine, et Dieu, qui est fidèle, ne permettra pas que vous soyez tentés au delà de vos forces; mais avec la tentation il préparera aussi le moyen d'en sortir, afin que vous puissiez la supporter. C'est pourquoi, mes bien-aimés, fuyez l'idolâtrie (1 Corinthiens 10:6, 8-9, 11-14).

Afin que nous puissions rappeler facilement les étapes qui ont mené jusqu'au péché de David et la voie qui l'a ramené à sa communion avec Dieu, j'ai choisi de présenter l'histoire sous forme de schéma:

LA PROGRESSION DE SA REBELLION SPIRITUELLE
1. IL A BAISSE SA GARDE

> L'année suivante, au temps où les rois se mettaient en campagne. . . . Mais David resta à Jérusalem
> (2 Samuel 11:1).

Il y avait manifestement des choses qui s'étaient passées dans le cœur et la vie de David qui l'on amené au point de pécher contre le Seigneur qu'il aimait tellement. Si j'étais celui qui le conseillait après son adultère, j'aurais pu demander, "Quelles était les graines de rébellion que tu avais plantées dans ton esprit les jours avant? Quel était ce point quand vous êtes devenus 'désireux de chercher une occasion? Comment était votre marche avec Dieu ce jour?"

Nous ne connaissons pas les réponses. Ce que nous savons c'est que David n'était pas là où il était supposé être—A la bataille *physiquement* contre les ennemis d'Israël et *spirituellement* contre les ennemis de son âme. Il a baissé sa garde et cela lui a coûté cher. Ne loupez pas les trois premiers mots du texte, "L'année suivante au temps . . . " (2 Samuel 11:1). Peut-être qu'il ne voulait pas que cela arrive mais, étant donné son échec d'être sur ses gardes, cela était obligé d'arriver.

2. IL A ETE TENTE A PECHER

> Un soir, David se leva de sa couche; et, comme il se promenait sur le toit de la maison royale, il aperçut de là une femme qui se baignait, et qui était très belle de figure (2 Samuel 11:2).

Si seulement David avait fait et gardé cette alliance importante avec ses yeux (Job 31:1). Si seulement il avait fui de ce balcon, comme Joseph la femme de Potiphar, (genèse 39:12). A la place, David permit à ses fantasmes de courir de façon déchaînée. Il demanda à ses serviteurs d'identifier cette femme nue, plus tard leur commanda de l'amener dans sa chambre royale. Son nom était Bathsheba, la femme d'Urie le Hittite, un des guerriers d'élite de David (2 Samuel 11:3-4; 23:39). Nous ne savons pas si David avait rencontré Bathsheba auparavant. Ce que nous savons c'est que les graines de convoitise dans le cœur coupable de David allaient maintenant porter le fruit impie de l'immoralité.

3. IL A CEDE AU PECHE

> Et David envoya des gens pour la chercher. Elle vint vers lui, et il coucha avec elle. Après s'être purifiée de sa souillure, elle retourna dans sa maison (2 Samuel 11:4).

On se demande si le fils du Roi David, Salomon, avait cette histoire en pensée quand il a prévenu son propre fils, le petit-fils de David, Rehoboam:

> Il se mit tout à coup à la suivre,
> Comme le bœuf qui va à la boucherie,
> Comme un fou qu'on lie pour le châtier,
> Jusqu'à ce qu'une flèche lui perce le foie,
> Comme l'oiseau qui se précipite dans le filet,

Sans savoir que c'est au prix de sa vie.
(Proverbes 7:22-23).

4. IL A CACHE SON PECHE

Deux mois plus tard, Bathsheba envoya le mot au Roi David qu'elle était enceinte (2 Samuel 11:5). Son mari, Urie, était loin à la guerre. La question ne se posait pas. Urie n'était certainement pas le père. Plutôt que de traiter ouvertement et immédiatement son péché, David commença un processus douloureux de dissimulation qui rivalise peu, s'il y en a dans l'histoire. Il arrangea avec Joab, son Général d'Armée, d'inviter Urie pour revenir de la bataille à la maison. David espérait qu'Urie aurait des relations sexuelles avec sa femme qui est maintenant approximativement à deux mois de grossesse. Peut-être que la stratégie du Roi David était pour que les gens pensent que le bébé d'Urie était né prématurément. Le plan échoua.

Par honneur pour ses compagnons soldats qui étaient entrain de souffrir dans le champ de bataille, Urie refusa de rester avec sa femme. A la place, il dormit à la porte de la maison du roi (2 Samuel 11:6-12). Imaginez le choc de David!

Le Roi traita alors Urie en ami, en l'invitant à dîner. Urie doit avoir pensé qu'il était entrain d'être honoré. Cependant, le plan de David était de le rendre ivre, pensant qu'un soldat ivre voudrait certainement avoir des relations avec sa femme. Cela n'a pas fonctionné non plus (2 Samuel 11:13).

Dans l'esprit tordu et rebelle de David, il n'y avait plus qu'une seule chose qui restait à faire. Il ordonna qu'Urie rentre au cœur de la bataille. Comme une partie de la tromperie, il donna à Urie, l'honneur d'être émissaire spécial du Roi, lui ordonnant de porter une lettre personnelle au Général Joab. Peu s'en ait fallu qu'Urie sache qu'il portait sa propre sentence de mort:

> Le lendemain matin, David écrivit une lettre à Joab, et
> l'envoya par la main d'Urie. Il écrivit dans cette lettre:
> Placez Urie au plus fort du combat, et retirez-vous de
> lui, afin qu'il soit frappé et qu'il meure
> (2 Samuel 11:14-15).

Cette fois-ci, l'intrigue de David fonctionna. Le fidèle Urie fut tué dans le champ de bataille. (J'attends de rencontrer cet homme puissant et honorable héro de guerre, avec impatience au ciel.) Le rapport de la mort d'Urie fut envoyé à David et le Roi le roi truqua son chagrin sur la tragédie (2 Samuel 11:20-25). Bathsheba entra alors dans un deuil obligatoire. Quand ce temps était accompli, le Roi David, l'épousa.

Oh, comme le Roi a dû être applaudi par les gens communs, pour avoir secouru cette pauvre femme, enceinte d'un héros de guerre tombé. Cependant, ceux dans le palais, surtout les serviteurs qui avaient amené Bathsheba dans la chambre de David, connaissaient la vraie histoire. Le Roi continua à garder le secret attentivement pendant beaucoup plus de mois. Certainement, il savait que Dieu n'était pas induit en erreur: "Mais la chose que David avait faite était mauvaise aux yeux du Seigneur" (2 Samuel 11:27).

5. IL A SOUFFERT LES CONSEQUENCES DE SON PECHE

Je suis certain que David n'a jamais imaginé tout le poids de son péché:

- Bathsheba donna naissance à un fils (2 Samuel 11:27) qui devint malade et mourut, même après que David aie supplié à Dieu d'épargner la vie de l'enfant. Ses serviteur avaient craint que David se suicide (2 Samuel 12:14-23).
- Le fils de David, Amnon, viola sa demi-sœur Tamar, et ensuite l'abandonna (2 Samuel 13:1-20).
- Absalom, le fils de David et le frère de Tamar, se vengèrent et tuèrent Amnon (2 Samuel 13:21-32).
- Absalom se rebella alors contre le Roi David (2 Samuel 15-18), finalement viola et déshonora les concubines de son père sur un toit public (2 Samuel 16:21-22).
- Absalom a été tué plus tard par le Général Joab (2 Samuel 18:9-17) et David pleura profondément (2 Samuel 18:33).
- La violence et l'effusion de sang ont suivi David pour le reste de sa vie (2 Samuel 12:10).

D'autres conséquences ont suivi. Cependant, celle qui, je pense, a déchiré le cœur de David le plus, était le refus de Dieu de lui permettre de construire un temple permanent pour le Seigneur, parce qu'il était maintenant un homme d'effusion de sang (1 Chroniques 17:4; 28:2-3).

Cela peut ne pas paraître beaucoup pour nous, mais pour le Roi David c'était le prix le plus dévastateur qu'il a payé pour son péché.

Les descriptions personnelles de David des conséquences de son péché sont sincères et vrai:

> Car tes flèches m'ont atteint,
> Et ta main s'est appesantie sur moi
> (Psaume 38:2).

Même pendant la longue période de silence et de dissimulation, David était complètement informé de son péché. Bien qu'il ait paru de l'extérieur posé et réfléchissant, La vie intérieure de David était dans une agitation complète. En fait, après s'être repenti, David a écrit plusieurs Psaumes décrivant combien profondément son péché l'affecta, physiquement, émotionnellement, et spirituellement. Prenons quelque temps pour demeurer sur son propre témoignage personnel:

LA CONSEQUENCE PHYSIQUE

> Tant que je me suis tu, mes os se consumaient,
> Je gémissais toute la journée;
> Car nuit et jour ta main s'appesantissait sur moi,
> Ma vigueur n'était plus que sécheresse, comme celle de l'été
> (Psaume 32:3-4).

LA CONSEQUENCE EMOTIONNELLE

> Je suis dans la crainte à cause de mon péché (Psaume 38:18).

LA CONSEQUENCE SPIRITUELLE

> Car je reconnais mes transgressions,
> Et mon péché est constamment devant moi . . .
> Ne me rejette pas loin de ta face,
> Ne me retire pas ton esprit saint.
> Rends-moi la joie de ton salut,

Et qu'un esprit de bonne volonté me soutienne! . . .
O Dieu, Dieu de mon salut! Délivre-moi du sang
versé (Psaume 51:3, 11-12, 14).

Ce que David a écrit dans le Psaume 38 met toutes les
conséquences ensemble. En fait, dans ce Psaume de Repentanceil est
dur de trier les résultats physiques du péché de David de l'émotionnel et
du spirituel. Comme unetoiled'araignées, ils sont liés inextricablement:

Eternel! ne me punis pas dans ta colère,
Et ne me châtie pas dans ta fureur.
Car tes flèches m'ont atteint,
Et ta main s'est appesantie sur moi.
Il n'y a rien de sain dans ma chair à cause de ta colère,
Il n'y a plus de vigueur dans mes os à cause de mon
péché.
Car mes iniquités s'élèvent au-dessus de ma tête ;
Comme un lourd fardeau, elles sont trop pesantes
pour moi.
Mes plaies sont infectes et purulentes,
Par l'effet de ma folie. Je suis courbé, abattu au dernier
point;
Tout le jour je marche dans la tristesse.
Car un mal brûlant dévore mes entrailles,
Et il n'y a rien de sain dans ma chair.
Je suis sans force, entièrement brisé;
Le trouble de mon cœur m'arrache des gémissements.
Seigneur! tous mes désirs sont devant toi,
Et mes soupirs ne te sont point cachés.
Mon cœur est agité, ma force m'abandonne,
Et la lumière de mes yeux n'est plus même avec moi.
Mes amis et mes connaissances s'éloignent de ma plaie,
Et mes proches se tiennent à l'écart.
Ceux qui en veulent à ma vie tendent leurs pièges;
Ceux qui cherchent mon malheur disent des
méchancetés,
Et méditent tout le jour des tromperies.

Et moi, je suis comme un sourd, je n'entends pas;
Je suis comme un muet, qui n'ouvre pas la bouche.
Je suis comme un homme qui n'entend pas,
Et dans la bouche duquel il n'y a point de réplique
(Psaume 38:1-14).

L'histoire est loin d'être terminée. Nous allons de la progression de sa rébellion spirituelle vers le modèle pour son renouvellement spirituel.

LE MODELE POUR SON RENOUVELLEMENT SPIRITUEL

Même avant toutes les conséquences déployées, le Seigneur envoya Nathan le prophète pour confronter le Roi David. Il raconta une histoire au sujet d'un homme très riche qui prit l'unique brebis d'un homme pauvre (2 Samuel 12:1-4). David répondit dans une ferveur de justice personnelle: "L'homme qui a fait cela mérite de mourir" (2 Samuel 12:5-6). Risquant sa vie dans la main d'un roi adultère et meurtrier, Nathan déclara hardiment, "Tu es cet homme!" (2 Samuel 12:7). David avait été attrapé: "Regarde, tu as péché contre le Seigneur, et sois sûr ton péché t'atteindra" (Nombres 32:23). Le Dieu Saint prononça alors Ses paroles de jugement à travers Nathan:

> Maintenant, l'épée ne s'éloignera jamais de ta maison, parce que tu m'as méprisé, et parce que tu as pris la femme d'Urie, le Héthien, pour en faire ta femme. Ainsi parle l'Eternel: Voici, je vais faire sortir de ta maison le malheur contre toi, et je vais prendre sous tes yeux tes propres femmes pour les donner à un autre, qui couchera avec elles à la vue de ce soleil. Car tu as agi en secret; et moi, je ferai cela en présence de tout Israël et à la face du soleil
> (2 Samuel 12:10-12).

Il n'y avait rien qui restait à faire pour David, à part reconnaitre publiquement ce qu'il avait fait.

1. IL A ADMIS SON PECHÉ

David était fatigué de cacher. Il était épuisé physiquement, émotionnellement, et spirituellement. Peut-être qu'il voulait être attrapé. Quand il a été confronté, il n'a donné aucune excuse et n'a pas dit de mensonges. A la place, il déclara à Nathan, "j'ai péché contre le Seigneur" (2 Samuel 12:13).

Plus tard, dans son propre témoignage, David écrit, "Je t'ai fait connaître mon péché, / je n'ai pas caché mon iniquité " (Psaume 32:5). Admettre son péché était la première étape pour légitimer la confession et le renouvellement spirituel. Cependant, cela était juste le commencement du processus de sa restauration.

2. IL A CONFESSE SON PECHE

> Eternel! ne me punis pas dans ta colère . . .
> (Psaume 38:18)
>
> Car je reconnais mes transgressions,
> Et mon péché est constamment devant moi.
> J'ai péché contre toi seul,
> Et j'ai fait ce qui est mal à tes yeux,
> En sorte que tu seras juste dans ta sentence,
> Sans reproche dans ton jugement
> (Psaume 51:3-4).

3. IL S'ESTDETOURNE DE SON PECHE

Le Roi David était complètement brisé. Quoique certains puissent penser, je crois qu'il avait l'intention certaine de ne plus jamais répéter le péché d'adultère. Il retourna à la communion honnête et profonde avec Dieu qu'il a aimé autrefois.

Très probablement, pendant le temps de rébellion, David offrais des sacrifices au Seigneur. C'était un bon spectacle pour son peuple. Maintenant qu'il a admis, confessé, et s'est repenti, les **choses étaient** différentes. Il comprit comment ses signes extérieurs de fausse repentance, ont berné non seulement ses gens, mais son propre cœur coupable. Cela n'a pas trompé Dieu:

Si tu eusses voulu des sacrifices, je t'en aurais offert;
Mais tu ne prends point plaisir aux holocaustes.
Les sacrifices qui sont agréables à Dieu,
c'est un esprit brisé: O Dieu!
Tu ne dédaignes pas un cœur brisé et contrit
(Psaume 51:16-17).

LES RESULTATS DE SA RESTAURATION SPIRITUELLE

Je suis frappé encore une fois par la façon dont le Roi David a suivi étroitement le modèle pour la vraie restauration, exprimé mille années plus tard dans Jacques 4:8-10. Le Roi David avait nettoyé ses mains et purifié son cœur. Il était misérable, pleura et fit le deuil sur son péché. Son rire s'est transformé en pleur et sa joie en mélancolie. En d'autres termes, il s'est humilié sincèrement dans la présence du Seigneur. Maintenant, pour cette première fois en près d'une année, il s'est approché de Dieu. Dieu aussi s'est approché de lui. Les résultats étaient étonnants.

1. SON PECHE A ETE ENLEVE

Le péché avait taché son âme, sali sa réputation et étouffé son ministère. Etant donné sa compréhension de la sainteté de Dieu et Sa haine du péché, David savait aussi que son péché pouvait lui coûter sa vie (Hébreux 10:31; Romains 6:23; Proverbes 7:23). Il vécu dans la peur constante d'un jugement bien mérité! Imaginez comment le cœur plein de remords de David, a ressenti quand il a entendu les paroles rédemptrices du prophète Nathan ce jour là:

Et Nathan dit à David: L'Eternel pardonne ton péché,
tu ne mourras point (2 Samuel 12:13).

Quelle déclaration incroyable! "David, tu es un adultère, assassin, menteur, et imposteur spirituel, mais parce que tu l'as admis, confessé et tu t'es repenti, Le Seigneur miséricordieux à ôté ton péché. Bien que tu le mérites certainement, tu ne paieras pas l'amende de mort." D'un bout à l'autre des Psaumes, nous lisons la réponse de David à ce sursis immérité:

> Heureux celui à qui la transgression est remise,
> A qui le péché est pardonné!
> Heureux l'homme à qui l'Eternel n'impute pas
>   d'iniquité,
> Et dans l'esprit duquel il n'y a point de fraude! . . .
> Je t'ai fait connaître mon péché,
>   je n'ai pas caché mon iniquité;
> J'ai dit: J'avouerai mes transgressions à l'Eternel!
> Et tu as effacé la peine de mon péché
> (Psaume 32:1-2, 5).

> O Dieu ! aie pitié de moi dans ta bonté;
> Selon ta grande miséricorde,
> Efface mes transgressions . . .
> Purifie-moi avec l'hysope, et je serai pur;
> Lave-moi, et je serai plus blanc que la neige.
> Annonce-moi l'allégresse et la joie,
> Et les os que tu as brisés se réjouiront.
> Détourne ton regard de mes péchés,
> Efface toutes mes iniquités
> (Psaume 51:1, 7-9).

2. SON ESPRIT A ETE RENOUVELE

Pendant cette année de péché obstiné et non confessé, David s'est senti très seul. La direction spirituelle intime sur laquelle il avait toujours compté s'en était allée. Elle n'était plus, même un clignotement de joie qui venait de la présence de Dieu dans sa vie. Cependant, après s'être repenti de son péché, David, eu une sensibilité renouvelée à la direction du Saint-Esprit dans sa vie. Avec cela la joie intime est revenue. Et avec la joie intime sont venus la louange extérieure et le chant:

> Mais tu veux que la vérité soit au fond du cœur:
> Fais donc pénétrer la sagesse au dedans de moi . . .
> O Dieu! crée en moi un cœur pur,

Renouvelle en moi un esprit bien disposé.
Ne me rejette pas loin de ta face,
Ne me retire pas ton esprit saint.
Rends-moi la joie de ton salut,
Et qu'un esprit de bonne volonté me soutienne …
O Dieu, Dieu de mon salut!
Délivre-moi du sang versé,
Et ma langue célébrera ta miséricorde.
Seigneur! Ouvre mes lèvres, Et ma bouche publiera ta
     louange (Psaume 51:6, 10-12, 14-15).

3. SON SERVICE FUT RESTAURE

Depuis qu'il était un enfant, David se réjouissait de servir le Seigneur. La *passion* de servir Dieu ne l'avait jamais quittée; le pouvoir de le servir l'avait quitté! Son péché enleva la capacité de produire efficacement le témoignage au monde concernant la majesté de Dieu. En fait, son péché a donné l'occasion aux ennemis du Seigneur de se moquer de Dieu et de blasphémer (2 Samuel 12:14). Cependant, après que David ait été restauré dans une communion intime avec Dieu, il éprouva encore une fois la *passion* venue de l'Esprit et le pouvoir infus de Dieu de servir efficacement le Seigneur. Dans le Psaume 51 il décrit son attente de la restauration au ministère: "J'enseignerai tes voies à ceux qui les transgressent, / Et les pécheurs reviendront à toi." (Psaume 51:13).

Dieu n'a pas mis le Roi David dans son "Étagère des Croyants Inutilisables." Certainement qu'il y aurait des conséquences de toute la vie, à son péché mais, Dieu n'en avait pas fini avec lui.

Nous n'avons aucun récit de David répétant ce péché. Cependant, nous avons des récits de lui, exerçant le ministère auprès de milliers de ses compagnons pécheurs. Lui qui commença son ministère comme un homme selon le propre cœur de Dieu (1 Samuel 13:14) revint à ce même état spirituel et mourût "Il mourut dans une heureuse vieillesse, rassasié de jours," (1 Chronique de 29:28). Il devint vieux et mourût, ayant "en son temps servi au dessein de Dieu, " (Actes 13:36).

Telles est la grâce et la miséricorde de Dieu! Les *péchés* de David furent pardonnés, son *esprit* fut renouvelé, et son *service* fut restauré. C'était le fruit promis de la confession et la repentance qui étaient le sien pour en jouir. Appelez cela réveil, renouveau, restauration ou réforme. Il y a vraiment une vie après le péché. Soyez-en sûr! Le Repentant Roi David l'a fait:

> Beaucoup de douleurs sont la part du méchant,
> Mais celui qui se confie en l'Eternel est environné de
>   sa grâce.
> Justes, réjouissez-vous en l'Eternel et soyez dans
> l'allégresse!
> Poussez des cris de joie, vous tous qui êtes droits de
>   cœur (Psaume 32:10-11).

Seuls les pécheurs qui ont vraiment éprouvé la grâce, la miséricorde, et le pardon de Dieu peuvent imaginer comment David a senti quand il s'est assis pour écrire le Psaume 103. Incluez-moi comme l'un d'eux!

> Mon âme, bénis l'Eternel!
> Que tout ce qui est en moi bénisse son saint nom !
> Mon âme, bénis l'Eternel,
> Et n'oublie aucun de ses bienfaits!
> C'est lui qui pardonne toutes tes iniquités,
> Qui guérit toutes tes maladies;
> C'est lui qui délivre ta vie de la fosse,
> Qui te couronne de bonté et de miséricorde;
> C'est lui qui rassasie de biens ta vieillesse,
> Qui te fait rajeunir comme l'aigle . . .
> Il ne nous traite pas selon nos péchés,
> Il ne nous punit pas selon nos iniquités.
> Mais autant les cieux sont élevés au-dessus de la terre,
> Autant sa bonté est grande pour ceux qui le craignent;
> Autant l'orient est éloigné de l'occident,
> Autant il éloigne de nous nos transgressions.
> Comme un père a compassion de ses enfants,
> L'Eternel a compassion de ceux qui le craignent.
> Car il sait de quoi nous sommes formés,
> Il se souvient que nous sommes poussière.
> (Psaume 103:1-5, 10-14).

LES LEÇONS DE LA VIE DE DAVID

Dans son livre! The Myth of the Greener Grass (Le Mythe de l'Herbe plus Verte), J. Allan Petersen constitue quelques applications importantes de la vie, partant du péché et de la restauration de David :

1. Personne, que ce soit les choisis, bénis, et utilisé par Dieu, n'est immunisé d'une relation extraconjugale.
2. N'importe qui, sans se soucier de combien de victoires il a gagné, peut tomber désastreusement.
3. L'acte d'infidélité est le résultat de désirs, pensées, et rêves, incontrôlés
4. Votre corps est votre serviteur ou il devient votre maître.
5. Un Chrétien qui chute excusera, rationalisera, et conseillera, de même comme personne d'autre.
6. Le péché peut être agréable mais il ne peut jamais être couvert avec succès.
7. une nuit de passion peut provoquer des années de douleur de la famille.
8. La chute n'est ni fatale ni finale.[1]

SIXIEME PARTIE:
LE CHEMIN EN AVANT

Chapitre 43

DE "QUOI?" A "ALORS QUOI?" A "MAINTENANT QUOI?"

A LA RECHERCHE D'UN REVEIL DE PURETE

John Chrysostom était l'un des premiers pères de l'église. La clarté de sa prédication au quatrième siècle lui valu le surnom Grec qui veut dire "qui a une bouche en Or." Par respect pour notre besoin d'un réveil personnel de pureté dans le corps du Christ, nous pouvons utiliser son sermon d'or aujourd'hui. Dans son livre, Personal Holiness in Time of Temptation (*Sainteté Personnelle dans les Moments de Tentation*), Dr. Bruce Wilkinson cite Chrysostom:

> Si seulement dix parmi nous sont vertueux, les dix deviendront vingt, les vingt cinquante, les cinquante, une centaine, la centaine un millier, et les milles deviendront la ville entière. Comme lorsque dix lampes sont allumées, une maison entière peut facilement Etre remplie de lumière; ainsi en est-il avec le progrès des choses spirituelles. Si seulement dix parmi nous menons une vie sainte, nous allumerions Un feu qui éclairerait la cité entière.[1]

Le prédicateur revivaliste du dix-huitième siècle, John Wesley, est aussi connu pour avoir dit, "Donnez-moi cent hommes qui n'aiment rien sauf Dieu et ne haïssent rien sauf le péché et je changerai le monde."

Pour les décennies où j'ai été dans le ministère, mes compagnons dirigeants chrétiens, étaient entrain de réclamé une réforme dans notre pensée nationale à propos de la moralité sexuelle, la pureté personnelle, et la sainteté. Ce livre est à propos, pour un tel réveil, présentant une compréhension biblique du dessein merveilleux de notre Créateur pour la sexualité humaine, et nous appelant à un engagement passionné et journalier pour ne rien faire, en pensée ou en action, qui violerait ce dessein. J'apprécie donc le travail de mes contemporains dont les cœurs ont battu avec le même désir, pour ce genre de pureté dans le corps du Christ. Je suis surtout redevable à RandyAlcorn, dont plusieurs articles et livres ont abordé ce problème directement:

> En écrivant et faisant des recherches sur le livre Restoring Sexual Sanity (*Restaurer la santé Sexuelle*), j'ai découvert qu'un important signe distinctif de l'église primitive était sa pureté sexuelle. Si nous ne réclamons pas ce terrain perdu, l'église d'aujourd'hui et sa direction sont destinées à l'impotence spirituelle. Pourquoi? Parce qu'un monde impie ne sera jamais gagné à Christ par une église impie."[2]

L'Évangéliste britannique Leonard Ravenhill, exprima une pensée profonde et apparentée: "Le plus grand miracle que Dieu peut faire aujourd'hui, c'est de prendre un homme impie hors d'un monde impie, rendre cet homme saint, et le remettre dans le monde impie et le garder saint dans ce monde.[3]

Je crois que, le réveil *national*, dans n'importe quel pays, n'importe quel continent est possible, mais pas en dehors d'un engagement individuel à la pureté et à la sainteté personnelle. Toute autre chose d'autre est, au mieux, un spectacle tape à l'œil d'éclat et de circonstance spirituelle. Cela pourrait même être un mouvement contrefait, inspiré par le Père du Mensonges lui-même. Le Diable est enthousiasmé d'entendre d'une foule des "'amen" et des "'halleluia" copieux, venantde gens dont les vies intérieures sont assaillies par le péché sexuel, et qui n'ont aucun engagement réel àse transformer.

UN REVEIL DE PURETE . . . UNE PERSONNE A LA FOIS

Le président d'une agence d'aide chrétienne célèbre a été questionné une fois, "Comment est-ce que vous nourrissez un monde affamé?" Il répondit, "Une personne à la fois."

Comment commençons-nous un réveil de pureté et de sainteté, dans un monde moralement ruiné et spirituellement dépravé? Une personne à la fois!

Au cours de l'été de 1997, j'ai assisté à un rassemblement de Promise Keepers (Gardiens de la Promesse) dans ma ville natale de Fresno, en Californie. La première nuit, Dr. Bruce Wilkinson, fondateur du Ministère Marcher à Travers la Bible (Walk Thru the Bible Ministries), a défié l'assemblée, à se repentir honnêtement de l'immoralité. L'invitation a été lancée pour ces hommes qui était vraiment sincère à propos de transformation, de fléchir leurs genoux et de prier avec Lui. Un par un, des milliers d'hommes répondirent. Ils allaient, dans les jours qui allaient suivre, être connus comme "Les dix milles de Fresno." La Bible nous rappelle qu'avec Dieu comme notre Rocher, un peut maîtriser mille et deux peuvent "mettre dix mille en fuite" (Deutéronome 32:30). Imaginez l'impact de dix mille hommes confessant le péché d'immoralité sexuelle et vivant leur engagement à une vie de pureté et de sainteté.

La bonne nouvelle est qu'ils ne sont pas seuls. Ils ont rejoint les rangs d'innombrables milliers de mes compagnons Ambassadeurs de Pureté autour de ce globe, qui ont rejoint en priant que la piété prédominerait dans nos maisons, nos églises, et nos communautés. J'ai confiance que, vous avez entendu et répondu à ce même appel. Comment est-ce que nous changeons un monde immoral? Un cœur à la fois, en commençant avec le nôtre.

UN DERNIER MOT A MES DESCENDANTS— PHYSIQUES ET SPIRITUEL

Hugh Hefner, le fondateur et rédacteur en chef du magazine de *Playboy*, est un descendant direct du passager du Mayflower (bateau qui transporta des immigrants américains au 17ème siècle) et puritain du dix-septième siècle, le Gouverneur William Bradford. Bradford était connu pour son engagement à la Seigneurie de Jésus Christ et sa position pour la sainteté personnelle. J'ai entendu une fois Hugh Hefner être interviewé sur le *Larry King Live Show* de CNN, dans lequel il a regretté les vues et valeurs puritaines soutenues par son célèbre ancêtre.[4]

C'est aussi connaissance courante dans ma famille que l'infâme gangster Américain, Alfonse Capone, est un de mes cousins. Malgré une vie de contrebande, jeux de casino, trafics de sexe, et meurtres bien documentés, il était capable d'éviter d'être tué par ses ennemis du milieu

Cependant, c'était son péché sexuel qui à fait tombé le coup final. Même en servant pendant un temps court à la Prison centrale d'Alcatraz, il a été rendu incapable mentalement, souffrant des effets des étapes avancées de la neuro-syphilis. Cette maladie sexuellement transmise a hâté sa mort à quarante-huit ans. Il a pu esquiver la balle pour ses crimes publics mais il a, néanmoins, payé le prix pour son immoralité privée.

Je suppose que le but de la vie de Hefner est semblable au mien dans un sens. Ni "Hef" ni moi, sommes responsables des vues et pratiques morales de nos ancêtres, bonnes ou mauvaises. Cependant, nous sommes tous deux, entrain de nous efforcer à influencer nos descendants.

Comme pour moi, je me suis engagé à annuler les influences immorales des gens comme le Cousin Al et encourager les standards saints de ceux comme le pieux ancêtre de Hefner. Je présente, par conséquent, ce livre à mes descendants physiques et spirituels—ma terrestre et céleste. Ma prière est que chacun de vous, "glorifierez Dieu dans votre corps" (1 Corinthiens 6:20).

Soli Deo Gloria

GUIDE D'ETUDE

QUESTIONS POUR REFLEXION ET DISCUSSION

Ce livre a été conçu autant pour la réflexion personnelle (individuellement ou entant qu'un couple marié) que pour la discussion en groupe (avec des personnes du même sexe.) Les huit premières réunions sont pour des discussions à propos du contenu du livre. Elles sont suivies par les réunions facultatives de responsabilité du groupe, en utilisant les feuilles de travail dans le Programme de la Responsabilité Personnel. Bien sûr, je vous encourage concevoir votre groupe de la discussion tout chemin qui adapte à votre style et besoin. Voici ma suggestion:

SEMAINE #1 GUIDE de la DISCUSSION
SESSION D'INTRODUCTION

Tâche assignée: Étudiez toutes les pages d'introduction, mais n'inclure pas, le chapitre du rst. Que soit préparé à répondre aux questions suivantes:

Date Echue: _____

1. Au sujet de qu'est-ce que vos attentes et appréhensions étaient lire ceci livre?

2. Pourquoi fait vous pensez que c'est approprié de décrire la lutte pour pureté dans les termes militaires?

3. Qu'est-ce qu'il veut dire un Ambassadeur de Pureté pour être?

SEMAINE #2 GUIDE DE DISCUSSION
PREMIERE PARTIE: LE BESOIN

Tâche assignée: Lire les Chapitres 1-4   Date Echue: _____

1. Qu'est ce que vous avez trouvé le plus utile dans cette section et pourquoi?

2. Croyez-vous que l'immoralité est un plus grand problème de nos jours que dans le passé? Pourquoi?

3. Pourquoi est-il nécessaire de regarder premièrement le problème d'immoralité parmi le peuple de Dieu?

4. Que veut dire être proactif concernant la pureté morale? De quelle étapes proactif as-tu besoin de prendre dans votre vie?

5. Pourquoi 1 Thessaloniciens 4:1-8 est un tel passage vital concernant la pureté morale? Comment ce passage vous a-t-il influencé? Allez-vous être disposé à prendre l'engagement de lire 1 Thessaloniciens 4:1-8 quarante fois dans les deux prochaines semaines?

6. A côté de la sainteté étant la volonté de Dieu, qui d'autre dans vos vie désire que vous soyez pur?

7. Quels sont mes problème "Feu rouge!" dans votre vie?

8. Votre première éducation concernant la sexualité humaine était-elle compatible avec la vision de Dieu?

9. De quelles manières avez-vous vu Dieu venger l'immoralité ?

10. Que signifie être appelé par Dieu pour être pur?

11. Pourquoi est-il possible de maintenir une marche de pureté personnelle et de sainteté?

SEMAINE #3 GUIDE DE DISCUSSION
DEUXIEME PARTIE: LE DESSIN DE DIEU

Tâche assignée: Lire des Chapitres 5-15   Date Echue : _____

1. Quelle est la chose que vous approuver ou désapprouver le plus? Pourquoi?

2. Est-ce que le concept de "l'unité sexuelle comme un reflet de l'unité de Dieu" est nouveau pour vous?

3. Comment cette compréhension de l'echad de Dieu affecte-t-elle votre attitude envers le sexe dans le mariage? En dehors du mariage?

4. Quelle est l'importance de comprendre l'unité d'alliance et de restauration?

5. Comme le concept de "sexe saint" comme forme d'adoration affecte nos attitudes et actions ?

6. Considérant le dessein de Dieu pour le sexe dans le mariage comme développant l'unité physique, émotionnelle et spirituelle, laquelle de ces unités, sentez-vous, est le plus souvent négligée dans les mariages? Dans votre mariage?

7. Comment définissez-vous la romance? Comment votre épouse la définit-elle?

8. Quel "l'un l'autre" avez-vous le plus besoin de travailler sur?

9. Lequel des buts de Dieu, en donnant une conduite sexuelle aux célibataires, est le plus ignoré parmi les célibataires aujourd'hui?

SEMAINE #4 GUIDE DE DISCUSSION
TROISIEME PARTIE: LES ABUS DE L'HOMME

Tâche assignée: Lire les Chapitres 16-25   Date Echue: _____

1. Quel principe ou idée de ces chapitres avez-vous trouvé le plus défiant? Pourquoi?

2. Quel sont les choses spécifiques, qui ratent la cible de l'unité de Dieu, contre lesquelles vous luttez?

3. Qui est-ce que nous condamnons pour notre lutte contre la convoitise?

4. Donnez un exemple personnel de Principe Destructif que vous avez expérimenté.

5. A quand remonte la dernière que vous avez traversé une saison de sécheresse spirituelle? Comment est-ce que vous allez aujourd'hui?

6. Comment estimez-vous la santé de votre mariage? Comment pensez-vous que votre conjoint répondrait à cette même question?

7. Quel est le mal à s'engager dans des fantasmes sexuel?

8. Dans quels domaines est-ce que vous êtes insouciant dans vos rapports avec le sexe opposé? Que pensez-vous que vous devriez faire à ce sujet?

9. Etes-vous, présentement, dans une situation moralement dangereuse que vous avez besoin de fuir?

10. Laquelle des conséquences de l'immoralité vous effraie le plus?

11. Comment voyez-vous vos perspectives pour la victoire?

SEMAINE #5 GUIDE DE DISCUSSION
QUATRIEME PARTIE: LA VOIE DE SORTIE

Tâche assignée: Lire les Chapitres 26-39   Date Echue : _____

1. Quelle est la chose que vous trouvez la plus utile? Pourquoi?

2. Croyez-vous que votre guerre personnelle contre l'immoralité est gagnable?

3. De quelle influence immorale, avez-vous besoin de protégez le plus, votre pensée?

4. Quels passages de l'Ecriture sainte est-ce que vous avez surtout besoin de mémoriser?

5. Quel attribut de Dieu est le plus significatif pour vous dans votre bataille contre l'immoralité?

6. A côté de votre amitié avec le Seigneur, quelle relation serait la plus affectée, si vous tombiez dans le péché sexuel? Que pensez-vous qui pourrait se passer?

7. Avez-vous présenté votre corps à Dieu aujourd'hui? Est-ce ceci est devenu une pratique régulière?

8. Quelles sont quelques-unes des alliances que vous avez conclues, concernant les parties spécifiques de votre corps?

9. Comment le Principe de "Un Pas En arrière" s'applique à vous? Donnez un exemple.

10. De quelles manières spécifiques avons-nous besoin les uns des autres comme une sauvegarde pour notre pureté sexuelle?

11. Qui, sentez-vous, ont le plus besoin de prière pour leur sécurité morale?

12. Pourquoi, tant de Chrétiens résistent à s'engager dans une redevabilité personnelle avec d'autres croyants?

13. Partagez les noms de quelques partenaires de redevabilité de confiance, avec qui vous vous rencontrez régulièrement pour poser les questions *dures* l'un à l'autre.

Note: Dans la Semaine #8 il vous sera demandé de venir avec les noms d'au moins quatre partenaires de redevabilité qui ont consenti à vous rencontrer dans les semaines subséquentes pour compléter le Programme Personnel de Redevabilité.

SEMAINE #6 GUIDE DE DISCUSSION
CINQUIEME PARTIE: LE CHEMIN DE RETOUR

Tâche assignée: Lire les Chapitres 40-42   Date Echue: _____

1. Quel principe ou idée de ces chapitres avez-vous trouvé le plus défiant? Pourquoi?

2. Quelle partie de l'admission du péché est la plus difficile pour vous? Cacher? Condamner? Chagriner?

3. Quelle est la différence entre la vrai confession et dire simplement, "je suis désolé, Seigneur?"

4. Quelles sont quelques signes qu'une personne s'est vraiment repentie?

5. Quelles sont quelques-uns des résultats d'admettre, confesser et se tourner du péché?

6. Quelles sont les leçons, du processus de restauration du Roi David, qui vous ont affecté le plus?

SEMAINE #7 GUIDE de la DISCUSSION
PARTEZ-EN SIX: LE CHEMIN EN AVANT

Tâche assignée: Lire le Chapitre 43   Date Echue: _____

1. Qu'est ce que vous avez trouvé le plus utile? Pourquoi?

2. Croyez-vous qu'une renaissance de pureté morale est possible dans votre nation? Que doit-il se passer premièrement? Qu'est-ce qu'il faut pour commencer "une génération de pureté" dans votre famille?

3. Ecrivez une phrase simple qui décrit ce que signifie "glorifiez Dieu dans votre corps" (1 Corinthiens 6:20).

4. (Tâche facultative) Discutez la *Lecture Suggérée sur la Pureté Morale et le Sexualité Biblique*, trouvée dans l'Appendice. Partagez avec votre groupe quelles ressources, dans cette liste, vous trouveriez le plus intéressant à lire. Soyez préparé à faire vos propres suggestions et recommandations.

SEMAINE #8 GUIDE DE DISCUSSION
INTRODUCTION AU PROGRAMME DE LA REDEVABILITE PERSONNELLE

Tâche assignée: Lire l'introduction au *Programme de Redevabilité Personnelle* dans les pages suivantes, y compris la liste de tous les titres de feuille de travail. Faites une rapide vue d'ensemble d'au moins quatre des feuilles de travail de la redevabilité. Complétez la feuille de travail de Redevabilité #1 uniquement.

Date Echue: _____

Discutez avec le groupe, vos réponses personnelles à la Feuille de travail de la Redevabilité #1: Prendre Ma Pulsation Générale.

Soyez préparé à discuter votre plan pour le Programme de la Redevabilité Personnel dans les semaines à venir.

Instructions: Vous commencerez à vous rencontrer dans un groupe de redevabilité hebdomadaire de pas plus de six personnes du même sexe pour participer au reste du Programme Personnel de redevabilité. Vous pouvez aussi décider de vous rencontrer pour autant de nombre de semaines et alors changer de partenaires. Si c'est ainsi, je recommande au moins six semaines avec le même groupe de la redevabilitéabilité.

Utiliser la feuille de calendrier du planning sur la page suivante, concevez le programme autour des besoins particuliers de votre groupe de la redevabilité, y compris répéter les feuilles de travail qui sont particulièrement utiles.

MON PROGRAMME PERSONNEL DE REDEVABILITE

Semaine #1
Date de rencontre: _____ Feuille de travail # _____ Initiales des partenaires: _____
Semaine #2
Date de rencontre: _____ Feuille de travail # _____ Initiales des partenaires: _____
Semaine #3
Date de rencontre: _____ Feuille de travail # _____ Initiales des partenaires: _____
Semaine #4
Date de rencontre: _____ Feuille de travail # _____ Initiales des partenaires: _____
Semaine #5
Date de rencontre _____ Feuille de travail # _____ Initiales des partenaires: _____
Semaine #6
Date de rencontre _____ Feuille de travail # _____ Initiales des partenaires: _____
Semaine #7
Date de rencontre: _____ Feuille de travail # _____ Initiales des partenaires: _____
Semaine #8
Date de rencontre: _____ Feuille de travail # _____ Initiales des partenaires: _____
Semaine #9
Date de rencontre: _____ Feuille de travail # _____ Initiales des partenaires: _____
Semaine #10
Date de rencontre: _____ Feuille de travail # _____ Initiales des partenaires: _____
Semaine #11
Date de rencontre: _____ Feuille de travail # _____ Initiales des partenaires: _____
Semaine #12
Date de rencontre: _____ Feuille de travail # _____ Initiales des partenaires: _____
Semaine #13
Date de rencontre: _____ Feuille de travail # _____ Initiales des partenaires: _____
Semaine #14
Date de rencontre: _____ Feuille de travail # _____ Initiales des partenaires: _____
Semaine #15
Date de rencontre: _____ Feuille de travail # _____ Initiales des partenaires: _____
Semaine #16
Date de rencontre: _____ Feuille de travail # _____ Initiales des partenaires: _____
Semaine #17
Date de rencontre : _____ Feuille de travail # _____ Initiales des partenaires : _____
Semaine #18
Date de rencontre : _____ Feuille de travail # _____ Initiales des partenaires : _____

PROGRAMME DE REDEVABILITE PERSONNELLE

PROGRAMME DE REDEVABILITE PERSONNELLE

La négligence d'aujourd'hui est le commencement de l'erreur de demain. Par conséquent, nous devons mettre à part un temps pour jeter un regard sain sur nous-mêmes:

> Veille sur toi-même et sur ton enseignement; persévère dans ces choses (1 Timothée 4:16).

Nous avons besoin aussi de nous occuper des autres. Les Saintes Ecritures sont aussi clairs au sujet de ceci:

> Mais exhortez-vous les uns les autres chaque jour, aussi longtemps qu'on peut dire: Aujourd'hui! Afin qu'aucun de vous ne s'endurcisse par la séduction du péché (Hébreux 3:13).

> Deux valent mieux qu'un, parce qu'ils retirent un bon salaire de leur travail. Car, s'ils tombent, l'un relève son compagnon; mais malheur à celui qui est seul et qui tombe, sans avoir un second pour le relever! De même, si deux couchent ensemble, ils auront chaud; mais celui qui est seul, comment aura-t-il chaud? Et si quelqu'un est plus fort qu'un seul, les deux peuvent lui résister; et la corde à trois fils ne se rompt pas facilement (Ecclésiastes 4:9-12).

> Veillons les uns sur les autres, pour nous exciter à la charité et aux bonnes œuvres. N'abandonnons pas notre assemblée, comme c'est la coutume de quelques-uns; mais exhortons-nous réciproquement, et cela d'autant plus que vous voyez s'approcher le jour (Hébreux 10:24-25).

> Comme le fer aiguise le fer, / Ainsi un homme excite la colère d'un homme (Proverbes 27:17).

LES TROIS FACETTES DE LA REDEVABILITE PERSONNELLE

1. j'ai besoin d'une redevabilité conséquente.
   Sachant que je *serai* tenté, j'ai besoin de me rencontrer avec quelqu'un régulièrement.

2. j'ai besoin d'une redevabilité défensive.
   Avant que je ne sois tenté, j'ai besoin de partager mes luttes particulières avec quelqu'un.

3. j'ai besoin d'une redevabilité défensive.
   Je suis entrain d'être tenté *à l'instant.* J'ai besoin d'aide.

LA PRATIQUE DE LA REDEVABILITE PERSONNELLE

Les pages suivantes contiennent une série de différentes feuilles de travail de la redevabilité spécialement conçues pour la réflexion personnelle et pour partager avec quelques partenaires de confiance. Quelques-uns sont en rapport avec la pureté morale; le reste avec d'autres domaines de Vie chrétienne.

Voici comment fonctionnent le Programme de Redevabilité Personnelle:

1. Trouvez quelques partenaires du même sexe qui s'engagent aux réunions régulières d'au moins trente minutes de temps de discussion.

2. Complétez chaque feuille de travail seul, avant de vous rencontrer avec votre partenaire redevabilité.

3. Rencontrez-vous pour discuter vos réponses sur la feuille de travail, aussi bien que pour prière et encouragement.

4. Les feuilles de travail peuvent être remplies dans n'importe quel ordre. Arrangez à l'avance le calendrier avec vos partenaires.

FEUILLE DE TRAVAIL

_____ Feuille de travail Redevabilité Personnelle #1: Prendre Ma Pulsation Générale

_____ Feuille de travail Redevabilité Personnelle #2: Prendre Ma Pulsation Générale (Première Partie)

_____ Feuille de travail Redevabilité Personnelle #3: Prendre Ma Pulsation Générale (Deuxième Partie)

_____ Feuille de travail Redevabilité Personnelle #4: Prendre Ma Pulsation Générale (Troisième Partie)

_____ Feuille de travail Redevabilité Personnelle #5: Prendre Ma Pulsation Maritale (Première Partie) (Pour les Maris Seulement)

_____ Feuille de travail Redevabilité Personnelle #6: Prendre Ma Pulsation Maritale (Deuxième Partie) (Pour les Femmes Seulement)

_____ Feuille de travail Redevabilité Personnelle #7: Prendre Ma Pulsation Maritale (Troisième Partie) (Pour les Couples mariés)

_____ Feuille de travail Redevabilité Personnelle #8: Prendre Ma Pulsation Ministère (Pour ceux, dans le Service Chrétien)

_____ Feuille de travail Redevabilité Personnelle #9: Prendre Ma Pulsation Physique

_____ Feuille de travail Redevabilité Personnelle #10: Prendre Ma Pulsation Mentale

_____ Feuille de travail Redevabilité Personnelle #11: Enoncer Mes Limites Mentales

_____ Feuille de travail Redevabilité Personnelle #12: Sauvegarder Mon Temps de Voyage

_____ Feuille de travail Redevabilité Personnelle #13: Enumérer les Conséquences de la chute Morale

_____ Feuille de travail Redevabilité Personnelle #14: Restaurer l'Amitié Avec Mon Dieu

_____ Feuille de travail Redevabilité Personnelle #15: Feuille de travail pour Résoudre un conflit

_____ Feuille de travail Redevabilité Personnelle #16: Conclure des alliances Avec les Parties de Mon Corps

_____ Feuille de travail Redevabilité Personnelle #17: Mes Indicateurs de Santé Spirituelles

_____ Feuille de travail Redevabilité Personnelle #18: Ma Prière de Dédicace

FEUILLE DE TRAVAIL DE REDEVABILITE PERSONNELLE #1

PRENDRE MA PULSATION GENERALE
POUR REVISION: LIRE "LE COMBAT DE LA PURETÉ" - CHAPITRE 38

1. Ai-je été fidèle dans la Parole et la prière? Est-ce que je grandis dans mon intimité avec Dieu?

2. Ai-je été sensible aux besoins de mon conjoint? Ma famille?

3. Ai-je lutté contre des pensées impures?

4. Ai-je regardé des matériels contestables qui apporteraient la honte au Seigneur?

5. Al-je été seul avec quelqu'un dans tout genre de situation où mes sensations ou actions sont devenues peu appropriées ou où d'autres auraient pu suspecter quelque chose?

6. Est-ce que j'éprouve des problèmes physiques? Mangeant bien? Ayant un repos adéquat et des exercices suffisants?

7. Est-ce que je fais face à des défis qui sont entrain d'affecter négativement bien-être physique, émotionnel, ou spirituel?

8. Ai-je menti ou compromis ma réponse à une des questions ci-dessus?

Ma Prière pour aujourd'hui:

FEUILLE DE TRAVAIL DE REDEVABILITEE PERSONNELLE #2

PRENDRE MA PULSATION SPIRITUELLE (PREMIERE PARTIE)
BASE SUR COLOSSIENS 3: 1-17, NEW AMERICAN STANDARD BIBLE)
POUR REVISION: LIRE "LE COMBAT DE LA PURETE" - CHAPITRE 20

Je suis entrain de:	Texte	Gagner	Lutter	Perdre
-chercher continuellement et penser aux choses de Dieu	Col. 3:1-4	10 9 8	7 6 5 4	3 2 1
- vivre de telle manière que les autres voient Le Christ en moi		10 9 8	7 6 5 4	3 2 1
- mettre à mort l'immoralité (fornication) *		10 9 8	7 6 5 4	3 2 1
- mettre à mort l'impudicité (Impureté) *		10 9 8	7 6 5 4	3 2 1
- mettre à mort les passions coupables (Affection démesurée) *	Col. 3:5-7	10 9 8	7 6 5 4	3 2 1
- mettre à mort les mauvais désirs (Mauvaise concupiscence) *		10 9 8	7 6 5 4	3 2 1
- mettre à mort l'avidité (Convoitise) *		10 9 8	7 6 5 4	3 2 1
- mettre la colère de côté		10 9 8	7 6 5 4	3 2 1
- mettre le courroux de côté		10 9 8	7 6 5 4	3 2 1
- mettre de côté la malice	Col. 3:8	10 9 8	7 6 5 4	3 2 1
- mettre la médisance de côté (Blasphème) *		10 9 8	7 6 5 4	3 2 1
- mettre la parole abusive de côté (Communication infecte) *		10 9 8	7 6 5 4	3 2 1
- cesser de mentir		10 9 8	7 6 5 4	3 2 1

- agir comme celui qui a mis de côté le vieux moi et a porté le nouveau moi	Col. 3:9-11	10 9 8	7 6 5 4	3 2 1
- vivre comme celui qui est renouvelé selon l'image de Celui qui m'a créé		10 9 8	7 6 5 4	3 2 1
- porter un cœur de compassion (intestins de pitié) *		10 9 8	7 6 5 4	3 2 1
- porter la gentillesse		10 9 8	7 6 5 4	3 2 1
- porter l'humilité	Col. 3:12	10 9 8	7 6 5 4	3 2 1
- porter la bonté (caractère de douceur) *		10 9 8	7 6 5 4	3 2 1
- porter la patience (endurance) *		10 9 8	7 6 5 4	3 2 1
- se supporter avec les autres	Col. 3:13	10 9 8	7 6 5 4	3 2 1
- pardonner aux autres		10 9 8	7 6 5 4	3 2 1
- porter l'amour unifiant	Col. 3:14	10 9 8	7 6 5 4 3 2 1	
- laisser la paix du Christ régner en moi	Col. 3:15	10 9 8	7 6 5 4 3 2 1	
- être continuellement reconnaissant		10 9 8	7 6 5 4 3 2 1	
- laisser la parole de Dieu demeurer en moi, richement	Col. 3:16	10 9 8	7 6 5 4 3 2 1	
- enseigner et redresser d'autres		10 9 8	7 6 5 4 3 2 1	
- mettre Le Christ en premier dans tout ce que je pense, fais et dit	Col. 3:17	10 9 8	7 6 5 4 3 2 1	

FEUILLE DE TRAVAIL DE REDEVABILITE PERSONNELLE #3

PRENDRE MA PULSATION SPIRITUELLE (DEUXIEME PARTIE)
(BASE SUR ROMAINS 12:1-21,
POUR REVISION: LIRE "LE COMBAT DE LA PURETE" - CHAPITRE 20

Je suis en train de:	Texte	Gagner	Lutter	Perdre
- présenter régulièrement mon corps à Dieu comme un sacrifice vivant, saint et acceptable à Lui	Rom. 12:1	10 9 8	7 6 5 4	3 2 1
- ne pas conformer à ce monde	Rom. 12:2	10 9 8	7 6 5 4	3 2 1
- être transformé par le renouvellement de mon esprit		10 9 8	7 6 5 4	3 2 1
- ne pas penser hautement de moi-même que je dois	Rom. 12:3	10 9 8	7 6 5 4	3 2 1
- penser de façon à avoir le Jugement juste (d'après ma foi)		10 9 8	7 6 5 4	3 2 1
- reconnaître qu'il y a beaucoup De membres du corps du Christ avec différentes fonctions	Rom. 12:4	10 9 8	7 6 5 4	3 2 1
- reconnaître que je suis un membre unique du corps du Christ	Rom. 12:5	10 9 8	7 6 5 4	3 2 1
- exercer mes dons selon la grâce et la foi qui me sont données	Rom. 12:6-8	10 9 8	7 6 5 4	3 2 1
- laisser mon amour être sans hypocrisie		1 0 9 8	7 6 5 4	3 2 1
- abhorrer (détester) ce qui est	Rom. 12:9	10 9 8	7 6 5 4	3 2 1
- m'accrocher à ce qui est bon		10 9 8	7 6 5 4	3 2 1

- me dévouer aux autres membres du corps du Christ dans l'amour fraternel	Rom. 12:10	10 9 8	7 6 5 4	3 2 1
- donner préférence aux autres dans L'honneur		10 9 8	7 6 5 4	3 2 1
- non négligent dans l'assiduité		10 9 8	7 6 5 4	3 2 1
- d'être fervent en esprit	Rom. 12:11	10 9 8	7 6 5 4	3 2 1
- de servir le Seigneur		10 9 8	7 6 5 4	3 2 1
- me réjouir en espérance		10 9 8	7 6 5 4	3 2 1
- persévérer dans la tribulation	Rom. 12:12	10 9 8	7 6 5 4	3 2 1
- d'être dévoué à la prière		10 9 8	7 6 5 4	3 2 1
- de contribuer aux besoins des saints		10 9 8	7 6 5 4	3 2 1
- pratiquer l'hospitalité	Rom. 12:13	10 9 8	7 6 5 4	3 2 1
- bénir ceux qui me persécutent et ne pas les maudire	Rom. 12:14	10 9 8	7 6 5 4	3 2 1
- me réjouir avec ceux qui se réjouissent		10 9 8	7 6 5 4	3 2 1
- pleurer avec ceux qui pleurent	Rom. 12:15	10 9 8	7 6 5 4	3 2 1
- d'avoir les mêmes pensées envers d'autres dans le corps du Christ		10 9 8	7 6 5 4	3 2 1
- de ne pas être hautain (fier) mais m'associer avec l'humble	Rom. 12:16	10 9 8	7 6 5 4	3 2 1
- de ne pas élever ma propre sagesse		10 9 8	7 6 5 4	3 2 1
- ne pas rendre le mal pour le mal		10 9 8	7 6 5 4	3 2 1
	Rom. 12:17			

- respecter ce qui est juste aux vues de tous les hommes		10 9 8 7 6 5 4 3 2 1	

- d'être en paix avec tous les hommes (autant que cela dépend de moi)	Rom. 12:18	10 9 8 7 6 5 4 3 2 1	

- ne pas prendre vengeance de mes
propres mains mais laisser cela   Rom. 12:19
à Dieu   10 9 8   7 6 5 4   3 2 1

- de m'occuper de mes ennemis   Rom. 12:20   10 9 8   7 6 5 4   3 2 1

- de vaincre le mal avec le bien   Rom. 12:21   10 9 8   7 6 5 4   3 2 1

FEUILLE DE TRAVAIL DE REDEVABILITÉ PERSONNELLE #4

PRENDRE MA PULSATION SPIRITUELLE (TROISIEME PARTIE)
(BASE SUR GALATES 5: 16-23, NEW AMERICAN STANDARD BIBLE)
POUR REVISION LIRE "LE COMBAT DE LA PURETE" - CHAPITRE 20

En général je	Texte	Gagner	Lutter	Perdre
- marche par l'Esprit		10 9 8	7 6 5 4	3 2 1
	Gal. 5:16-18			
- n'accomplit pas				
Les œuvre de la chair		10 9 8	7 6 5 4	3 2 1

Spécifiquement, ici c'est comme je fait dans ma bataille contre:	Texte	Gagner	Lutter	Perdre
- l'immoralité		10 9 8	7 6 5 4	3 2 1
- l'impudicité	Gal. 5:19	10 9 8	7 6 5 4	3 2 1
- la sensualité		10 9 8	7 6 5 4	3 2 1
- l'idolâtrie		10 9 8	7 6 5 4	3 2 1
- la sorcellerie		10 9 8	7 6 5 4	3 2 1
- l'inimitié		10 98	7 6 5 4	3 2 1
- le conflit		10 98	7 6 5 4	3 2 1
- la jalousie	Gal. 5:20	10 9 8	7 6 5 4	3 2 1
- déchaînements de colère		10 9 8	7 6 5 4	3 2 1
- les disputes		10 9 8	7 6 5 4	3 2 1
- les dissensions		10 9 8	7 6 5 4	3 2 1
- les discordes		10 9 8	7 6 5 4 3 2 1	

	Texte	Gagner		Lutter		Perdre
- l'envie		10 9 8		7 6 5 4		3 2 1
- l'ivresse	Gal. 5:21	10 9 8		7 6 5 4		3 2 1
- festoyer		10 9 8		7 6 5 4		3 2 1
- les choses comme ceci		10 9 8		7 6 5 4		3 2 1

(énumérer quelques-unes ci-dessous)

	Gagner	Lutter	Perdre
_____	10 9 8	7 6 5 4	3 2 1
_____	10 9 8	7 6 5 4	3 2 1
_____	10 9 8	7 6 5 4	3 2 1

Spécieusement, ici c'est comment je vais dans la manifestation du fruit de l'Esprit et le fait de devenir plus ressemblant à Jésus Christ dans:	Texte	Gagner	Lutter	Perdre
- mon amour		10 9 8	7 6 5 4	3 2 1
- ma joie		10 9 8	7 6 5 4	3 2 1
- ma paix		10 9 8	7 6 5 4	3 2 1
- ma patience	Gal. 5:22	10 9 8	7 6 5 4	3 2 1
- ma gentillesse		10 9 8	7 6 5 4	3 2 1
- ma bonté		10 9 8	7 6 5 4	3 2 1
- ma fidélité		10 9 8	7 6 5 4	3 2 1
- ma bonté		10 9 8	7 6 5 4	3 2 1
- ma maîtrise de soi	Gal. 5:23	10 9 8	7 6 5 4	3 2 1

FEUILLE DE TRAVAIL DE REDEVABILITÉ PERSONNELLE #5

PRENDRE MA PULSATION MARITALE (PREMIERE PARTIE)
(POUR LES MARIS SEULEMENT)
POUR REVISION: LIRE "LE COMBAT DE LA PURETE" - CHAPITRE 21

Comme un mari je:	Texte	Gagner	Lutter	Perdre
- fait ma part pour m'assurer que nous avons une saine vie du sexe	Prov. 5:15-19	10 9 8	7 6 5 4	3 2 1
- traite ma femme comme un précieux don de Dieu	Prov. 18:22; 19:13-14; 31:10	10 9 8	7 6 5 4	3 2 1
- récompense ma femme pour son travail dur donne à ma femme	Prov. 31:27-28	10 9 8	7 6 5 4	3 2 1
- L'éloge qu'elle mérite	Prov. 31:28-31	10 9 8	7 6 5 4	3 2 1
- aime ma femme comme Le Christ aime l'église		10 9 8	7 6 5 4	3 2 1
- sacri scing pour ma femme		10 9 8	7 6 5 4	3 2 1
	Eph. 5:25-30			
- aime ma femme comme mon propre corps		10 9 8	7 6 5 4	3 2 1
- nourris et chéris ma femme		10 9 8	7 6 5 4	3 2 1
- ne m'aigri pas contre ma femme	Col. 3:19	10 9 8	7 6 5 4	3 2 1
- vis avec ma femme dans un chemin de compréhension		10 9 8	7 6 5 4	3 2 1
- comprend les limitations physiques de ma femme	1 Pierre 3:7	10 9 8	7 6 5 4	3 2 1

- respecte ses différences
émotionnelles   10 9 8   7 6 5 4   3 2 1

- l'honore comme un
héritier commun en Christ   10 9 8   7 6 5 4   3 2 1

	Excellent	Bon	Pauvre
1. J'estimerais mon mariage comme:	10 9 8	7 6 5 4	3 2 1
2. Ma femme estimerait notre mariage comme:	10 9 8	7 6 5 4	3 2 1
3. J'estimerais ma vie de famille comme:	10 9 8	7 6 5 4	3 2 1
4. Ma femme estimerait notre vie de famille comme:	10 9 8	7 6 5 4	3 2 1

FEUILLE DE TRAVAIL DE REDEVABILITÉ PERSONNELLE #6

PRENDRE MA PULSATION MARITALE (PARTIE DEUX)
(POUR LES EPOUSES SEULEMENT)
(BASE SUR 1 PIERRE 3:1-6, 8-9, NEW AMERICAN STANDARD BIBLE)
POUR REVISION: LIRE "LE COMBAT DE LA PURETE" - CHAPITRE 21

Comme une femme je:	Texte	Gagner	Lutter	Perdre
- suis la direction spirituelle de mon mari	1 Pierre 3:1	10 9 8	7 6 5 4	3 2 1
- le gagne sans se quereller (quand il est désobéissant à la parole)	1 Pierre 3:1	10 9 8	7 6 5 4	3 2 1
- mène une vie notable de pureté et d'adoration	1 Pierre 3:2	10 9 8	7 6 5 4	3 2 1
- ne me concentre pas juste sur ma beauté extérieure (cheveux, bijouterie, vêtements)	1 Pierre 3:3	10 9 8	7 6 5 4	3 2 1
- travaille sur mon moi intérieur	1 Pierre 3:4	10 9 8	7 6 5 4	3 2 1
- me revêt d'un ineffaçable esprit doux et tranquille qui a une grande valeur aux yeux de Dieu	1 Pierre 3:4	10 9 8	7 6 5 4	3 2 1
- trouve ma valeur dans ma relation avec Dieu	1 Pierre 3:4	10 9 8	7 6 5 4	3 2 1
- m'orner avec la beauté sans âge De l'espoir en Dieu	1 Pierre 3:5	10 9 8	7 6 5 4	3 2 1
- fais ce qui est juste pour permettre à mon mari de me conduire	1 Pierre 3:6	10 9 8	7 6 5 4	3 2 1

		Excellent	Bon	Pauvre
- ne donne pas l'accès à la crainte dans ma vie	1 Pierre 3:6	10 9 8	7 6 5 4	3 2 1

J'estimerais notre mariage comme:		Excellent	Bon	Pauvre
- harmonieux		10 9 8	7 6 5 4	3 2 1
- solidaire		10 9 8	7 6 5 4	3 2 1
- fraternel		10 9 8	7 6 5 4	3 2 1
- bon	1 Pierre 3:8-9	10 9 8	7 6 5 4	3 2 1
- humble en esprit		10 9 8	7 6 5 4	3 2 1
- ne rendant pas mal pour mal		10 9 8	7 6 5 4	3 2 1
- donnant une bénédiction à la place		10 9 8	7 6 5 4	3 2 1

	Excellent	Bon	Pauvre
1. Dans l'ensemble, j'estimerais mon mariage comme:	10 9 8	7 6 5 4	3 2 1
2. Mon mari estimerait notre mariage comme:	10 9 8	7 6 5 4	3 2 1
3. J'estimerais ma vie de famille comme:	10 9 8	7 6 5 4	3 2 1
4. Mon mari estimerait notre vie de famille comme:	10 9 8	7 6 5 4	3 2 1

FEUILLE DE TRAVAIL DE REDEVABILITÉ PERSONNELLE #7

PRENDRE MA PULSATION MARITALE (TROISIEME PARTIE)
(POUR LES COUPLE UNIQUEMENT)
POUR REVISION: LIRE "LE COMBAT DE LA PURETE" - CHAPITRE 21
ETAPE #2

Un Agenda de Discussion Pour Couples Mariés

1. Avons-nous rencontré les besoins l'un de l'autre besoins?

2. Avons-nous été trop occupés pour nous concentrer l'un sur l'autre?

3. Avons-nous bien communiqué dernièrement?

4. Avons-nous gardé une rancune ou nourri de l'amertume?

5. Avons-nous protégé notre jour chômé?

6. Avons-nous joué ensemble?

7. Avons-nous mangé des repas ensemble?

8. Avons-nous été à un rendez-vous significatif?

9. Avons-nous joui l'un de l'autre?

10. Avons-nous prié ensemble?

11. Avons-nous été au lit en même temps?

12. Avons-nous été dans la romance l'un avec l'autre?

13. Avons-nous perdu la joie de notre union sexuelle?

14. Quels sont, d'après nous, les trois plus grands problèmes dans notre relation?

SOUCIS DU MARI

1. _____

2. _____

3. _____

SOUCIS DE LA FEMME

1. _____

2. _____

3. _____

15. Qu'est-ce que nous avons pris comme engagement pour bâtir notre mariage?

COMME TON MARI, JE VAIS

1. _____

2. _____

3. _____

4. _____

COMME TA FEMME JE VAIS

1. _____

2. _____

3. _____

4. _____

Signature du mari: _____ Date_____

Signature de la femme: _____ Date_____

FEUILLE DE TRAVAIL DE REDEVABILITÉ PERSONNELLE #8

PRENDRE MA PULSATION DE MINISTERE (POUR CEUX, DANS LE SERVICE CHRETIEN)

1. En considération de mon ministère dans l'ensemble, je me sens:

__ encouragé	__ frustré	__ fâché	__ déçu
__ fatigué	__ abusé	__ asséché	__ confiant
__ enseveli	__ indifférent	__ optimiste	__ défié
__ plein d'espoir	__ excité	__ mal compris	__ faussement accusé
__ joyeux	__ accompli	__ craintif	__ éteint
__ piégé	__ stimulé	__ jaloux des autres	__ accablé
__ insuffisant	__ apprécié	__ solitaire	__ supporté
__ rejeté	__ peu apprécié	__ motivé	__ vide

Commentaires:

2. En considérant mes relations avec mon bureau du ministère ou mes super viseurs, je me sens:

__ encouragé	__ frustré	__ fâché	__ déçu
__ fatigué	__ abusé	__ asséché	__ confiant
__ enseveli	__ indifférent	__ optimiste	__ défié
__ plein d'espoir	__ excité	__ mal compris	__ faussement accusé
__ joyeux	__ accompli	__ craintif	__ éteint
__ piégé	__ stimulé	__ jaloux des autres	__ accablé
__ insuffisant	__ apprécié	__ solitaire	__ supporté
__ rejeté	__ peu apprécié	__ motivé	__ vide

Commentaires:

3. En considérant ma relation avec les gens je sers, je me sens:

__ encouragé	__ frustré	__ fâché	__ déçu
__ fatigué	__ abusé	__ asséché	__ confiant
__ enseveli	__ indifférent	__ optimiste	__ défié
__ plein d'espoir	__ excité	__ mal compris	__ faussement accusé
__ joyeux	__ accompli	__ craintif	__ éteint
__ piégé	__ stimulé	__ jaloux des autres	__ accablé
__ insuffisant	__ apprécié	__ solitaire	__ supporté
__ rejeté	__ peu apprécié	__ motivé	__ vide

Commentaires:

4. En considérant ma relation avec mes collègues serviteurs, je me sens:

__ encouragé	__ frustré	__ fâché	__ déçu
__ fatigué	__ abusé	__ asséché	__ confiant
__ enseveli	__ indifférent	__ optimiste	__ défié
__ plein d'espoir	__ excité	__ mal compris	__ faussement accusé
__ joyeux	__ accompli	__ craintif	__ éteint
__ piégé	__ stimulé	__ jaloux des autres	__ accablé
__ insuffisant	__ apprécié	__ solitaire	__ supporté
__ rejeté	__ peu apprécié	__ motivé	__ vide

Commentaires:

5. En considérant comment j'utilise présentement mes dons et talents, je me sens:

__ encouragé	__ frustré	__ fâché	__ déçu
__ fatigué	__ abusé	__ asséché	__ confiant
__ enseveli	__ indifférent	__ optimiste	__ défié
__ plein d'espoir	__ excité	__ mal compris	__ faussement accusé
__ joyeux	__ accompli	__ craintif	__ éteint
__ piégé	__ stimulé	__ jaloux des autres	__ accablé
__ insuffisant	__ apprécié	__ solitaire	__ supporté
__ rejeté	__ peu apprécié	__ motivé	__ vide

Commentaires:

6. En considérant ma perspective qui concerne le futur de mon minis tère, je me sens:

__ encouragé	__ frustré	__ fâché	__ déçu
__ fatigué	__ abusé	__ asséché	__ confiant
__ enseveli	__ indifférent	__ optimiste	__ défié
__ plein d'espoir	__ excité	__ mal compris	__ faussement accusé
__ joyeux	__ accompli	__ craintif	__ éteint
__ piégé	__ stimulé	__ jaloux des autres	__ accablé
__ insuffisant	__ apprécié	__ solitaire	__ supporté
__ rejeté	__ peu apprécié	__ motivé	__ vide

Commentaires:

7. Certaines choses encourageantes qui se sont passées récemment sont:

8. Mes inquiétudes présentes sont:

9. Quelques aperçus frais que j'ai appris récemment sont:

10. Mon plus grand besoin aujourd'hui est:

11. Autres commentaires ou choses que j'aimerais partager:

FEUILLE DE TRAVAIL DE REDEVABILITE PERSONNELLE #9

PRENDRE MA PULSATION PHYSIQUE

1. J'obtiens beaucoup de repos.   Oui   Non
   Commentaire:

2. J'ai suffisamment d'exercices.   Oui   Non
   Commentaire:

3. J'ai eu un examen physique récemment.   Oui   Non
   Commentaire:

4. Je prends un jour de congé régulièrement   Oui   Non
   Commentaire:

5. J'ai besoin de quelques jours congé bientôt   Oui   Non
   Commentaire:

6. J'ai bientôt besoin de vacances courtes bientôt.   Oui   Non
   Commentaire:

7. J'ai besoin d'une pose prolongée.   Oui   Non
   Commentaire:

8. Je suis content de mon poids du corps   Oui   Non
   présentement.
   Commentaire:

9. Je suis content mes habitudes alimentaires   Oui   Non
présentes.
Commentaire:

10. Dans l'ensemble ma santé est: Bonne   Foire   Excellente   Pauvre

11. Ma dernière prise de tension était: Haute   Normale   Bas

Date de lecture : _____

12. Mes problèmes actuels de santé sont:

13. Pou améliorer la condition présente de ma santé je promets de :

1._____   2._____

3._____   4. _____

Signature:_____ Date_____

FEUILLE DE TRAVAIL DE REDEVABILITE PERSONNELLE #10

PRENDRE MA PULSATION MENTALE
(BASE SUR PHILIPPIENS 4:8,
POUR REVISION: LIRE "LE COMBAT DE LA PURETE"

Je laisse mon esprit demeurer sur des choses qui sont:

	Texte	Gagner	Lutter	Perdre
vraies		10 9 8	7 6 5 4	3 2 1
- honorables		10 9 8	7 6 5 4	3 2 1
- droites		10 9 8	7 6 5 4	3 2 1
- pures		10 9 8	7 6 5 4	3 2 1
- belles	Phil. 4:8	10 9 8	7 6 5 4	3 2 1
- de bonne réputation		10 9 8	7 6 5 4	3 2 1
- excellentes		10 9 8	7 6 5 4	3 2 1
- dignes d'éloge		10 9 8	7 6 5 4	3 2 1

La saleté qui a pollué ma pensée dernièrement est: _____

Lisez brièvement les références suivantes. Marquez celles que vous avez particulièrement besoin de méditer cette semaine. Partagez-les avec vos partenaires.

___ Psaume 119:9-11	___ 1 Thessaloniciens 4:1-8	___ Colossiens 3:1-17
___ Proverbes 5:8	___ Romains 12:1-2	___ Galates 5:16-26
___ Romains 6:11-19	___ Psaume 51:1-17	___ Marc 7:21-23
___ Jacques 1:14-16	___ Philippiens 4:8	___ Matthieu 5:27-28
___ 1 Pierre 1:14-17	___ Philippiens 3:7-16	___ 2 Corinthiens 10:3-6
___ Psaume 103:1-14	___ Psaume 38:1-14	___ 1 Corinthiens 6:12-20

FEUILLE DE TRAVAIL DE REDEVABILITE PERSONNELLE #11

DECLARER MES LIMITES MORALES

Réalisant l'impact de mon péché passé, la réalité de mes luttes présentes avec ma chair, et la certitude des tentations futures venant du monde et de Satan, Je m'efforcerai de garder les règle ou sauvegardes spécifique pour moi-même:

Concernant l'Abus du Sexe

Je ferais   Je ne ferais pas:

_____   _____

_____   _____

Concernant l'Abus d'Argent

Je ferais   Je ne ferais pas:

_____   _____

_____   _____

Concernant l'Abus de Pouvoir

Je ferais   Je ne ferais pas:

_____   _____

_____   _____

Ma Signature:_____

Signature:_____ de mon Partenaire de redevabilité

FEUILLE DE TRAVAIL DE REDEVABILITE PERSONNELLE #12

SAUVEGARDER MON TEMPS DE VOYAGE

COMBINAISONS MORALEMENT DANGEREUSES POUR CEUX QUI TRAVAILLENT

Ce qui suit est une liste de suggestions récoltées de ceux qui passent beaucoup de leur temps en voyage. Ils reconnaissent les dangers clés à leur sécurité morale pendant qu'ils voyagent:

- Anonymat
- Fonds discrétionnaires
- Temps d'oisiveté
- Rupture de la Routine
- Solitude

Ils soumettent ces bouts de voyage dans l'espoir que certaines de leurs idées seraient utiles dans votre désir de victoire morale sur la route. Marquez celles qui sont les plus utiles, ajoutant vos propres commentaires et idées au fond. Discutez cela avec vos partenaires de la redevabilité.

BOUTS DE VOYAGE POUR BATIR LA PURETE PERSONNELLE DANS MA VIE

- Planifier votre voyage et comment vous éviterez les choses qui vous tentent (par exemple étalages de journaux, magazines, internet, cinémas, flirt, sollicitations).
- Demandez à vos amis de prier pour votre sécurité morale durant le voyage et alors rapportez à au moins un d'entre eux après le voyage. Soyez prêt à répondre questions dures.
- Donnez à votre famille et à vos amis un itinéraire spécifique et soit préparé à expliquez des retards.

- Si possible, évitez de voyager seul. Voyagez avec votre conjoint ou quelqu'un du même sexe.

- Marchez au-delà de cet étalage de journaux avec matériels contestables. Achetez votre journal, magazine ou livre avant votre voyage.

- Si possible, restez dans les maisons des amis et connaissances; pas à l'hôtel.

- Demandez que l'hôtel vous donne une chambre où il n'y a aucune télé ou enlevez-la. S'ils ne veulent pas, il y a beaucoup d'hôtels qui le voudront.

- Si vous avez une télévision avec accès facile, mettez une serviette sur la télévision comme un rappel pour faire quelque chose d'autre, ou juste débranchez-la.

- Quand vous utilisez l'internet, soyez sur vos gardes, surtout dans les pays étrangers, où les niveaux de censure peuvent être différents. Ne surfez pas sur le net.

- Apportez des photos de votre conjoint et famille et regardez-les une fois au moins par jour.

- Évitez d'être anonyme. Présentez-vous ou portez un badge avec votre nom.

- Contactez votre enfant et vos enfants régulièrement. Si la communication est impossible, envoyez-leur une note pour leur faire savoir que vous pensiez à eux.

- Écouter la musique chrétienne dans votre chambre et pendant le voyage.

- Assistez à l'église, le service de semaine ou groupes de chrétiennes dans la région. Quelques hôtels tiennent même des services d'église.

- Former un réseau d'amis chrétiens et groupe d'association dans les régions où vous voyagez fréquemment.

- Ne vous rencontrez pas seul avec quelqu'un du sexe opposé, publiquement ou en privé. Arrangez-vous avec un associé pour vous accompagner. Si vous devez vous rencontrez, alors soyez sûr c'est une place très publique et que vous restez dans l'affaire.

- Ne buvez pas d'alcool. Boire, baisse vos inhibitions morales et atténue vos sensibilités spirituelles.

- Planifier d'avance et maintenez un programme de lecture Biblique journalier, pour la durée du voyage.
- Garder en main un nombre de Saintes Ecritures pour renvoi rapide quand exigé, pendant le jour. Mieux encore, commencez un plan de mémorisation pour "cachez" ces vers dans votre cœur.
- Pensez et traitez chaque personne que vous rencontrez comme un (potentiel) frère ou sœur en Christ.
- Priez pour votre propre sécurité morale durant le voyage.
- fuyez toute allusion à un problème moral.
- Si la tentation vous arrive, appelez un ami pour aide. Mieux encore, appel quelqu'un même avant que la tentation survienne.

Ajoutez vos propres suggestions à cette liste.

FEUILLE DE TRAVAIL DE REDEVABILITE PERSONNELLE #13

REPETER LES CONSEQUENCE D'ECHEC MORAL
POUR REVISION: LIRE LA "LE COMBAT DE LA PURETE " - CHAPITRE 25

Utiliser ce qui suit comme une ligne de conduite, écrivez ce que à quoi vous pourriez vous attendre si vous étiez attrapé dans l'acte d'immoralité sexuelle. Soyez spécifique. Utilisez des noms ou initiales.

- Son effet sur ma relation avec le Seigneur:

- Son effet sur mon conjoint (ou futur conjoint):

- Son effet sur mes enfants:

- Son effet sur les autres membres de la famille:

- Son effet sur ma famille d'église:

- Son effet sur mon travail:

- Son effet sur ceux à qui je témoigne:

- Son effet sur mon ministère:

- Son effet sur moi physiquement:

- Son effet sur moi émotionnellement:

- Son effet sur moi spirituellement:

- Son effet sur moi socialement:

- Son effet sur moi économiquement:

- Son effet sur moi sexuellement:

- Son effet sur mon futur:

- Son effet sur les générations qui me suivent:

FEUILLE DE TRAVAIL DE REDEVABILITE PERSONNELLE #14

RESTAURER MON AMITIE AVEC MON DIEU
POUR REVISION: LIRE "LE COMBAT DE LA PURETE" - CHAPITRE 42

Cette tâche assignée est pour ceux qui ont expérimenté la chute morale et ses conséquences. Écrivez votre propre témoignage, en utilisant le contour suivant. Soyez spécifique.

LA PROGRESSION DE MA REBELLION SPIRITUELLE

1. J'ai baissé ma garde:

2. J'ai été tenté de péché:

3. J'ai cédé au péché:

4. J'ai caché mon péché:

5. Je souffre les conséquences de mon péché:

   • Les conséquences physiques:

   • Les conséquences émotives:

   • Les conséquences spirituelles:

LE MODELE DE MA RESTAURATION SPIRITUELLE

1. J'ai admis mon péché:

2. J'ai confessé mon péché:

3. Je me suis tourné de mon péché:

- Changements de comportement:

- Changements d'attitude:

LE RÉSULTAT DE MA RESTAURATION SPIRITUELLE

1. Mon péché a été enlevé:

2. Mon esprit a été renouvelé:

3. Mon service au Seigneur a été restauré:

". . . une fois que tu te seras encore tourné (c.-à-d. *repenti*), fortifie vos frères" (Luc 22:32).

FEUILLE DE TRAVAIL DE REDEVABILITÉ PERSONNELLE #15

FEUILLE DE TRAVAIL POUR RESOUDRE UN CONFLIT
POUR REVISION: LIRE "LE COMBAT DE LA PURETE" - CHAPITRE 11-12

Brièvement, décrivez la nature spécifique du conflit:

Instructions :

1. *Avec les détails du conflit en pensée, lisez pensivement la liste des versets de "les uns les autres" trois fois.*
2. *La première fois, place un X à côté de ce que vous sentez que l'autre personne vous a fait ou ne vous a pas fait. Commentez chaque point que vous marquez.*
3. *La deuxième fois, mettez un O à côté de ce que vous sentez que vous avez fait ou n'avez pas fait à l'autre personne. Commentez chaque point que vous marquez.*
4. *La troisième fois mettez vos initiales à côté de ce que vous croyez que l'Esprit de Dieu vous appelle à appliquer immédiatement pour apporter la réconciliation à cette situation. Commentez chaque point que vous marquez.*

- Confessez vos fautes les uns aux autres (Jacques 5:16)

- Ayez les mêmes sentiments les uns envers les autres (Romains 12:16; Romains 15:5; cf. Philippiens 2:1-5)

- Pardonnez vous les uns les autres (Colossiens 3:13; Ephésiens 4:32)

- Soumettez vous l'un à l'autre (Ephésiens 5:21; 1 Pierre 5:5)

- Restaurez-vous les uns les autres (Galates 6:1)

- Portez les fardeaux les uns des autres (Galates 6:2)

- Acceptez (recevez et accueillez) vous les uns les autres (Romains 15:7)

- Saluez-vous les un les autres (Romains 16:16; 1 Pierre 5:14; 1 Corinthiens 16:20)

- Ne causez pas la chute les un des autres (péché) (Romains 14:13; 1 Corinthiens 12:25)

- Édifiez (Bâtir) vous les uns les autres (Romains 14:19)

- Aimez-vous (se sacrifier pour) les uns les autres (Romains 12:9-10; 1 Pierre 4:8; Jean 13:34; 15:12-17)

- Enseignez-vous et exhortez-vous les uns les autres (Colossiens 3:13,16; Hébreux 3:13)

- Redressez-vous (prévenez) les uns les autres (Romains 15:14; Colossiens 3:16)

- Réprimandez-vous les un les autres (Luc 17:3)

- Contribuez au (financière) besoins des uns des autres (Romains 12:13)

- Encouragez-vous les uns les autres (1 Thessaloniciens 5:11; Hébreux 10:25)

- Priez les uns pour les autres (Jacques 5:16)

- Réconfortez-vous les uns les autres (1 Thessaloniciens 4:18)

- Stimulez-vous les uns les autres à l'amour et aux bonnes actions (Hébreux 10:24)

- Utilisez vos dons pour vous servir les uns les autres (1 Pierre 4:10; Galates 5:13)

- Lavez les pieds les uns des autres (c.-à-d. soyez domestique Christlike vers l'autre) (Jean 13:14)

- Soyez hospitalier à l'un l'autre (1 Pierre 4:9; Romains12:13)

- Soyez gentil l'un envers l'autre (Ephésiens 4:32)

- Donnez la préférence l'un à l'autre (Romains 12:10)

- Soyez sensible les uns envers les autres (Ephésiens 4:32)

- Ne vous mordez pas et ni ne vous dévorez les uns les autres (Galates 5:15)

- Ne vous provoquez pas les uns les autres (Galates 5:26)

- Ne vous mentez pas l'un l'autre (Colossiens 3:9)

- N'enviez pas l'un l'autre (Galates 5:26)

- Ne vous détestez pas les uns les autres (Tite 3:3)

- Ne parlez pas mal les uns contre les autres (Jacques 4:11)

- Ne vous plaignez pas les uns contre les autres (Jacques 5:9)

- Ne vous jugez pas les uns les autres (par les standards personnels, plutôt que ceux de Dieu) (Matthieu 7:1; Romains 14:13)

Maintenant allez à cette personne AUJOURD'HUI et faites ce que vous savez que Dieu veut que vous fassiez:

Dans votre colère ne péchez pas: Ne laissez pas le soleil se coucher pendant que vous êtes encore fâché, et ne donnez pas de point d'appui au diable (Ephésiens 4:26-27).

Ne laissez aucune conversation malsaine sortir de vos bouches, mais seulement ce qui est utile pour édifier les autres en rapport avec leurs besoins, afin que cela puissent bénéficier à ceux qui écoutent. Et ne chagrinez pas le Saint-Esprit de Dieu, avec qui vous étiez scellés pour le jour de la rédemption Débarrassez -vous de toute l'amertume, rage et colère, bagarre et calomnie, ainsi que toute forme de malice. Soyez gentil et compatissant les uns envers les autres, pardonner vous les uns les autres, de même qu'en Christ Dieu vous a pardonnés (Ephésiens 4:29-32).

Mes chers frères, prenez note de ceci: chacun devrait être rapide à écouter, lent à parler et lent à devenir fâché, car la colère de l'homme n'apporte rien qui concerne la vie de justice que Dieu désire . . . Ne vous bornez pas a écouter simplement la parole, et vous trompez vous-mêmes. Faites ce qu'elle dit (Jacques 1:19-22).

Qu'est-ce qui cause luttes et querelles parmi vous? Ne viennent-elle pas de vos désirs qui bataillent en vous? Vous voulez quelque chose mais vous ne l'obtenez pas. Vous tuez et convoitez, mais vous ne pouvez pas avoir ce que vous voulez. Vous vous querellez et vous battez. Vous ne recevez pas, parce que vous ne demandez pas à Dieu (Jacques 4:1-3).

FEUILLE DE TRAVAIL DE REDEVABILITE PERSONNELLE #16

FAIRE UNE ALLIANCE AVEC LES PARTIES DE MON CORPS
POUR REVISIO: LIRE "LE COMBAT DE LA PURETE " - CHAPITRE 34

> J'ai fait une alliance avec mes yeux pour ne pas regarder, avec convoitise, une fille (Job 31:1).

> Offrez-Lui les parties de votre corps, comme instruments de justice (Romains 6:13).

Dans la préparation pour cette tâche vous pourriez vouloir revoir le Chapitre 34, *Promettre Mon Corps*. Ensuite, dans la prière complétez ce qui suit:

Moi, _____ conclu un accord d'alliance avec Dieu qui concernant:

- Me yeux à ne pas regarder:

- Mes oreilles à ne pas écouter:

- Ma bouches à ne pas parler au sujet de:

- Mes mains à ne pas toucher:

- Mes pieds à ne pas courir vers:

- Mes pensées à ne pas demeurer sur:

- Mes genoux à ne pas négliger la prière pour:

- Mon corps tout entier à ne pas compromettre mon appel à amener la gloire à Dieu

> "Glorifiez Dieu dans votre corps" (1 Corinthiens 6:20).

FEUILLE DE TRAVAIL DE REDEVABILITE PERSONNELLE #17

MES INDICATEURS DE SANTE SPIRITUELLE
POUR REVISION: LIRE "LE COMBAT DE LA PURETE " - CHAPITRE 20

Comme un enfant de Dieu, j'ai besoin de grandir dans:

* La Fraternité — Engagé à aimer, besoin de me réunir avec d'autres membres du corps du Christ.
* La Doctrine — Comprendre et être capable de défendre les doctrines de base de la foi chrétienne enseignées dans la Parole de Dieu.
* L'Adoration — Répondre dans une variété de manière à l'infinie majesté et aux glorieux attributs de Dieu.
* Le Service — Servir Dieu et les autres, utilisant les dons et talents qui me sont gracieusement donnés.
* L'Évangélisation — Comprendre le vrai évangile de grâce seul, à travers la foi seule et partager avec les autres la bonne nouvelle de mon espérance en Christ.
* Faire des Disciples — Aider les autres à devenir aimable, fidèle, et obéissant disciples de Jésus Christ.
* La Prière — Communiquer avec mon Père céleste dans une louange sincère, dans la repentance, et la requête.

Gardant en pensée les définitions ci-haut, voici comment je fais dans les domaines suivants:

• Fraternité	Gagner	Lutter	Perdre
	10 9 8	7 6 5 4	3 2 1

Je jouit d'une fraternité régulière avec les gens suivants:

- Doctrine   Gagner   Lutter   Perdre

                           10 9 8   7 6 5 4   3 2 1

J'étudie les sujets bibliques suivants pour l'instant:

- Adoration   Gagner   Lutter   Perdre

                           10 9 8   7 6 5 4   3 2 1

Je décrirais la condition actuelle de mon intimité avec Dieu comme suit:

- Service   Gagner   Lutter   Perdre

                           10 9 8   7 6 5 4   3 2 1

Je suis impliqué pour l'instant dans les ministères spécifiques suivants:

- Evangélisation   Gagner   Lutter   Perdre

                           10 9 8   7 6 5 4   3 2 1

Ce qui suit, sont les préoccupations spécifiques concernant ma participation présente dans le partage de l'évangile avec:

         Ma Famille:
         Mon Voisinage:
         Mon lieu de travail/Ecole:
         Ma Ville:
         Mon Etat/Province/Region:
         Mon Pays:
         Le Monde:

• Faire des Disciples	Gagner	Lutter	Perdre
	10 9 8	7 6 5 4	3 2 1

Je suis activement les gens suivants:

_____

Sont les mentors spirituels dans ma vie:

_____

• Prière	Gagner	Lutter	Perdre
Concernant le maintient dans Une vie de prière Consistante:	10 9 8	7 6 5 4	3 2 1

Comme en rapport aux spécificités de Prière je suis entrain de:	Gagner	Lutter	Perdre
• Louange	10 9 8	7 6 5 4	3 2 1
• Repentance	10 9 8	7 6 5 4	3 2 1
• Demande	10 9 8	7 6 5 4	3 2 1
• Consécration (mon cœur)	10 9 8	7 6 5 4	3 2 1
• Intercession (pour les autres)	10 9 8	7 6 5 4	3 2 1
• Réjouissance (en Dieu)	10 9 8	7 6 5 4	3 2 1

FEUILLE DE TRAVAIL DE REDEVABILITE PERSONNELLE #18

MA PRIERE DE DEDICACE

Le mandat pour ma pureté personnelle est pur

> Dans une grande maison il y a pas seulement des articles d'or et d'argent, mais aussi de bois et d'argile; certains sont pour les buts nobles et d'autres pour les buts ignobles. Si un homme se garde sain, il sera un instrument pour de nobles buts, rendus saints, utiles au Maître et préparés à faire toute bonne œuvre. Fuyez les désirs mauvais de la jeunesse, et poursuivez la justice, la foi, l'amour, et la paix, avec ceux qui appellent le Seigneur avec un cœur pur, (2 Timothée 2:20-22).

La provision de Dieu pour ma pureté personnelle est assurée

> Maintenant à celui qui est capable de vous empêcher de trébucher, et vous présenter sans défaut devant la présence de Sa gloire avec joie débordante, à Dieu notre Sauveur, soient gloire et majesté, autorité et pouvoir, maintenant et à jamais. Amen (Jude 24-25).

Ma prière pour la pureté personnelle sera écoutée

Écrivez votre Prière de Dédicace concernant votre engagement à marcher dans la sainteté et la pureté personnelle. Utilisez une feuille séparée, si nécessaire.

Cher Père céleste,

Sincèrement,

Signature:_____ Date:_____

APPENDICES

MASTURBATION: CHEF DES PECHES OU DON DE DIEU?

Regardez dans une concordance ou faites une recherche du mot dans n'importe quel programme Biblique. Nulle part nous ne verrons une quelconque forme du mot masturbation, utilisée dans les Saintes Ecritures. J'ai entendu une fois, "Quand la Parole de Dieu est silencieuse, nous avons deux choix—donner notre opinion ou nous taire." Franchement, il est tentant pour moi de ne rien dire. Cependant, beaucoup trop on donné leur opinion et par conséquent, je suppose que je devrais parler ouvertement.

Le débat, au moins parmi les Chrétiens, a à faire avec le fait de savoir si les partisans du Christ peuvent s'engager dans une autostimulation et plaire encore à Dieu. Les opinions abondent. Beaucoup trop pour les aborder ici.[1] Laissez moi faire mon mieux pour les résumer.

IL Y A CEUX QUI ENSEIGNENT QUE LA MASTURBATION EST TOUJOURS MAUVAIS

Certains, qui soutiennent ce point de vue citent l'histoire d'Onan qui a été puni par Dieu pour avoir "répandu sa graine" sur la terre (Genèse 38:8-10). Ainsi, le vieux mot pour masturbation était onanisme.[2] Très peu aujourd'hui utiliserait cet argument. Cependant, dans toute l'histoire de l'église une large gamme de prohibitions contre le fait de gaspiller le sperme dans n'importe quelle activité sexuelle, telle que la masturbation, et dans quelques cas, contrôle des naissances, et activités sexuelle non-procréateur. Ceux-ci, bien sûr, sont des vues extrêmes.

D'autres enseignent que la masturbation est l'expression physique de la convoitise coupable et un faux remplacement de l'intimité véritable. Dans son livre, l'Éthique du Sexe, le théologien allemand, Helmut Thielicke, exprima sa croyance que "dans la masturbation, le sexe est séparé de la relation Moi-Toi et donc, perd sa signification comme étant l'expression de cette camaraderie." Il continue par exprimer l'inquiétude que "le fantasme sexuel . . . rôde en vagabondant." Son rejet de la masturbation comme une pratique n'était

325

pas tellement au sujet de la nature offensante de la fonction physique, mais plus au sujet des effets spirituels. Il se réfère à cela comme "renversement"—un état d'esprit que Martin Luther a appelé "l'existence de l'homme tourné vers lui-même."[3] Lewis Smedes fournit un résumé approprié quand il écrit, "la masturbation est solitaire sexuel."[4] A cause du dessein de Dieu pour l'union sexuelle entre un homme et une femme dans l'alliance du mariage et l'impossibilité virtuelle de garder les pensées pures, beaucoup de mes collègues pasteurs et conseillers bibliques enseigne que la masturbation est hors de question.

IL Y EN A D'AUTRES QUI ENSEIGNENT QUE LA MASTURBATION EST UNE PRATIQUE NORMALE ET ACCEPTABLE

J'ai entendu une fois un pasteur parler de la masturbation comme un don de Dieu, un défoulement acceptable et naturel pour la tension sexuelle, aussi longtemps qu'elle n'implique pas une convoitise coupable. D'autres dans ce camp n'iraient pas si loin comme traiter la masturbation comme un don divin, mais soutiendraient certainement pour nous de ne pas en faire une si grande affaire. Le plus grand problème, diraient-ils, c'est ce qu'il y a dans notre cœur (c.-à-d. nos pensées) et que la masturbation est devenue une habitude auto-absorbant. Ils expriment aussi l'inquiétude que la culpabilité subséquente et la honte ont fait plus de dommage que l'activité.

Un veuf a demandé mon conseil une fois, tout à fait intéressé qu'il avait, dans ses mots, "commis le péché d'onanisme." Il expliqua qu'il était entrain de penser aux nombreuses merveilleuses années de relations sexuelles qu'il a éprouvé avec sa femme et il s'est masturbé. Il était profondément troublé. Qu'est-ce que vous lui auriez dit? Il y en a quelques-uns qui croient que, dans le temps de séparation, fantasmer au sujet d'un conjoint (certains disent même futur conjoint) serait acceptable. D'autres argumenteraient que parce que l'homme a été troublé c'était mal, quand même.

IL Y A CEUX QUI ENSEIGNENT QUE LA MASTURBATION N'EST NI JUSTE NI INJUSTE; NI BON NI MAUVAIS.

Pour ces gens, la masturbation n'est pas le problème. Habit*u*des incontrôlées, convoitise coupable, et vues déformées de l'intimité deviennent les facteurs à être considéré. Dans leur livre, *Every Young Man's Battle: Strategies for Victory in the Real World of Sexual Temptatation*, Stephen Arterburn et Fred Stoeker simplifient ce qui pourrait être considérés comme la point de vue modéré:

> S'il y a une "pensée claire" et "propre" forme de masturbation . . . l'avis «maintiens le à un minimum» serait un conseil décent. Mais clairement, "Ne fais plus ça" est le seul conseil pour presque tous les hommes à cause de la pornographie et la convoitise coupable impliquée. Liens du péché, et un tel esclavage est dévastateur."[5]

Alors, où est-ce que je me trouve sur la question? Certains diraient que je me trouve avec les pieds "fermement planté entre ciel et terre." Je crois que la masturbation n'est ni le chef des péchés ni le don de Dieu. Je suis bien conscient des nombreux hommes et femmes qui sont accro au comportement coupable, et même apporte l'habitude incontrôlée, dans leurs mariages comme un faux remplacement de l'union sexuelle. J'en connais aussi nombreux, dont l'activité occasionnelle les a paralysé de honte, les faisant sentir comme des lépreux spirituels. Ensuite, il y a ceux-là qui, parce que la Bible paraît silencieuse et les théologiens ne peuvent pas s'accorder, font tout ce qui leur plaît, n'importe où et n'importe quand, sans considérer si c'est bon ou mauvais. Aucune de ces conditions n'est saine.

On me demande souvent pourquoi je n'aborde pas le sujet de la masturbation directement dans nos séminaires de pureté. Pourquoi? Parce que, la question n'est vraiment pas le problème. Au lieu de la masturbation, le plus grand problème c'est la sanctification—vivre des vies saintes comme vase d'honneur dont le désir principal est d'apporter la gloire à Dieu (1 Thessaloniciens 4:3; 2 Timothée 2:20-23; 1 Corinthiens 10:31). Comme les Galates, il y a deux millénaires, nous aurions plutôt beaucoup de règles externes imposés par un système religieux que vivre et marcher en et par le pouvoir du Saint-Esprit en nous (Galates 5:16-22).

Imagine comment grand serait la Bible si elle avait donné des prohibitions spécifiques contre chaque péché imaginable. Au lieu de cela, la Bible nous appelle à ne pas être insensés, mais d'essayer de comprendre la volonté de Dieu dans chaque domaine de vie, basée sur les principes bibliques clairement déclarés (Ephésiens 5:17). Ceci est vrai pour la masturbation comme pour tout autre action non spécifiée.

Au lieu de patauger à travers les opinions sans fin des hommes, chacun de nous devons faire face à ce problème nous-mêmes—en privé, dans la prière, avec la Bible et le cœur ouverts. Je suggère que nous nous posions nous-mêmes les questions suivantes, la plupart qui sont les mêmes questions que nous devrions nous poser pour tout ce que nous voulons faire qui n'est pas permis formellement permis ou défendu dans l'Ecriture sainte. Une fois que nous avons honnêtement répondu à ces questions, nous devrions être capables de décider ce que le Dieu tout-puissant veut que nous fassions, sans se soucier de ce que les autres pourraient penser ou dire. Après tout, c'est Son opinion qui importe le plus:

- Est-ce que cela m'asservit? Est-ce que c'est profitable? Est-ce que cela est devenu une habitude incontrôlable? (1 Corinthiens 6:12-13; 10:23)

- Est-ce que cela me fait du mal d'une certaine façon? (1 Corinthiens 6:19-20)

- Est-ce que cela reflète les valeurs de Dieu ou du monde—i.e. "la convoitise de la chair et la convoitise des yeux et la fierté vantarde de la vie?" (1 Jean 2:15-17)

- Est-ce que cela démontre les attributs et caractères du Christ? Jésus ferait-il ceci? (Colossiens 3:17)

- Est-ce que cela exprime mon désir de plaire à Dieu? (Colossiens 3:23)

- Est-ce que cela produit la paix dans mon cœur? (Philippiens 4:4-7)

- Cela montre-t-il l'évidence du fruit de l'Esprit dans ma vie, surtout la maîtrise de soi? (Galates 5:22-23)

- Cela prouve-t-il que je me suis cédé à Dieu, désirant faire Sa volonté au-dessus de la mienne propre? (Romain 12:1-2)

- Est-ce que cela exprime ma compréhension du dessein de Dieu pour ma sexualité? (1 Thessaloniciens 4:3-8)
- Est-ce que cela aide mon esprit à demeurer dans ce qui est pur et beau? (Philippiens 4:8)
- Est-ce que cela reflète une vie d'immoralité, d'impudicité et de sensualité? (Galates 5:19)
- Est-ce que cela m'attire plus proche ou m'éloigne du Seigneur? (Jacques 4:8)
- Est-ce que cela affecte mon intimité sexuelle avec mon conjoint (futur conjoint)? (1 Corinthiens 7:5)
- Est-ce que présente un bon exemple à mon conjoint (futur conjoint)? (Ephésiens 5:25-33)
- Est-ce que cela cause un doute substantiel? (Romains 14:22 -23; Jacques 1:6-8; 4:8)
- Est-ce que cela jaillit de mon engagement à la Parole et à la prière? (1 Timothée 4:4-5)
- Est-ce que cela viole ma conscience? Est-ce que je crois que cela est la bonne chose à faire? (Jacques 4:17)

Bien-aimé de Dieu, nous ne sommes pas seul dans cette lutte à faire ce qui est juste. Sans se soucier des points de vue contradictoires des hommes, nous pouvons avoir l'assurance claire du guidage de notre Père céleste et Son Saint-Esprit en nous. Ses promesses forment la base de notre confiance dans la prise de décision de faire la bonne chose:

Aies confiance au Seigneur et fais le bien;
Demeure dans la Terre et cultive la fidélité.
Prends plaisir au Seigneur;
Et Il te donnera les désirs de ton cœur.
Confie ton chemin au Seigneur,
Aies aussi confiance en Lui, et Il le fera
(Psaume 37:3-5).

Je t'instruirai et t'enseignerai dans la voie que tu
devras aller;
Je te conseillerai avec Mon œil sur toi (Psaume 32:8).

Aies confiance au Seigneur avec de tout ton cœur
Et ne t'appuie pas sur ta propre compréhension.
Dans toutes tes voies reconnais-le,
Et Il rendra tes voies toutes droites (Proverbes 3:5-6).

Les projets du cœur dépendent de l'homme,
Mais la réponse de la langue vient de l'Eternel.
Toutes les voies de l'homme sont pures à ses propres
    yeux;
Mais l'Eternel pèse les motifs.
Recommande tes œuvres à l'Eternel,
Et tes projets seront réalisés. . . .
Le cœur de l'homme médite sa voie,
Mais c'est l'Eternel qui dirige ses pas
(Proverbes 16:1-3, 9).

Car tel est Dieu
Notre Dieu éternellement et à jamais;
Il nous guidera jusqu'à la mort (Psaume 48:14).

Mais je dis: Marchez par l'Esprit, et vous n'accomplirez pas les désirs de la chair. Car la chair a des désirs contraires à ceux de l'Esprit, et l'Esprit en a de contraires à ceux de la chair; Car ils sont opposés entre eux, afin que vous ne fassiez point ce que vous voudriez. Mais si vous êtes conduits par l'Esprit, vous n'êtes point sous la loi (Galates 5:16-18).

LECTURES SUGGEREE SUR LA PURETE MORALE ET LA SEXUALITE BIBLIQUE

Je me suis dévoué au fait qu'il y a seulement deux catégories de livres —*La Sainte Bible et Tout autre Chose*. Seule la Parole de Dieu est inspiré et complètement digne de confiance comme la source de notre foi et notre pratique (2 Timothée 3:16). Considérez les mots opportuns de l'ancien Prédicateur trouvé dans le livre d'Ecclésiastes. J'y ai ajouté quelques commentaires clarifiants:

> Vanité des vanités, dit l'Ecclésiaste (Hébreu: *Qoheleth*) tout est vanité! Outre que l'Ecclésiaste fut un sage, il a aussi enseigné la science au peuple, et il a examiné, sondé, mis en ordre un grand nombre de proverbes. L'Ecclésiaste s'est efforcé de trouver des paroles agréables; et d'écrire des Parole de vérité avec droiture. Les paroles des sages sont comme des aiguillons, et rassemblées en un recueil, *(c-à-d Les Ecritures)* elles sont comme des clous plantés, données par un seul berger. Du reste, mon fils, sois averti; la rédaction de plusieurs livre n'a pas de fin, et une excessive dévotion pour les livres (c-à-d *tous les autres non inspirés)* c'est de la fatigue pour le corps. La conclusion, quand tout a été entendu, c'est: Crains Dieu et observe ses commandements. Parce que cela s'applique à toute homme (Ecclésiaste 12 :8-13).

Ayant présenté plusieurs des centaines des Saintes Ecritures sur le sujet de pureté sexuelle, je prends maintenant le risque de suggérer des ressources en dehors de la Bible—c-à-d *les autres livres*. Mon première inquiétude est que ma courte liste exclut beaucoup d'autres ressources utiles, vieilles et nouvelles. Deuxièmement, je crains que ma recommandation implique un endossement de tout ce que ces matériels présentent ou la pleine connaissance de la crédibilité et de l'intégrité des auteurs. Je vous encourage à être lecteur clairvoyant, comme les chrétiens de Berée A l'époque de Paul, examinez les Saintes Ecritures pour voir si ce que vous entendez (ou lisez) est bibliquement sain (Actes 17:11) et vient d'une source fiable.

Avec ces conditions et inquiétudes en pensée, la liste suivante est ma tentative d'apporter une grande gamme de recommandations:

Alcorn, Randy. *Christians in the Wake of the Sexual Revolution.* Portland, Oregon: Multnomah Press, 1985.

Alcorn, Randy. *Guidelines for Sexual Purity.* Gresham, Oregon: Eternal Perspectives Ministries, 2005.

Alcorn, Randy. *Sexual Temptation: How Christian Workers Can Win the Battle.* 2nd Edition, Gresham, Oregon: Eternal Perspectives Ministries, 2007. (1st Edition by InterVarsity Press, 1989).

Alcorn, Randy. *The Purity Principle: God's Safeguards for Life's Dangerous Trails.* Sisters, Oregon: Multnomah Press, 2003.

Anderson, Nancy C. *Avoiding the Greener Grass Syndrome: How to Grow Affair ProofHedges Around Your Marriage.* Grand Rapids, Michigan: Kergel, 2004.

Andrews, Gini. *Your Half of the Apple: God and the Single Girl.* Grand Rapids, Michigan: Zondervan, 1972.

Arterburn, Steve and Stoeker, Fred. *Everyman's Battle: Winning the War on Sexual Temptation One Victory at a Time.* Colorado Springs, Colorado: Waterbrook, 2000.

Arterburn, Steve and Stoeker, Fred and Yorkey, Mike. *Every Young Man's Battle: Strategies for Victory in the Real World of Sexual Temptation.* Colorado Springs, Colorado: Waterbrook, 2002.

Arvin, Kay K. *1 + 1 = 1: How To Have a Successful and Happy Christian Marriage.* Nashville, Tennessee: Broadman, 1969.

Bridges, Jerry. *The Practice of Godliness: Godliness Has a Value for All Things*. Colorado Springs, Colorado: NavPress, 1983.

Carder, Dave. *Torn Asunder: Recovering from Extramarital Affairs*. Chicago, Illinois: Moody Press, 1992.

Cecy, James M. *"Answers to Your Questions about Sexual Immorality"*, CONTACT Quarterly, Vol. 53 No. 2, (Summer, 1994), 7-9.

Collins, Gary R. (Editor). *The Secrets of Our Sexuality: Role Liberation for the Christian*. Waco, Texas: Word, 1976.

Cox, Dr. Paul M. *Clear Thinking on Sexuality Outside & Inside Marriage*. San Bernardino, California: Perspective Ministries & Paul Cox, 1991.

Edell, Ron. *How to Save Your Marriage From an Affair*. Indianapolis/New York: Bobbs-Merrill, 1983.

Ethridge, Shannon. *Every Woman's Battle: Discovering God's Plan for Sexual and Emotional Fulfillment*. Colorado Springs, Colorado: Waterbrook, 2003.

Feinberg, John S. and Feinberg, Paul D. *Ethics for a Brave New World*. Wheaton, Illinois: Crossway, 1993.

Foster, Richard J. *Celebration of Discipline: The Path to Spiritual Growth*. New York: Harper Collins, 2002.

Gardner, Tim Alan. *Sacred Sex: A Spiritual Celebration of Oneness in Marriage*. Colorado Springs, Colorado: Waterbrook, 2002.

Haley, Mike. *101 Frequently Asked Questions About Homosexuality*. Eugene, Oregon: Harvest House, 2004.

Harris, Joshua. *I Kissed Dating Goodbye: A New Attitude Towards Relationships and Romance*. Portland, Oregon: Multnomah, 1997.

Harris, Joshua. *Sex Is Not the Problem (Lust Is): Sexual Purity in a Lust-Saturated World.* Portland, Oregon: Multnomah, 2005.

Hart, Dr. Archibald D. *The Sexual Man.* Dallas/London/Vancouver/Melbourne: Word, 1994.

Hayford, Jack. *Fatal Attractions: Why Sex Sins Are Worse Than Others.* Ventura, California: Regal, 2005.

Heimbach, Daniel R. *True Sexual Morality: Recovering Biblical Standards for a Culture in Crisis.* Wheaton, Illinois: Crossway, 2004.

Hugenberger, Gordon P. *Marriage as a Covenant: A Study of Biblical Law and Ethics Gouverning Marriage, Developed from the Perspective of Malachi.* Grand Rapids, Michigan: Baker, 1998.

Jenkins, Jerry B. *Loving Your Marriage Enough to Protect It.* Brentwood, Tennessee: Wolgemuth & Hyatt, 1989.

Johnson, Rex. *At Home With Sex.* Wheaton, Illinois: Victor, 1979.

LaHaye, Tim F. *Sex Education Is For the Family.* Grand Rapids, Michigan: Zondervan, 1985.

LaHaye, Tim F. *The Act of Marriage: the Beauty of Sexual Love.* Grand Rapids, Michigan: Zondervan, 1976.

Lewis, Gregg. *Telegarbage: What You Can Do About Sex and Violence on TV.* Nashville/New York: Thomas Nelson, 1977.

MacArthur, John, Jr. *Different By Design: Discovering God's Will for Today's Man and Woman.* Wheaton, Illinois: Victor, 1994.

Mahaney, C.J. and Carolyn. *Sex, Romance, and the Glory of God: What Every Christian Husband Needs to Know.* Wheaton, Illinois: Crossway, 2004.

Mayo, Mary Ann. *A Christian Guide To Sexual Counseling: Recovering the Mystery And Reality of "One Flesh."* Grand Rapids, Michigan: Zondervan, 1987.

McDowell, Josh. *How to Help Your Child Say "No" to Sexual Pressure.* Waco, Texas: Word, 1987.

Miles, Herbert J. *Sexual Happiness In Marriage: A Christian Interpretation of Sexual Adjustment In Marriage.* Grand Rapids, Michigan: Zondervan, 1967.

Miles, Herbert J. *Sexual Understanding Before Marriage.* Grand Rapids, Michigan: Zondervan, 1971.

Mowday, Lois C. *The Snare: Avoiding Emotional and Sexual Entanglements.* Colorado Springs, Colorado: NavPress, 1988.

Muck, Terry (Editor). *Sins Of the Body: Ministry In A Sexual Society.* Carol Stream, Illinois: Word, 1989.

Penner, Clifford. *Sex 101: A Guide to Intimacy for Newlywed Couples,* Nashville, Tennessee: Thomas Nelson, 2004.

Penner, Clifford and Joyce. *The Gift of Sex: A Guide to Sexual Fulfillment.* Carol Stream, Illinois: Word, 2003.

Petersen, J. Allan (Editor). *The Marriage Affair.* Wheaton, Illinois: Tyndale House, 1971.

Petersen, J. Allan. *The Myth of the Greener Grass.* Wheaton, Illinois: Tyndale House, 1983.

Piper, John and Justin Taylor. *Sex and the Supremacy of Christ.* Wheaton: Illinois: Crossway, 2005.

Radmacher, Earl D. *You and Your Thoughts: the Power of Right Thinking.* Palm Springs, California: Ronald N. Haynes, 1977.

Redpath, Alan. *The Making of the Man of God: Studies in the Life of David,* Grand Rapids, Michigan: Fleming Revell, 1962.
Rosenau, Douglas. *A Celebration of Sex: A Guide to Enjoying God's Gift of Sexual Intimacy,* Nashville, Tennessee: Thomas Nelson, 2002 (Revised and updated edition).

Schaumburg, Harry W. *False Intimacy: Understanding the Struggle of Sexual Addiction.* Colorado Springs, Colorado: Navpress, 1992.

Shedd, Charlie & Martha. *Celebration in the Bedroom.* Waco, Texas: Word, 1979.

Small, Dwight H. *Christian: Celebrate Your Sexuality.* Old Tappan, New Jersey: Fleming H. Revell, 1974 .

Small, Dwight H. *Design For Christian Marriage.* Old Tappan, New Jersey: Fleming H. Revell, 1959.

Smedes, Lewis B. *Sex For Christians: the Limits And Liberties of Sexual Living.* Grand Rapids, Michigan: Eerdmans, 1976.

Stafford, Tim. *The Sexual Christian.* Wheaton, Illinois: Victor, 1989.

Stenzel, Pam. *Discussions About Sexuality, Spirituality and Self Respect.* Grand Rapids, Michigan: Zondervan/Youth Specialties, 2003.

Struthers, William H. *Wired for Intimacy: How Pornography Hijacks the Male Brain.* Downers Grove, Illinois: InterVarsity Press, 2009.

Thielicke, Helmut. *The Ethics of Sex.* Trans. John W. Doberstein. New York, Evanston and London: Harper & Row, 1964.

Trobisch, Ingrid. *The Joy of Being A Woman . . . And What a Man Can Do.* San Francisco, California: Harper & Row, 1975.

Wheat, Ed and Wheat, Gaye. *Intended for Pleasure: Sex Technique and Sexual Fulfillment in Christian Marriage*, Fourth Edition. New Jersey: Old Tappan, New Jersey: Fleming H. Revell, 2010.

Wheat, Ed. *Love Life For Every Married Couple.* Grand Rapids, Michigan: Zondervan, 1980.

White, Jerry. *Honesty, Morality & Conscience.* Colorado Springs, Colorado: NavPress, 1978.

White, John. *Eros Defiled*. Downers Grove, Illinois: InterVarsity Press, 1977.

White, John. *Eros Redeemed: Breaking the Stranglehold of Sexual Sin*. Downers Grove, Illinois: InterVarsity Press, 1993.

Wilkinson, Bruce. *Personal Holiness in Times of Temptation*. Eugene, Oregon: Harvest House, 1998.

Willard, Dallas. *The Spirit of the Disciplines: Understanding How God Changes Lives*. New York: Harper One, 1990.

MATERIELS APPARENTES PAR DR. JAMES M. CECY

Disponible à travers JARON Ministries International, Inc., 4710 Maple N., Fresno, CA. 93726 (559) 227-7997 www.jaron.org

- *Authentic Holiness* (séries audio)
- *A Biblical Examination of Homosexuality*: (séries audio)
- *A Revival of Purity* (series audio)
- *Ambassadors of Purity Accountability Workbook*

Note: Ceci est un manuel de conseil développé par le Pasteur Eugène Beck qui utilise les matériels développés par Dr. James Cecy. Appelé aussi *Building Personal Purity: Christian Living in an Immoral World Accountability Manual*.

- *Ambassadors of Purity* (audio series with companion workbook)
- *Building Personal Accountability* (message audio)
- *Combating Spiritual Dryness* (séries audio)
- *Communication in Marriage* (séries audio livre de travail)
- *David: The Repentant King* (message audio)
- *Immorality in the Ministry: The Pitfalls of Pastoral Power* (série audio ou video avec livre de travail)
- *The A.C.T. of Repentance* (série audio)

- *Life-Management 101: An Introduction to Life Skill Transformation* (séries audio)
- *Lord, I Want to Grow Up* (séries audio ou vidéo)
- *Mastering My Hang-ups & Habits* (séries audio)
- *Profile of a Godly Family* (séries audio)
- *Profile of a Pure Vessel* (séries audio)
- *Wise Living in a Foolish Age: Studies in the Book of Proverbs* (livre de travail)

Un catalogue détaillé de ceux-ci et autres matériels est disponible sur demande ou peut être regardé sur le site Web de JARON Ministries International: www.jaron.org.

REMERCIEMENTS PARTICULIERS

À ma précieuse femme, Karon, dont le nom signifie "une personne pure." Comme ton nom est, ainsi tu es. Merci d'être mon encouragement constant pendant presque quatre décennies de mariage. Je crois vraiment que Dieu honore ta vie dévouée et bénit la mienne à cause de cela.

À ma propre "Mère Theresa." Son engagement à prier pour son "fils-pasteur" m'a soutenu dans le ministère. Même de mes premières semaines fragiles dans un incubateur, elle croyait que Dieu avait un plan pour ma vie. Bien que le ciel est une vraiment meilleure place, une partie de moi souhaite qu'elle eu été encore ici.

À mes frères ainés, Brian et David. Merci d'avoir cru en moi et de m'avoir donné cette impulsion finale pour quitter ma zone de confort et commencer les Ministères JARON International.

À mes trois filles, Kimberly, DeAnna et Jamie. Puissiez-vous toujours marcher dans la pureté et la fidélité, juste comme votre mère.

À Angie et Lisa. De tous les nombreux enfants d'accueil et amis qui vécurent avec nous durant des années, vous avez spécialement permis à vos cœurs de se lier avec les nôtres.

À Kyle, Rob, Josh et Brad qui ont épousé les jeunes femmes que nous avons élevées. Vous êtes les fils je n'ai jamais eu et les hommes que j'espère influencer le plus.

À mes nombreux petits-enfants. Je passe le "bâton de pureté" à vous et aux vôtres. Je prie que vous soyez utilisés par Dieu pour commencer une nouvelle génération de fidélité.

Aux anciens, au staff, et à la précieuse congrégation au Campus Bible Church de Fresno et à l'equipe de missionnaire des Ministères JARON Internationale, le staff, les membres du comité, les volontaires et soutiens. Je suis tellement honoré d'avoir passé ces années à servir le Seigneur avec vous, localement et globalement.

Aux Pasteur Gene Beck, le Directeur Exécutif des Ministères JARON et Pasteur Matt Cook, le Pasteur Exécutif à Campus Bible Church. Sans vous, hommes se tenant à la brèche, il n'y a aucune manière par laquelle j'aurais terminé ce livre.

À une foule de pasteurs, professeurs, conseillers, lecteurs et critiques qui ont fait des corrections si précieuses et des suggestions. Plus que votre savoir et votre compétence, J'ai été béni avec tout votre désir du cœur de voir ce livre influencer les générations.

À Mon Seigneur, dans le Nom Sacré de qui j'offre ce livre et ma vie. Puisses-tu être content des deux. Toi seul détermineras sur quelle grande envergure ce travail de mes mains et cœur s'étendra. Je te donne tout l'honneur et toute la gloire.

A PROPOS DE L'AUTEUR

James Michael Cecy est né à Toronto, au Canada et a déménagé en Californie, quand il avait onze ans. Il entra dans la Marine Américaine en 1969 et a servi sur le porte avion, *USS Kitty Hawk*, pendant la Guerre du Vietnam. Le 17 novembre 1971, le jour où il a été déchargé du service Naval actif, Dieu toucha son cœur et Jim cru au Christ seul pour son salut. Il devint rapidement un étudiant avide de la Bible.

Jim a été appelé au ministère pastoral en 1975, en servant des églises en Californie durant presque quarante années. Il a servi comme Pasteur-Enseignant Titulaire à Campus Bible Church de Fresno (autrefois Campus Baptiste Church) depuis 1995. Il est connu pour son engagement au Saintes Ecritures, son enseignement d'exposition enthousiaste, et sa passion d'équiper le peuple de Dieu localement et globalement.

Pasteur Jim a une Licence en Arts en Speech-Communication de l'Université d'Etat de San José (1975). Il a obtenu son Master en Divinité en Exposition Biblique de Talbot Theological Seminary en 1978. En 1992, Jim a obtenu son Doctorat en Ministry degree de Western Seminary (San Jose Campus). Ses études doctorales sur pourquoi les leaders chrétiens tombent moralement devint la base pour une série de séminaires. Cette recherche, plus des années de conseil et enseignements globalement sur ce sujet, forme la base pour ce livre.

Dr. Cecy est le fondateur et président de JARON Ministries International, un ministère de formation qui équipe des pasteurs, des missionnaires, des officiers d'application de loi, et leaders Chrétiens autour du monde. Ce ministère est basé à Fresno, en Californie.

En plus de son ministère local en Amérique du Nord, Jim a voyagé largement dans de nombreux pays en Asie, en Afrique et en Europe. Ses séminaires de formation, enseignés par une équipe de bergers habiles et de missionnaires, ont atteint des centaines de milliers de gens sur les cinq continents. En plus de ses études sur la pureté morale, Jim a produit un nombre d'écrits, des matériels audio et vidéo sur une large variété de sujets qui sont disponibles à travers JARON Ministries (www.jaron.org) ou Campus Bible Church (www.campusbiblechurch.com et www.puritywar.com).

Jim et sa femme Karon se sont mariés en 1973. Elles ont élevé trois filles et, depuis 1987, se sont occupé de vingt-trois enfants d'accueil. Deux, même adultes, restent une partie de la famille. Jim et Karon sont bénis sont bénis avec plusieurs petits-enfants.

NOTES

CHAPITRE 1: LA TERRE EST PLEINE D'ADULTERES

1. Nous pourrions aussi ajouter:

   - Sichem le Hivite qui viola Dina la fille de Jacob (Genèse 34:1-2)
   - Tamar, coupable d'avoir séduit son beau-père, Juda (Genèse 38:14-18)
   - Zimri qui a nargué Dieu en prenant la femme Madianite comme sa prostituée (Nombres 25:6-14)
   - Les prostituées mâles qui prennent part aux pratiques sexuel de culte dans le Temple (2 Rois 23:7)
   - La prostituée, Gomer, dont la vie immorale était un symbole de l'idolâtrie d'Israël, (Osée 1-2)
   - La parabole du fils prodigue qui fut accusé par son frère de gaspiller la richesse de son père avec les prostituées (Luc 15:30)
   - La femme attrapée dans l'adultère (Jean 8:1-11)
   - Le membre dans l'Église de Corinthe qui commettait la fornication avec sa belle mère ou mère (1 Corinthiens 5:1)
   - Jezabel, un nom symbolique pour la fausse prophétesse immorale de l'Église de Thyatire (Apocalypse 2:20-21)

2. Il peut être certainement affirmé que Jérémie parlait, à l'origine, de l'adultère spirituel d'Israël qui allait après d'autres dieux. Cependant, comme nous verrons partout dans ce livre, il y a une corrélation directe entre l'adultère spirituel (*idolâtrie*) et l'immoralité sexuelle (*adultère*). Considérant les paroles de l'apôtre Paul: "Par conséquent, considérez les membres de votre corps terrestre comme mort à l'immoralité, l'impudicité, la passion, aux désir mauvais, et à l'avidité qui se résume à l'idolâtrie" (Colossiens 3:5, l'accentuation a été ajoutée) aussi bien que les parole de Jacques: "Vous *adultères*, ne savez-vous pas que l'amitié avec le monde est l'inimitié envers Dieu? Par conséquence quiconque souhaite être un ami du monde se fait, lui-même, un ennemi de Dieu (Jacques 4:4, l'accentuation a été ajoutée). Il devrait aussi être noté que nombreuses des pratiques idolâtres impliquent l'immoralité sexuelle, d'où le mandat du Conseil de Jérusalem pour tous les partisans vrais du Christ de s'abstenir de l'idolâtrie et de la fornication (Actes 15:29).

3. William Barclay, *The Letters to the Philippians, Colossians, and Thessaloniciens. Revised Edition.* Philadelphie: Westminster, 1975, 199.

4. "Sexes: Attacking the Last Taboo." *Time Magazine.* (14 April 1980). L'article peut être trouvé en ligne sur *http://www.time.com/time/magazine/article/0,9171,92366,00.html.*

5. "Sexes: Attacking the Last Taboo."

6. "Sexes: Attacking the Last Taboo."

7. Adapté d'un séminaire, *Sense and Sexuality: The Search for Sexual Sanity in a Confusing Culture,* enseigné au the European Leadership Forum (Forum du Leadership Européen) à Eger, Hongrie en Mai 2010 par Dr. Richard Winter, Professeur de Théologie Practique et Directeur de Covenant Seminary's counseling program. Cette information fut aussi vérifiée dans une conversation téléphonique le 30 Décembre 2010 avec le Dr. Winter.

8. Dr. Richard Winter, *Sense and Sexuality.* Notes de séminaire.

9. Lettre à l'auteur. Utilisée avec autorisation.

10. Randy Alcorn, *Sexual Temptation: How Christian Workers Can Win the Battle.* 2nd Edition, 2007, Gresham, Oregon: Eternal Perspective Ministries, *(1ère Edition par InterVarsity Press, 1989),* 5.

11. Pour plus d'étude reférez-vous à mes matériels audio and écrits intitulés, "Immorality in the Ministry: The Pitfalls of Pastoral Power" disponible à travers JARON Ministries International, Inc. www.jaron.org.

CHAPITRE 2: TUER EST ARAIGNEES. PREVENIR LES FEUX.

1. Bruce Wilkinson, *Personal Holiness in Times of Temptation.* Eugene, Oregon: Harvest House, 1998, 137.

CHAPITRE 3: ORDRES, PAS SUGGESTIONS

1. Je suis redevable au Dr. Gary Tuck, Professeur de Littérature Biblique et Coordinateur Académique à West Seminary, San Jose, Californie, pour sa perspicacité serviable sur ce passage. Dans un email personnel, daté du 4 janvier 2011, il confirma une discussion antérieure:

    > Tous ces infinitifs sont les expressions de 'la volonté de Dieu' (v. 3) . . . ce sont des impératifs utilitaires parce que la volonté de Dieu est par définition impérative. En termes de traduction, ces infinitives peuvent être rendus avec les subjonctifs anglais: 'que vous devriez vous abstenir . . .' En Grec et en hébreu, comme en anglais, le futur indicatif peut fonctionner comme impératif ('Vous aimerez le Seigneur votre Dieu . . . ').

2. James M. Cecy, "Answers to Your Questions about Sexual Immorality." *CONTACT Quarterly,* Summer, 1994, Vol. 53 No. 2, 7-9.

3. Wilkinson, Personal Holiness, 131.

4. Le "New International Version" traduit cette expression comme, "chacun de vous devrais apprendre à contrôlez son propre corps." (Voyez la Nouvelle Version Standard Révisée, la Version Nouveau siècle, la Version Standard anglaise et la Nouvelle Traduction anglaise pour usages semblables.) Cependant, ce n'est pas exclusivement le cas. Les versions Revised Standard et le New American Bible favorise le point de vue selon lequel le mot vase se rapporte à une femme. Considérant également le Kenneth Wuest's Expanded Translation: "que chacun de vous devrais savoir qu'il doit garder son propre vase [femme] dans une sainteté [personnelle] et honneur, pas dans la passion d'un désir démesuré même comme le font aussi les Païens qui ne connaissent pas Dieu." Kenneth S. Wuest, *The New Testament: An Expanded Translation*, 1 Th 4:1, Grand Rapids, MI: Eerdmans, 1997, c1961. J'ai aussi trouvé beaucoup de traductions étrangères favoriser la vue que *skeuos* (c.-à-d. vase) se rapporte à la femme de quelqu'un (par exemple traductions de la Bible en norvégien, Hongrois, etc.). Cette position est aussi soutenue par les autres commentateurs de confiance (par exemple Robert Jamieson, A. R. Fausset, A. R. Fausset et al., *A Commentary, Critical, et Explanatory, on the Old and New Testaments*, 1 Th 4:4, Oak Harbor, WA: Logos Research Systems, Inc., 1997).

5. Le mot *ktaomai* est le plus souvent utilisé pour parler de *posséder, acquérir ou obtenir* des choses pour soi-même, tel que de l'or (Matthieu 10:9), un champ (Actes 1:18), ou une citoyenneté (Actes 22:28). Bien que je respecte les points de vues des autres, je peux trouver aucun usage clair dans le Nouveau Testament où le mot est traduit le mieux par *contrôler* plutôt que l'idée la plus commune de *posséder*.

6. Bien qu'il y ait d'autres avec des discussions plus étendues, j'apprécie l'opinion du Dr. Paul Cox "L'argument le plus fort pour traduire 'vase' comme 'femme' est que dans la Septante (la traduction grecque de l'Ancien Testament daté de l'an 200 avant Jésus-Christ), toutes les fois que le nom vase 'est combiné avec le verbe 'acquérir' il veut dire 'épouser.'" Dr. Paul M. Cox, Clear! inking on *Sexuality Outside & Inside Marriage*. San Bernardino, California: Perspective Ministries & Paul Cox, 1991, 9.

CHAPITRE 5: LE SEXE EST VRAIMENT L'IDEE DE DIEU

1. Mary Ann Mayo, *A Christian Guide To Sexual Counseling: Recovering the Mystery And Reality of "One Flesh."* Grand Rapids, Michigan: Bondservant, 1987, 15.
2. Certains de mes collègues enseignants de la Bible ont essayé de me corriger, en suggérant que la meilleure illustration serait 1x1x1=1. Cependant, les mathématiciens à qui j'ai parlé seraient en désaccord. Dans leur pensée, la multiplication implique de la reproduction, donc les trois en un deviendrait une fois trois. Cependant, le Père, le Fils, et le Saint-Esprit ne sont pas des copies exactes l'un de l'autre, ni nous ne nous marions nous mêmes, nous ne sommes pas non plus des membres clonés de L'église du Christ. Mathématiquement parlant, 1x1x1=1 ou 1x1=1 (comme dans le cas de mariage) ne fournit aucun mystère du tout (Ephésiens 5:32). Ce que cela fournit c'est une redondance non nécessaire et inutile. En revanche, 1+1+1=1 apporte mystère, crainte, et dilemme. Ainsi l'illustration utilisant l'adition plutôt que la multiplication sert ces intentions voulues—des personnes distinctes sont mystérieusement un dans la Divinité, le mariage, et l'église.
3. Dr. Richard Winter, *Sense and Sexuality.* Notes de Séminaire.
4. Lewis B. Smedes, *Sex For Christians: The Limits And Liberties of Sexual Living.* Grand Rapids, Michigan: Eerdmans, 1976, 32.
5. Dans sa biographie 1991, *A View from Above*, la star du basket-ball, Wilt Chamberlain, prétendit avoir eu des relations sexuelles avec approximativement 20,000 femmes. Cela est égal à approximativement 1.2 femmes par jour depuis qu'il avait quinze ans.

CHAPITRE 7: UNITE D'ALLIANCE

1. Je vous envoie à l'étude étendue de ce passage dans Malachie présenté par le Dr. Gordon P. Hugenberger, dans son livre, *Marriage as a Covenant: A Study of Biblical Law and Ethics Governing Marriage, Developed # om the Perspective of Malachi.* Grand Rapids,Michigan: Baker, 1998. Dr. Hugenberger est professeur de l'Ancien Testament à Gordon-Conwell Theological Seminary. Si vous avez la pensée de fouiller vraiment le sujet, c'est le chemin à suivre.
2. Tim Alan Gardner, *Sacred Sex: A Spiritual Celebration of Oneness in Marriage.* Colorado Springs, Colorado: Waterbrook, 2002, 195.
3. Bien que le Dr. Hugenberger prend une vue plus littérale d'un couverture réel, il se rapporte à la traduction de W.H Brownlee comme, "j'ai *ouvert* ma robe à elle" (Hugenberger, 304). J'ai bénéficié aussi de mes conversations passées et présentes avec mon collègue de ministère, Dr. David Eckman.

Dr. Eckman a autorisé le commentaire, *Discovering Micah through Malaci*, et était collaborateur dans le New King James Study Bible. Ses six années d'études de Doctorat à l'Université d'Oxford étaient en Ugaritic, la langue sémite, souvent utilisé par les savants pour clarifier des termes hébreux obscurs et des pratiques culturelles. Il tient au point de vue le plus symbolique, comme moi, que l'expression, "j'ai étendu Ma jupe sur vous, et couvert votre nudité" est un euphémisme de la langue sémite pour des rapports sexuels. Dans sa proposition à Boaz, Ruth utilise une expression semblable: "Donc étendez votre vêtement ("aile, jupe," hébreu: *kanaph*) sur votre bonne" (Ruth 3:9). Alors que, Ezekiel 16:8 parlent de la consommation passée de la relation entre Dieu et Israël (c.-à-d. "vous êtes *devenus* les Miens"), Ruth 3:9 montre une *future* consommation qui scellerait l'alliance du mariage entre elle et son parent rédempteur. Dr. Gary Tuck, Professeur, de Littérature Biblique et Coordinateur Académique à Western Seminary, San Jose, Californie, a aussi noté que Ezekiel 16 se rapporte à Dieu "couvrant la nudité," pendant que Lévitique fait référence aux relations sexuelles coupables comme "découvrir la nudité"—l'un doit être honorable, l'autre coupable (par exemple Lévitique 18:7-17).

4. Dans Deutéronome 22:13-17 nous trouvons la référence à l'*évidence* pour la virginité. Ceci est compris comme étant le drap sanglant qui résulte de l'hymen féminin qui est "percé" ou "coupé" dans la première expérience de rapport sexuel. Bien sûr, nous reconnaissons que l'hymen peut être cassé par d'autres voies et je serais rapide à avertir contre les fausses accusations. Cependant, La remarque doit encore être faite que la ratification de l'alliance du mariage, comme l'alliance Abrahamique, Mosaïque et la nouvelle alliance, ont toutes deux l'implication de la perforation et du sang.

5. Gardner, *Sacred Sex*, 196.

6. Gardner, *Sacred Sex*, 196.

CHAPITRE 8: UNITE RESTAURATRICE

1. Je suggère une étude de la tendre bonté (hébreu: *khesed*) de Dieu. Son amour ferme et Sa loyauté durable envers Ses serviteurs d'alliance comme un exemple de tout ce que nous faisons entrer dans une alliance du mariage.

2. Pour ces couples qui ont besoin d'un travail d'assistance pendant les conséquences d'une liaison, je recommande grandement le livre de Dave Carder, *Torn Asunder: Recovering from Extramarital Affairs*. Chicago, Illinois: Moody Press, 1992.

CHAPITRE 9: UNITE SACREE

1. Dr. Richard Winter, *Sense and Sexuality*. Notes de seminaires. Aussi verifié es par la conversation phonique du 30 Décembre 2010.
2. Smedes, Sex for Christians, 21.

CHAPITRE 10: UNITE DEPROCREATION

1. Smedes, Sex for Christians, 5.
2. Dr. Richard Winter, *Sense and Sexuality*. Notes de seminaires. Aussi verifié es par la conversation phonique du 30 Décembre 2010.

CHAPITRE 11: UNITE PHYSIQUE ET EMOTIONNELLE

1. Le mot Grec *agape* a comme racine le verbe *agapao*, qui, dans son sens classique parle d'évaluer, donner une valeur à quelque chose ou à quelqu'un, basé sur le prix payé. Nous avons été aimé par Dieu (Jean 3:16), acheté à un prix (1 Corinthiens 6:20; 7:23), et racheté par le sang précieux de Jésus Christ (1 Pierre 1:18). Par conséquent, nous aimons (donner de la valeur aux autres) parce qu'Il a fait de même pour nous (1 Jean 4:19).
2. Smedes, *Sex for Christians*, 33.

CHAPITRE 12: UNITE SPIRITUELLE

1. Je vous renvoie à la *Feuille de travail pour Résoudre un conflit* dans le Programme de Redevabilité Personnelle dans le Guide de l'Étude.

CHAPITRE 13: UNITE DE DETENTE

1. Le mot traduit "honteux" dans Genèse 2:25 est le mot hébreu buwsh qui parle d'être réduit ou différé à cause de honte. En d'autres termes, Adam et Eve éprouvaient une liberté complète de jouir tout de suite de la nudité de l'un et l'autre.

CHAPITRE 14: REGLES POUR LE LIT CONJUGAL

1. J'encourage les couples à lire des matériel bien-recherchées, écrits par ceux qui ont un haute vue du dessein de Dieu pour l'unité sexuelle dans le mariage. Voyez *les Lectures Suggérées sur la Pureté morale et la Sexualité Biblique* dans l'Appendice. Par exemple, j'ai recommandé Ed and Gaye Wheat's book, *Intended for Pleasure: Sex Technique and Sexual Fulfillment in Christian Marriage*, Fourth Edition. Old Tappan, New Jersey: Fleming H. Revell, 2010.
2. Smedes, *Sex for Christians*, 31.

CHAPITRE 15 : LE SEXE ET LE CELIBATAIRE

1. Smedes, *Sex for Christians*, 34.
2. Terry Muck, Editor, *Sins Of The Body: Ministry In A Sexual Society*. Carol Stream, Illinois: Word, 1989, 22.
3. Le mot contenter (Grec: *autarkes*) donne l'idée d'être assez fort pour tenir seul.
4. John MacArthur Jr., *Different By Design: Discovering God's Will for Today's Man and Woman*. Wheaton, Illinois: Victor, 1994, 106.
5. Je vous renvoie au livre de Josh Harris', *I Kissed Dating Goodbye: A New Attitude Towards Relationships and Romance*. Portland, Oregon: Multnomah, 1997.
6. Randy Alcorn, *The Purity Principle: God's Safeguards for Life's Dangerous Trails*. Sisters, Oregon: Multnomah, 2003, 71.

CHAPITRE 17: PENSEES DE CONVOITISE ET COMPORTEMENTS IMMORAUX

1. Alcorn, *The Purity Principle*, 48.

CHAPITRE 18: REMPLIR LE SEAU UN GRAIN A LA FOIS

1. *The Didache: The Lord's Teaching Through the twelve Apostles to the nations*. Translation by Robert-Donalsen. *Chapter 3. Others Sins Forbidden*. *http://www.earlychristianwriting.com//text/didache-roberts.html*.
2. Muck, *Sins of the Body*, 24.
3. Ben Shapiro, *Porn Generation: How Social Liberalism is Corrupting Our Future*. Houston, Texas: Regency, 2005, 160.

CHAPITRE 19: MARCHE DANS MON SALON

1. Plutôt que de choisir parmi plusieurs versions modernes, j'ai choisi de présenter le poème comme il était publié pour la première fois en 1829 par Mary Howitt (1799-1888).

CHAPITRE 20: ETAPES # 1 HESITER DANS LA RECHERCHE POUR LA SAGESSE BIBLIQUE

1. Alcorn, *The Purity Principle*, 56.
2. Alan Redpath, *The Making of the Man of God: Studies in the Life of David*. Grand Rapids, Michigan: Fleming Revell, 1962, 5.
3. Je vous renvoie au Programme de Redevabilité Personellle, trouvé dans le Guide d'étude. Les Feuilles de travail de Redevabilité #2, #3, et #4 vous

assisteront dans *Prendre votre Pulsation Spirituelle,* un incentaire honnête de votre vie, à la lumière des passages tels que Colossiens 3:1-7, Romains 12:1 -21 et Galates 5:19-22. Je vous recommande aussi toute la feuille de Redevabilité #17: *Mes indicateurs de santé spirituelle.*

4. Je vous renvoie à mes séries audio, *Combating Spiritual Dryness,* disponible à partir de JARON Ministries International. Je vous encourage aussi à lire des travaux sur la discipline spirituelle, tels que celui de Dallas Willard, *The Spirit of the Disciplines: Understanding How God Changes Lives.* New York: Harper One: 1990 et celui de Richard J. Foster's, *Celebration of Discipline: The Path to Spiritual Growth.* New York: Harper Collins, 2002.

CHAPITRE 21: ETAPE #2 ECHOUER DANS LE DEVELOPPEMENT DE LA RELATION UN MARIAGE SAIN

1. Consultez votre pasteur ou conseiller biblique concernant des recommandations pour des livres et matières efficaces sur le mariage. Vous pouvez aussi trouver cela bénéfique d'écouter ma série sur *Communication in Mariage* ou d'autres matériels en rapport avec le mariage et la famille disponible à travers Ministères JARON International, Inc. www.jaron.org.

CHAPITRE 23: ETAPE #3 FANTASMER DANS L'ARENE DE LA PENSEE

1. Voyez mon cahier d'exercices, *Wise Living in a Foolish Age: Studies in the Book of Proverbes* disponible à travers Ministères JARON International, Inc. www.jaron.org.

CHAPITRE 28: PROTEGER MA PENSEE

1. Alcorn, *Purity Principle,* 61-62.
2. Gregg Lewis, *Telegarbage: What You Can Do About Sex and Violence on TV.* Nashville/New York: Thomas Nelson, 1977.

CHAPITRE 29: NOURIR MA PENSEE

1. John Churton Collins, comme cité par Bruce Wilkinson dans *Personal Holiness,* 141.
2. Dans le Programme de la Redevabilité Personnelle dans le Guide d'Étude vous trouverez une feuille de travail redevabilité intitulée, *Prendre Ma Pulsation Mentale,* énumérant plusieurs passages relatifs à la pureté morale. Vous pouvez aussi choisir parmi plusieurs autres versets utilisés dans ce livre, trouvé dans l'*Index de l'Ecriture sainte.*

CHAPITRE 30: PURIFIER MA PENSEE
1. Richard Winter, *Sense and Sexuality*. Notes de séminaire.

CHAPITRE 31: PREPARER MA PENSEE
1. Dans le Programme de la Redevabilité Personnelle dans le Guide d'Étude, une feuille de travail intitulée, *Répéter les Conséquences de Ma Chute Morale*. Il pourrait être appelé correctement, *Construisant Votre Propre Album d'Horreur*. La tâche assignée vous invite à écrire dehors ce que, vous pensez, seraient les réactions spécifiques de vos bienaimés et autres, si vous étiez tombé dans le péché sexuel. Il est demandé aussi que vous considériez ce à quoi vous pourriez vous attendre physiquement, émotionnellement, spirituellement, socialement, économiquement et sexuellement.

CHAPITRE 34: PROMETTRE MON CORPS
1. Missionnaire et conseiller pastoral, Dr. Ken Royer, commente correctement que les caractéristiques de cette alliance personnelle diffèrent dans plusieurs cultures. Par exemple, dans beaucoup de lieu dans le monde, les hommes n'ont aucun problème avec les femmes qui affichent leurs poitrines. Dans des lieux comme les Cultures Indienne Tzeltal du Mexique Du sud, les aisselles et l'arrière des cuisses sont considérées comme étant les parties les plus sexy du corps d'une femme. Dans ces cultures quelqu'un s'attendrait à entendre, "j'ai fait une alliance avec mes yeux de ne pas regarder les aisselles."
2. Dans le Programme de la Redevabilité Personnel dans le Guide d'Étude, se trouve une feuille de travail spécifique intitulée, *Faire une alliance avec les Parties de Mon Corps*. Je vous encourage à faire votre propre alliance spécifique.

CHAPITRE 35: PROTEGER MON CORPS
1. Je vous renvoie à la Deuxième Partie: *Apprécier le Dessein de Dieu* et surtout le chapitre, *Le Sexe et le Celebataire*.

CHAPITRE 37: INTERCEDER POUR MES COMPAGNONS
1. Redpath, *The Making of the Man of God*, 197.

CHAPITRE 38: PROTEGER MES COMPAGNONS
1. Adapté et utilisé sur autorisation des notes et conversations avec Ron McLain, Directeur Exécutif, de Healthy Marriage Coalition, P.O. Box 25221, Fresno, CA 93729. fresnomarriage@gmail.com.

2. Alcorn, *The Purity Principle*, 80.
3. Dans le Guide d'Étude vous trouverez un Programme de la Redevabilité Personnelle étendu avec dix-huit feuilles de travail conçues pour la réflexion personnelle ou la discussion avec des partenaires de redevabilité ou un petit groupe.

CHAPITRE 39: AFFRONTER MES COMPAGNONS

1. J'encourage une étude D'apocalypse 2:20 où Jésus affronte l'Église de Thyatire pour le fait de tolérer (c.-à-d. "négliger, partir seul," Grec: *aphiemi*) l'immoralité de Jezabel.
2. Notes prises d'une Lecture par Mike Harris à la Conférence de l'association chrétienne Pan-Africaine de Police (PACPAC) en 2003 tenue à Weesgerus, Province de Limpopo, Afrique du Sud, octobre 13-16, 2003.

CHAPITRE 40: UN MOT AUX BLESSE ET TOMBES

1. Ron Lee Davis, *Courage To Begin Again*, Harvest House, Eugène, Oregon; 1978, 145-147.

CHAPITRE 41: A.C.M.S. LA REPENTANCE

1. Illustration originairement de Today in the Word, le 4 décembre 1992 et tirée de *eSermons.com*. *http://www.sermonillustrations.com/a-z/c/confession.html.*
2. Patrick Morley, comme cité par Charles R. Swindoll, *John The Baptizer*, Bible Study Guide, Insight for Living, 1984, 16.
3. Bruce Wilkinson, *Personal Holiness*, 57.

CHAPITRE 42: L'HISTOIRE DE DAVID LES COIFE TOUTES

1. J. Allan Petersen, *The Myth of the Greener Grass*. Wheaton, Illinois,: Tyndale House, 1983, 32

CHAPITRE 43: DE "QUOI?" A "ALORS QUOI?" A "MAINTENANT QUOI?"

1. Bruce Wilkinson, *Personal Holiness*, 245.
2. Alcorn lascif, *Sexual Temptation*, 5-6.
3. Leonard Ravenhill, comme cité par Bruce Wilkinson dans *Personal Holiness in Times of Temptation*, 217.
4. Cette interview de Larry King Live avec Hugh Hefner a été publiée le 29 novembre 2005. La transcription véritable peut être vue sur *http://transcripts.cnn.com/TRANSCRIPTS /0511/29/lkl.01.html.*

ANNEXES: "MASTURBATION: CHEF DES PECHES OU DON DE DIEU?"

1. J'apprécie la vue d'ensemble de la question, présentée dans un article sur la toile, par Dauphin Lambert, *Masturbation and the Bible*, trouvées sur *http://ldolphin.org/Mast.shtml*.

2. En réalité, Onan ne s'est pas masturbé. Il a pris part à ce à quoi nous nous référons comme un *coït interrompu*—c.-à-d. retrait. Il était demandé d'engendrer un enfant pour son frère mort mais il a interrompu le processus.

3. Helmut Thielicke, *The Ethics of Sex*. Trans. John W. Doberstein, New York, Evanston and London: Harper & Row, 1964, 256.

4. Smedes, *Sex for Christians*, 244.

5. Stephen Arterburn and Fred Stoeker, *Every Young Man's Battle: Strategies for Victory in the Real World of Sexual Temptation*. Colorado Springs, Colorado: Waterbrook, 2002, 112. Bien qu'un peu dérangé, vous pouvez vouloir lire la discussion franche avec les femmes au sujet de la masturbation dans le livre de Shannon Ethridge, *Every Woman's Battle: Discovering God's Plan for Sexual and Emotional Fulfilment*. Colorado Springs, Colorado: Waterbrook, 2003, 39-45.

NOTES

NOTES

JARON MINISTRIES INTERNATIONAL, INC.

4710 N. Maple, Fresno CA 93726

(559) 227-7997

www.jaron.org

puritywar.com